U0111567

大展好書　好書大展
品嘗好書　冠群可期

大展好書　好書大展
品嘗好書　冠群可期

武學釋典 9

太極拳理傳真

張義敬 張宏 著

大展出版社有限公司

作者簡介

　　張義敬　生於1926年4月15日，大專學生，小提琴專業。曾在原西南人民藝術劇院任弦樂指導，擔任樂隊小提琴首席，在重慶教了40年小提琴。

　　從1954年起，酷好太極拳，先後跟周子能、黃星橋老師學習。後經家兄義尚引薦，1967年始列於李雅軒老師門牆，為李之晚年弟子。教拳亦近40年，《太極拳理傳真》一書，是作者對社會的回報。

作者簡介

　　張宏　1959年8月出生，重慶市人。自幼由父親教授小提琴，為昆明交響樂團職業音樂家，在國內外演奏中外交響樂作品200餘部。

　　幼承家學，7歲學拳，由伯父張義尚、家父張義敬及黃星橋先生嚴厲督導，曾得到李雅軒先生的關愛和教導，學習和繼承真傳楊式太極拳，長期在昆明致力於太極拳的教學和推廣普及。

　　聯繫方式：雲南省昆明市巡津新村17號
　　　　　　　昆明交響樂團
電　　話：13095319386
郵　　編：650011

序

本書初版於1986年，10年後出了增訂本，20年間，共印過7次，約4萬餘冊。

現委託人民體育出版社修訂重印，以期更有利於人民之體育而已。

太極拳與《易經》《道德經》的關係密切。如果說《道德經》是一部哲學著作的話，太極拳就是將這一部抽象的哲學著作變成了可以操作的實際行動。其實質是由內省的練功方式來祛除疾病、強健體魄，是道家的一種養生功，是一種漸悟法門，也是一種生命科學，是希望大家幸福康樂、延年益壽的。

太極拳之所以好，正是因為它出於《道德經》。有的人不明白太極拳的本質，不斷將不是太極拳的內容，如五行八卦配合穴位、三角形、炮捶等，硬塞進太極拳裏，還以為是對太極拳的改良與貢獻。我們應明白，學太極拳是用《道德經》的一套理論來改造我們自己，而不是要我們主觀主義、狂妄自大地去改造老子的《道德經》。

先師有見於此，才提出了要維護太極拳的純潔性。

「反者道之動」。太極拳的運動規律和一般人的常識全然相反，因此就特別難學。

由於太極拳是一種很高尚的人生修養，能使我們達到至善的境界，本應該稱之為太極道，但這「道」字，太抽象，不易明白，而且容易發生誤解。為了避免被想成是什麼歪門邪道，前人這才用了通俗化的名稱：太極拳。

但太極拳不同於一般的拳，入門就先開始追求全身鬆柔，要克服主觀思想，要這兩者都有了相當的進步之後，技擊功夫才能慢慢產生出來。太極拳高手向來就不多，甚至有「代不數人」的說法，可見太極拳是一種最不容易致用的拳術。至於那吹噓三年小成、五年大成的，標準定得很低，功夫實際上很平凡。

而今天，不少人剛入門就講打，實際上是對太極拳的一種誤解，是將它與外家拳同樣看待了。

前賢為了加快自我鬆柔和克服主觀思想的進程，也為了增長學者的興趣和智慧，才創造了各種形式的推手，講究人不知我，因敵變化。這是我們中華文化中的精華，應該倍加珍惜，千萬不可與以力勝人和主觀主義混為一談。

推手是研究懂勁的方法，是通向勝利的渡船。對於推手中的勝敗，當以平常心待之。

由於文化素質的不同以及師承關係各異等多種原因，大家對太極拳的認識很不一樣。對於太極拳三個字，有的人只看到了拳字，對於「太極」兩字，每每

不聞不問，不假思索，我行我素，而且還心地坦然！我們很為太極拳感到委屈！

由於不少學太極拳者以打鬥、打勝為目的，就行不由徑、不擇手段地去練力，企圖以快速積聚能量的方式以力勝人，以主觀勝人，違反了以柔克剛、道法自然、按客觀規律辦事的原則，這實在不可取。這種只見拳不見太極的思想，其結果是好勇鬥狠之人增多，不利於改善人的素質，更不利於構建和諧社會。

學拳和學其他的藝術一樣，是一種高尚的文化修養，它是以文化作為基石的，王宗岳的《太極拳論》的水準之高，也就可見一斑。前輩名家雖然不是個個都有高度的學歷，但學歷是使人聰明的工具，是使人脫離低俗趣味的手段，因此要多讀書，才有能力去鑽研，以不斷提高太極拳的品質和風格，才會使拳脫離低俗的匠氣而成為一種別有韻味的高雅藝術。

在太極拳的運動規律中，有兩點應該特別留意：一是經絡系統的運動；二是以沉勁為主。

先說一，太極拳與任何其他運動的用力方法都不同，其他運動都靠肌肉系統，但太極拳不是用肌肉系統，而是用經絡系統。

拳譜上明顯提出「一舉動，周身俱要輕靈」。輕指用力小，而且要越來越小，小到一定程度，就是肌肉已不參加運動，「以心行氣，以氣運身」，就是已進入了經絡系統的運動。這就是練太極拳的人肌肉不會發達粗壯的原因。如果一個學太極拳的人臂膀、大

腿肌肉特別粗壯，那他的拳就是走了錯路了。要學輕，實在是一件難事，不輕也就不鬆、不靈，不少人學了很多年還是輕不下來，到頭來終於未能進入經絡系統的運動。在先師所說「百分之九十九都走了錯路」者中間，未能進入經絡運動的，所占的比例很是不小。

再說二，以沉勁為主。輕了才會鬆，鬆了才會沉，都是因果關係。

前人強調學拳要有悟性，聰明人練拳久了，也會悟到其中有沉勁。其實，一切橫向的用力方法都是假像，全是主觀思想在自以為是地胡作非為而已。

如果你真正鬆了，練拳就必然會產生沉勁。

是先師首先將「以沉勁為主」作為一條拳法來教導後學，普度眾生，實在是功德無量。

換一種說法，學太極拳，要找到那垂直於地面的自然鬆沉之力，這才是爆發力的根源，而不是平行於地面的橫力，太極拳的真假好壞，讀者可於此辨之。

這也就是前人所說的「浮沉動盪」，我們在拙著中濃墨重彩、毫無保留地介紹過，但至今知音者寥寥，甚至還有人反對，可見認識真理之不易，要宣傳真理也難啊！

尊師是尊重老師和歷代的祖師，亦即尊重傳統，重道是重視我們的文化，這是滋養我們成長壯大的土壤和根芽。學太極拳更是用拳法（實際是《道德經》的一套理論）來全面改造我們自己，使自己不斷自我

完善，自我超越，終至成為超人（古人稱為得道高人）。有的人不明此理，反而認為是太極拳的理論限制了我們，要想突破拳理的限制，來「趕上」現代化的體育，才有鬥爭精神云云，其膚淺無知的程度，真不知該令人可笑還是可悲！

對於因追求物質生活而帶來的種種富貴病如高血壓、肥胖病、腸胃病，以及難治的慢性病如肺結核、風濕病等，太極拳都具有良好的療效。有一位拳友患子宮癌，醫生說只能活幾個月了，後來她堅持練太極拳，竟然多活了近20年。近似的例子，我見到的共有三個，可見太極拳有一定的抗癌能力。美國人觀察得出結論，說練太極拳可以防止老年人跌跤，減少跌斷腿骨的機會。

種種疾病，不僅對於患者造成長期的痛苦，也給個人和國家經濟上增加了極大的負擔。我們透過練太極拳就可以收到良好的效果，因這種對於個人痛苦的療救而使個人和國家減省的醫藥費用可能是天文數字，如果將這個天文數字移過來構建和諧社會，可以說是功莫大焉！

尤其對於大多數中年人，正為事業到了奮不顧身的程度，由於不懂正確對待身體，驅使無度，不知保養，生活無規律，每每40歲左右，就諸病叢生，壯年不壯，反而未老先衰，對於上述人群，殊堪悲憫。鬆柔自然的太極拳，就是他們的對症良藥。只有下定決心，改變不良生活方式，堅持練拳，自己救自己，這

是唯一的出路，如想只靠醫藥，是萬萬不濟事的。

趁這次重印的機會，增加了隨筆三篇。

作者

目 錄

太極拳理傳真

太極拳譜

—— 太極拳論 ——

一舉動周身俱要輕靈，尤須貫串。氣宜鼓蕩，神宜內
斂，無使有缺陷處，無使有凸凹處，無使有斷續處。其根
在腳，發於腿，主宰於腰，形於手指，由腳而腿而腰，總
須完整一氣，向前後退，乃能得機得勢。有不得機得勢
處，身便散亂，其病必於腰腿求之。上下前後左右皆然，
凡此皆是意，不在外面。有上即有下，有前則有後，有左
則有右，如意要向上，即寓下意，若將物掀起而加以挫之
之力，斯其根自斷，乃壞之速而無疑。虛實宜分清楚，一
處有一處虛實，處處總此一虛實。周身節節貫串，無令絲
毫間斷耳。

長拳者，如長江大河，滔滔不絕也（下略）。

—— 太極拳譜箋 ——

王宗岳所編太極拳譜，自武禹襄得諸舞陽鹽店，復加
解說。楊露禪亦承用之。然傳者於原譜舊文與武氏解說，
莫能識別。予既詳考端末，辨而析之，遂就原譜為之箋
釋。

其武氏之言，有須疏明者，別有論撰，茲不及焉。至
若掤應作弸，挒當作搣，若此之類，新論正名篇詳之矣，
今悉加以刊正，故異於他本，學者可無疑焉。

山右王宗岳太極拳論

王宗岳，清乾隆時人。所著尚有《陰符槍譜》，據佚名氏「陰符槍譜序」云：「山右王先生自少時經史而外，黃帝、老子之書及兵家言，無書不讀，而兼通擊刺之術，槍法其尤精者也。蓋先生深觀於盈虛消息之機，熟悉於止齊步法之節，簡練揣摩，自成一家，名曰陰符槍。」觀此，則王氏之為人，可得其崖略矣。

陰符槍既為宗岳所造，則太極拳疑亦其所造也，特尚無顯證，未可遽爾論定。知撰《陰符槍譜》之王先生即王宗岳者，說詳太極拳考信錄。

此論可分八節，箋釋如次：

「太極者，無極而生，陰陽之母也。」

此節明太極取名之義，以為總揹體用之言。

《易》云：太極生兩儀。朱子《周易本義》云：「兩儀者，始為一畫，以分陰陽。」周子曰：「無極而太極，拳名太極，蓋義取諸此也。習太極拳造乎最高之境，為能常定常應。常定為寂然不動，常應為感而遂通。寂然不動，無極也。感而遂通，太極也。應生於定，感生於寂，故曰，無極而生。」《易》云：「一陰一陽之謂道。」謂一切事物，皆相反相濟也。太極拳練法，在開合蓄發，互為根紐。用法在順逆走粘，一時俱運，皆相反相濟之道。故曰陰陽之母。此二句揹盡體用，實為全文之開宗本義。

「動之則分，靜之則合。無過不及，隨曲就伸。人剛我柔謂之走，我順人背謂之粘。動急則急應，動緩則緩隨。雖變化萬端，而理為一貫。」

此節言太極拳運用之綱領。

動靜在心，分合在形。心能宰制其形，則一心主政，百骸從令。作止蓄發，無不如志。故曰：「動之則分，靜之則合也。」

「無過不及」，謂應合他力，須時間與方向兩皆適當。時間則不後不先，正當他力將發未發之際。方向則不即不離，正切他力難轉難化，不可抗拒之處。「隨曲就伸」，謂應合他力，貴能因勢乘便，不與抵牾，則他力皆為我用矣。此一節中，以此四句為主。

走謂避彼來力，粘謂隨彼來力；彼力雖強，我能運轉靈敏，即可不受彼力，是為用柔，然必自處於順，乃能運轉靈敏，故柔與順常相合也。若筋腱未能練柔，舉止未能練順，他力雖背，我亦無由制之，以我亦不能得勢得力，即不能利用機會也。

動急急應，動緩緩隨，謂時間須求適合。若必以急為善，則有先自見其形勢之失，若必以緩為善，又將失之遲鈍。故不可自用，唯當因彼。此四句申明上四句之義。

「雖變化萬端，而理為一貫」，謂法無固定，理有要歸，此二句總束本節。

「由著熟而漸悟懂勁，由懂勁而階及神明。然非用力

之久，不能豁然貫通焉。」

　　此節言功夫之進程。

　　著熟為初步功夫，不過求熟於法而已。所謂法者，在本身為各部骨節筋腱之動作能相協調。在對角為於彼來力之線路能確實辨認。所以在此一步中，可謂重在應用力學之練習。

　　懂勁為第二步功夫，由法之運用漸熟，至於習慣自如，使思念變成本能。在本身為各部內外肌之調適，進於形氣之調適。在對角為於來勁之線路，無須著意辨認，肌膚自有感覺，身體各部反射之機能，極為靈敏。所以在此一步中，可謂重在神經反射之練習。

　　神明為第三步功夫，功夫至此，唯在調伏其心，養成定力，則精神可以控制外物，而他力無異我力。所以此步功夫，全重精神修養。

　　三步功夫，每一步中，尚有若干節序，然未易細分，且各人之過程不同，故亦無從詳分。至於練成之時間，初步功夫若不謬蹊徑，速者年餘，遲亦不過兩載。然自初步進入第二步，時之久暫，即已難定。自第二步進入第三步，亦復難言。要能持之有恆，精進不懈，親近良師益友，常相進肄，則功至自悟。故曰：「非用力之久，不能豁然貫通。」

　　「虛領頂勁，氣沉丹田。不偏不倚，忽隱忽現。左重則左虛，右重則右杳。仰之則彌高，俯之則彌深。進之則

愈長，退之則愈促。一羽不能加，蠅蟲不能落。人不知我，我獨知人。英雄所向無敵，蓋皆由此而及也。」

此節言練法及功效。

「虛領頂勁」至「不偏不倚」，專就演架而言。「忽隱忽現」一句，兼具演架打手之法，自「左重則左虛」至「我獨知人」，專就打手而言。「英雄」二句，言功效也。

虛領頂勁者，自外形言，頭容端正，若以頂勁領起全身。由內心言，寂然若合體於虛無，而腦間常自爽朗，故虛領頂勁，實兼內外而言，若但說外形，則虛義不明，若專說內心，則頂勁何指，故當內外兼及，義乃滿足也。氣沉丹田為伏氣之功。丹田為臍下小腹，意繫於此，漸加掇斂，將覺如有孔穴，為呼吸之根，息之出入，乃極深細，至於安勻調暢，舉體自爾和順、運用自能隨意，乃至不覺有孔穴，不覺有氣相，此須體驗方知，非可以意測度也。

不偏不倚，即為中正，乃專就外形言也，外形欲其中正，當先謹守身法十目，即武禹襄所標示提頂、吊襠等是也。此十目能練至悉當，即為合度。

統觀此三句，虛領頂勁與氣沉丹田，皆不偏不倚，為基本功夫，太極拳練法，不離演架打手，於演架中用輕清閃倐之勁，是為練本身之忽隱忽現，於打手時使突變猝發之勁，是為練應敵之忽隱忽現。

自「左重則左虛」至「退之則愈促」，此乃練走練粘之法。其要訣總歸不與彼力相犯，而因勢利用之耳。至於「一羽不加，蠅蟲不落」，則皮膚感覺之敏，全身運用之

靈可知矣。故人不知我之動靜、我獨知人之虛實。人不知我，則能出其不意。我獨知人，則能攻其無備。依此練法，施諸拼搏，自有奇效。故曰：「英雄所向無敵，蓋皆由此而及也。」

「斯技旁門甚多，雖勢有區別，概不外乎壯欺弱，慢讓快耳。有力打無力，手慢讓手快，是皆先天自然之能，非關學力而有為也。察四兩撥千斤之句，顯非力勝，觀耄耋能禦眾之形，快何能為。」

此節明太極拳之特長。

「斯技旁門甚多」四句，謂太極以外之各派拳術、皆形式有殊耳，據實論之，無非恃先天之力與捷，其不合正法一也。震謂太極獨到之處，在超越形骸之作用而練成心神之凝定。故功夫不隨血氣之盛衰而進退。太極而外，各派拳技雖有具高美之理法者，然皆不免隨年事為盛衰。如摔角之術，非無巧法，年逾五十，功夫即不免衰退，唯太極拳功夫，可以至老不退。此亦其獨到之處也。

「有力打無力」四句，明太極之妙，在不恃本有之力與捷，而能由學以成智勇。然太極之外，各家拳術亦有具高美之理法者，謂其未若太極之深妙則可，直謂皆是先天自然之能，非關學力而有，未免抹煞太甚。

「察四兩撥千斤」之句，謂太極拳家不取力與捷，其實何嘗不取力與捷，特其力與捷皆由鍛鍊而得，非先天本具者耳。太極拳所用之力，粗者為肢體連貫動作之合力，

精者為意氣一致之剛勁。太極拳所用之捷，粗者在肢體之能調，與時，方之有準；精者在感覺之敏，心神之定。故其力不爭強，捷不爭先，唯在當機赴節（當機則能後發先至)，故有四兩撥千斤、耄耋能禦眾之效。

「立如平準，活似車輪。偏沉則隨，雙重則滯。每見數年純功不能運化者，率皆自為人制，雙重之病未悟耳。」

此節言太極拳之得失。

「立如平準」四句，上二句言勢法之本，下二句言得失之由。秤之為物，能權輕重而得其平。人能將重心位置得當，則雖在變動之中，全身之力仍得平衡。就其姿勢言之，則有立如平準之象，若能養成此種功夫，則作止變轉之時，自爾穩定便捷，已能保持此種平衡力，方可練全身處處圓轉，能全身處處圓轉，則與外力接觸時，可以順勢滑過，故能不受他力，此即活似車輪之義。又圓轉之法，大圈之中更包小圈，此種複合之轉法，最能利用他力之來勢而變更其方向，故立如平準、活似車輪，乃一切勢法之基礎，乃可隨而不滯。

所謂隨者，須將兩足分清虛實，使重心常在一足之內，作止變轉，常將兩足交互相代，以支其身，則重心不至提高，動中依然穩定，動時仍可發勁，此所謂偏沉則隨也。以支身著力於一足，故曰偏沉。以身體各部可任意而動，故曰隨也。

　　輕靈之功，果造其極，絲毫不受他力，所謂「一羽不能加、蠅蟲不能落」。此二語最為善於形容。若他力來時，猶有與之抵悟之意，則與左重左虛、右重右杳之義不合，如是則犯雙重之實。犯雙重者，必顯其力之方向，方向既顯，則為人所乘，每至不及轉變，故曰「雙重則滯」也。

　　「每見數年純功」四句，即專言雙重之失。大抵犯雙重之失者，多由步法虛實不清所致，所以者何？緣動步之時，不能圓轉自如，遇有他力突然而至，乃不得不與之抵拒，如此即成雙重之病。論中以偏沉與雙重對舉，意在是也。

　　「欲避此病，須知陰陽。粘即是走，走即是粘。陰不離陽，陽不離陰。陰陽相濟，方為懂勁。懂勁後愈練愈精，默識揣摩，漸至從心所欲。」

　　此節言取徑高，則病去而技日進。

　　陰陽走粘之義，已見上文。「粘即是走，走即是粘。陰不離陽同，陽不離陰」者，以本身言，則一時能為複合之動、錯綜而運也。以應敵言，攻守俱時而有，取勢相反相濟是也。舉例明之，如推手之時，彼力前擠，我須一時將身向後、向側、向下按勢而不著力，足反陰自下進，並於此時將我欲發勁之方向取準，乃彼勢已窮而將回，我乃隨其回勢而用勁下按，此即一勢之中，含複合之動、錯綜之運也。至於當彼擠進之時，我以避讓為蓄勢，故守即同

時為攻，相反適以相濟，此陰不離陽，陽不離陰也。然此特就顯見之法式言耳，故為粗淺之動作。功力既深，動作造微，雖有複合錯綜之實，一泯攻守避就之跡。此亦非言語所能達，而當徵諸體驗矣。

陰陽相濟，總括上四句而言，果能臻此境地，自能知己知彼，是以謂之懂勁。由是愈練愈精，直可視他力如己力，是為從心所欲。自懂勁以後，全是內省功夫，非復求諸外形所能到。故以默識揣摩，示用功之途徑。

「本是捨己從人，多誤捨近求遠。所謂差之毫釐，謬以千里，學者不可不詳辨焉。是為論。」

此節明太極拳功夫之歸究也。

捨己從人，捨近求遠，應作四種理解：一為既不捨己從人，又復捨近求遠。世俗拳師，但練花拳，或專練硬功，不識門徑，不通勢法，大都如此，此最下也。

二為雖知捨己從人，未免捨近求遠。習太極拳功力淺者，易犯此失。

三為不能捨己從人，尚非捨近求遠。內功之粗者、外功之精者往往如此，其用法未嘗不簡捷，特非變化圓融，隨觸即轉，未免有起有落，雖就勢法言，已不見捨近求遠之失，究極論之，尚未盡切近之能事也。

四為太極功夫之歸究，必於捨己從人中，求其至切近之運用，所爭只在毫釐，功夫若此，方為造微也。

故結論云：「差之毫釐，謬以千里。」意謂太極拳之

所以卓絕，正以有此精微之境。不到此境，不足以識其特異。學者於此，小有差忒，即不得太極拳之真諦，故辨之不可不審也。

統觀此論，足見太極拳之真諦唯在輕靈。今之習此拳者多矣，而於此論略不措意，徒憑訛傳，以為得真，遂使輕靈反成拙滯，久練竟無功效，豈不惑哉！

── 十三勢行功心解 ──

以心行氣，務令沉著，乃能收斂入骨。以氣運身，務令順遂，乃能便利從心。精神能提得起，則無遲重之虞，所謂頂頭懸也。意氣須換得靈，乃有圓活之趣，所謂變轉虛實也。發勁須沉著鬆淨，專主一方。立身須中正安舒，支撐八面。行氣如九曲珠，無往不利（氣遍身軀之謂）。運勁如百煉鋼，無堅不摧。形如搏兔之鶻，神似捕鼠之貓。靜如山岳，動如江河，蓄勁如開弓，發勁如放箭。曲中求直，蓄而後發。力由脊發，步隨身換，收即是放，斷而復連。往復須有折迭，進退須有轉換。極柔軟，然後極堅剛。能呼吸。然後能靈活，氣以直養而無害，勁以曲蓄而有餘。心為令，氣為旗，腰為纛。先求開展，後求緊湊，乃可臻於縝密矣。

又曰：彼不動，己不動，彼微動，己先動。勁似鬆非鬆，將展未展，勁斷意不斷。又曰：先在心，後在身。腹鬆氣斂入骨。神舒體靜，刻刻在心。切記一動無有不動，一靜無有不靜。牽動往來氣貼背，斂入脊骨。內固精神，

外示安逸。邁步如貓行，運勁如抽絲。全身意在精神，不在氣，在氣則滯。有氣者無力，無氣者純剛。氣若車輪，腰如車軸。

—— 十 三 勢 歌 ——

十三勢勢莫輕視，命意源頭在腰際。
變轉虛實須留意，氣遍身軀不稍滯。
靜中觸動動猶靜，因敵變化示神奇。
勢勢存心揆用意，得來不覺費功夫。
刻刻留心在腰間，腹內鬆淨氣騰然。
尾閭中正神貫頂，滿身輕利頂頭懸。
仔細留心向推求，屈伸開合聽自由。
入門引路須口授，功夫無息法自修。
若言體用何為準，意氣君來骨肉臣。
想推用意終何在，益壽延年不老春。
歌分歌分百四十，字字真切義無遺。
若不向此推求去，枉費功夫貽歎息。

—— 打 手 歌 ——

掤捋擠按須認真，上下相隨人難進。
任他巨力來打我，牽動四兩撥千斤。
引進落空合即出，粘連黏隨不丟頂。

── 太極拳之練習談 ──

中國之拳術，雖派別繁多，要之皆寓有哲理之技術，歷來古人窮畢生之精力，而不能盡其玄妙者，比比皆是。然學者若費一日之精力，即有一日之成效，日積月累，水到渠成。非若歐西之田徑賽等技，一說即明，略示便會，無精深玄妙之研究也。

太極拳，乃柔中寓剛、綿裏藏針之藝術，於技術上、生理上、力學上有相當之哲理存焉。故研究此道者，須經過一定之程式，與相當之時日。雖然良師之指導，好友之切磋固不可少，而最緊要者，是在逐日自身之鍛鍊，否則談論終日，思慕經年，一朝交手，空洞無物，依然是門外漢。未有逐日功夫，古人所謂終思無益，不如學也。若能晨昏無間，寒暑不易，一經動念，即舉摹練，無論老幼男女，其成功則一也。

近來研究太極拳者，由北而南，自黃河流域至揚子江流域、今及珠江流域，同志日增，不禁為國術前途喜。然同志中，專心苦練，誠心向學，將來不可限量者，固不乏人，但普通不免入於兩途。

一則天才既具，年力又強，舉一反三，穎悟出群，惜乎稍有小成，便是滿足，遽邇中輟，未能大受；其次，急求速效，忽略而成，未經一載，拳、劍、刀、槍皆已學全，雖能依樣葫蘆，而實際未得此中三昧，一經考究其方向動作、上下內外，皆未合度，如欲改正，則式式皆須修

改,且朝經改正,而夕已忘卻。

故常聞人曰:「習拳容易改拳難。」此語之來,皆由速成而致此,如此輩者,以誤傳誤,必致誤己誤人,最為技術前途憂者也。

太極拳開始,先練拳架,所謂拳架者,即照拳譜上各式名稱,一式一式由師指授,學者悉心靜氣,默記揣摩,而照行之,謂之練架子。此時習者分內外上下之注意,屬於內者,即所謂用意不用力,下則氣沉丹田,上則虛靈頂勁;屬於外者,周身輕靈,節節貫串,由腳而腿而腰,沉肩屈肘等是也。初學之時,先此數句,朝夕揣摩而體會之,一式一手,總須仔細推求,舉動練習,務求正確,習練既純,再求二式,於是逐漸而至於習完,如是則毋事改正,日久亦不至更變要領也。

練習運行時,周身骨節均須鬆開自然,其一口腹不可閉氣;其二四肢腰腿,不可起強勁。此二句,學內家拳者類能道之。但一舉動,一轉身,或踢腳擺腰,其氣喘矣,其身搖矣,其病皆由閉氣與起強勁也。

一、摹練時頭部不可偏側與俯仰,所謂要頂頭懸,若有物頂於頭上之意,切忌硬直,所謂懸字意義也。目光雖然向前平視,有時當隨身法而轉移,其視線雖屬空虛,亦為變化中一緊要之動作,而補身法、手法之不足也。其口似開非開,似閉非閉,口呼鼻吸,任其自然。如舌下生津,當隨時咽下,勿吐棄之。

二、身軀宜中正而不倚,脊樑與尾閭宜垂直而不偏,但遇開合變化時,有含胸拔背、沉肩轉腰之活用,初學時

即須注意，否則日久難改，必流於板滯，功夫雖深，難以得益致用矣。

三、兩臂骨節均須鬆開，肩應下垂，肘應下屈，掌宜微伸，手尖微屈，以意運臂，以氣貫指，日積月累，內勁通靈，其玄妙自生矣。

四、兩腿宜分虛實，起落猶似貓行，體重移於左者，則左實，而右腳謂之虛，若移於右者，則右實，而左腳謂之虛。所謂虛者非空，其勢仍未斷，而留有伸縮變化之餘意存焉。所謂實者，確實而已，非用勁過分，用力過猛之謂，故腿屈至垂直為準，逾此謂之過勁，身軀前撲，即失中正姿勢，敵得乘機攻矣。

五、腳掌應分踢腿（譜上為左右分腳或寫左右翅腳）與蹬腳二式。踢腿時則注意腳尖，蹬腿時則注意全掌，意到而氣到，氣到而勁自到。但腿節均須鬆開而平穩出之。此時最易起強勁，身軀波折而不穩，發腿亦無力矣。

太極拳之程式，先練拳架（屬於徒手），如太極拳、太極長拳，其次單手推挽、原地推手、活步推手、大捋、散手，再次則器械，如太極劍、太極刀、太極槍（十三槍）等是也。

練習時間，每日起床後兩遍，若晨起無暇，則睡前兩遍，一日之中，應練七八次，至少晨昏各一遍。但醉後、飽食後，皆宜避忌。

練習地點以庭園與廳堂，能通空氣、多光線者，皆為相宜。但忌直射之烈風，與有陰濕黴氣之場所耳。因身體一經運動，呼吸定然深長，故烈風與黴氣如深入腹中，有

害於肺臟，易致疾病也。練習之服裝，以寬大之中服短裝與闊頭之布鞋為相宜。習練經時，如遇出汗，切忌脫衣裸體，或行冷水揩抹，否則未有不罹疾病也。

拳理傳真

—— 雅軒老師書信摘錄 ——

你可每練時，心裏想著吾從前教你的情形，默想吾打拳的精神味道。當大有意義。

你要想要如何才有虛靈頂勁？如何身勢動態若長江大河滔滔不斷？如何含神養氣，使心意沉著？如何有鬆沉軟彈的力量？如何反聽觀內？如何養心養氣？如何使周身一體、四肢百骸各得其位，各得其所，頂天立地，舒舒適適立於天地之間？又如何若有為，若無作？如何才算無所為，才能無所不為？如何為有所為？如有所為，則顧此失彼，掛一漏萬，不均不勻；無所為則氣勢均勻、普照全身。

如何利用氣之呼吸，使動作開合收放？如何利用動作開合收放，使氣之吐納，沉到丹田深處？如何才能使身心泰然、口中生出甜液來？如何使體態自若修心養性，以達到祛病延年健身之目的？

以上這些道理，要多多思悟。

近來之練太極拳功夫者，百分之九十九弄不對，所以有「太極十年不出門」之說。漫說十年，如無真傳，就算一輩子，也是瞎搞鬼，就不止十年而已。以上是我天理良心之話，非是故意深玄其說耳。

無論如何，太極拳當是往健康身體、療養疾病這一方面發展；在技擊這一方面，應是往技術巧妙、以柔克剛一方面發展。因為太極拳是療養疾病的體育，也是拳術，如

只在療養疾病這一方面著想,而不鑽研它的技擊方面的作用,那就名不符實,無武術之可言,脫離了根本了。

我們所說的這種技擊的研究,是為了引起廣大群眾的愛好和練習的興趣,而不是為了好勇鬥狠。關於這點,大家要知道才對。

太極拳是靜功,是內功,是氣功。要鬆,要靜,要穩。如多動、妄動,就必然影響靜的功夫。所以萬不可圖添花樣,這是那些改造拳家所不明白的。

「左重則左虛,右重則右杳」,也有說「右重右渺」的,它們的意思一樣。譬如推手,搭上手時,我的左邊感覺的壓力大了,就放虛了,叫他壓不著實地;又如我右邊感覺對方來的力大了,我就將右邊放的渺無所有,也叫他摸不著實地。這和進之則愈長,退之則愈促是一樣的道理。假如他來勁重了,我要以勁架著他,那就頂了,萬萬要不得。

扔勁與冷勁的區別:扔勁是扔出去、摔出去、擲出去的意思。練槍的手法常用扔;練拳的手法,用扔的地方不多,只有野馬分鬃和按勁。將對方拿著,再將他擲出、扔出,也叫扔勁。至於冷勁,則來得特殊的快,能使對方冷不防,就已經打上了,這就謂之冷勁。也就是勁起於陡然之間,能打人於不知不覺之中的意思。要和外功拳比手,就非會發此種勁不可,如只是揉揉扭扭地周轉幾手,就不足以敵高手也。

在練拳時有口水,才證明是已身心泰然了。如未出口水,尚是身心未到泰然之境也。

（摘自1963年3月22日信）

　　太極拳用法，應是在推手或打鬥之動作中隨機應變，順勢而用，不宜以主觀的手法強幹。否則就變化不靈，在動作中做不出神舒體泰的味道來，其姿勢態度，也就不夠俊美。

　　太極拳的發勁機會，應是在打手中趁現成的，送到手上來的，這樣子打得才乾脆，而不是把發勁的機會硬做出來的，否則打不出人去。就算是憑自己的力大，勉強把人打出，也必拖泥帶水。

　　練功夫似乎有緣分，而不是誰想練，誰就練得好。如無緣分，雖碰見好的老師，而不知好，也要錯過機會。如遇見雜門外道的老師，本來不好，但他反而以為很好。有的有老師，信仰不堅，半途而廢了。或是東看西想，添了些旁門左道的東西，將功夫弄錯了。有的是沒有機會和老師在一起，自己隨便練，將太極拳味道練跑了。有的是基礎不穩就分手了。

　　如以上這些情形，怎能把功夫練好呢？

（摘自1963年10月10日信）

　　練拳，意氣要沉下去，臀部收進垂直坐正了，胯部以下往下沉著，胯部以上是往上拔著，肩垂肘墜，不要丟掉了拳意，就是眼神、思想、毛髮、皮膚，也無一處不掛拳意。不是瞪著眼睛看哪一部分，而是藏而不露，神意內含的意思，所謂觀內反聽是也。

　　兩腿如車廂下之大盤簧，要有很大的鬆彈力，又如載重之船舟，漂浮於江面，沉重而又有動盪的樣子。所謂動盪，不是自動，而是因水濤之動而動。我這樣說，你們當可明白了吧？太極拳就是要練出腿上的這種彈力功夫來。

　　兩臂要鬆掤，不是硬掤，如秤桿之挑著秤錘然。要有靈機感覺，聽得出極小的輕重感應來。此所謂立如平準，所謂蠅蟲不能落也。

　　以意導氣，是意與氣打成兩橛，有主從、先後之別。以心行氣，則心與氣渾融一致。嚴格說來，心、氣、身三者俱是渾為一體的。一動無有不動，一靜無有不靜，靜非死靜，身如天平，謂之清醒。一羽不能加，蠅蟲不能落；動非妄動，神光周燭，氣充全身，如長江大河，滔滔不斷，而又從容安閒，動中仍寓靜意。

　　　　　　　　　　　　　（摘自1963年11月18日信）

　　太極拳呼吸之道，主要是氣沉丹田，鼓蕩丹田內息，以與連綿不斷之動作相應。因內息之鼓蕩不停，亦自能抽動外面呼吸之氣往來不輟，且細勻深長，如膠似漆。但我們並不去注意它，須讓它自然出入，出則勢開而放，入則勢合而收，且身勢開放收合到極點，或轉換時，更往往與呼吸首尾相應。

　　詳言之，如身勢由合而開，氣即隨之由吸轉呼。當開到極點時，則為一呼之尾，亦可能為一吸之首。當身勢由開而合時，氣即隨之由呼轉吸，當合至極點時，則為一吸之尾，亦可能為一呼之首。但有些姿勢亦可能有開反氣息

吸入，合反氣息呼出。又還有一開之中，可能不止一呼，須加一吸（即一開勢呼起吸止），或須再加一呼（即一開勢之中，兩頭呼，中間吸）；一合之中，可能不止一吸，須加一呼，或須再加一吸。總而言之，動作不斷，呼吸亦不斷，動與息應，息與動連，如是而已。若必固定某一動作配合吸，某一動作配合呼，則必機械呆板，恐非太極拳行氣之道也。

（摘自1963年11月25日信）

　　太極拳是個無為無不為的東西，以無為應萬變。如有為，則掛一漏萬，顧此失彼矣。太極拳是玲瓏透體，只輕輕妙妙地一沾，就察覺了對方的來意、方向、勁道和作用，無所不知。所以有玲瓏透體的虛無感覺，就可以虛靈應萬變。這種變，不只是十三手、十三勢，是千萬手、千萬勢不止也。全看對方之來意來勁之情形如何也。此種變化之多，如五味之不可盡嘗，如五色之不可盡觀，如五音之不可盡聽。它豈是只有一手之揉扭勁捉著、壓著、搶上手、爭主動，兩勁相抵，就可以了事哉！

（摘自1963年12月17日信）

　　吾們練拳，應本老論（指《太極拳論》），行功心解，塌肩垂肘，頂頭拔背，掤開了，沉下氣去，穩穩靜靜地鬆開勁去體味，決不會錯。

（摘自1964年3月2日信）

我練功夫時，為了審身上的勁道，有時也停頓，不如此，不能體會出身上的勁道、重心來。重心、勁道如保證審察得清楚，自然是不停的好。如是勁斷意不斷地停，也算不錯。

（摘自1964年8月28日信）

老論云：「發勁須沉著鬆淨。」是說在發勁時，必須要鬆、要沉，並且還要鬆得純粹，鬆得乾淨，不留有絲毫拙力在筋骨肌肉之間束縛著，如這樣子，才算鬆淨。否則就未鬆淨，就發不出鬆沉軟彈的靈脆勁去。蓋太極拳是以神、以氣、以意來指使身體四肢做一切動作並起作用的。身體要沒有拘滯之力了，鬆得淨了，這樣子才能隨著神、氣、意靈活動作。如身體各部未能鬆得淨，那意識、神氣就指揮不出靈脆的動作來，就打不出迅雷不及掩耳、驚心動魄的勁來。只是憑著肌肉、筋骨的伸縮動作，那是絕對不夠快的。所以說，這個淨字是必須的，沒有它，就絕對不行。所以老論云，發勁必須沉著，必須鬆淨也。

上、中、下三盤之說，這是外家拳的說法。楊式太極拳未明言，但以情理推想，不過是上盤要虛靈頂勁；中盤有腰胯的活動；下盤則要腳步之輕妙穩固耳。

太極拳只講內外合就都有了。內則一心，外則一身。只要身心合了，各個內外部位不合而合。

太極拳是提綱挈領抓大體，不找零體。

關於身勢方面，只要一身鬆開，虛著頂起勁來，氣自然地沉到丹田，也就夠了。上有提勁，下有沉勁，物必自

直，並且勁整。一提一沉，自然就會端正。全身鬆開，自然會下墜，神頂起來，自然會有靈機。你們看雞衝鬥、蛇行、馬跑，不都是頂起頭來嗎？頭只要頂起來，提起神來，不就會動作很機靈、很迅速了嗎？如他們那種瑣瑣碎碎地在局部上去找，我以為是都不必。要以我的看法，含胸拔背這一條規矩，也不可強調，不然也會練不出很自然的功夫來。

含胸拔背這句話，老論上沒有。這是形意拳、八卦掌上的規矩。因為陳微明早先跟孫祿堂練過一段時間的形意拳，後來才跟楊老師學太極拳。陳著的太極拳書上，有太極拳十要，把老論上的某些話，反正地說了一些，又添了這句含胸拔背。以後練太極拳的人，以為這句話與太極拳也無妨礙，作書的也將這話沿用了，從此就成了練太極拳的規矩了，其實不是那回事。

所以我今告訴你們，對這句話不要過分地強調，如強調了，就脫離了自然。太極拳是以端正為主要的基礎。在這種基礎上，胸腰脊背為了動作的需要，是有時含、有時挺、有時凸、有時凹。這是身勢動態，不能抓著這個含字，就說一定非含不可，成了規矩。

按太極拳之發勁有幾十種之說，我以為不對。我以為只有一個懂勁和不懂勁的問題。如不懂勁，會一百個發勁，也等於零。如懂了勁，雖變一百個、一千個也是一個道理。千變萬化，想如何打，就可以如何打，又豈止是幾十個哉？

練功夫，本有神似、形似之別，如過去楊家幾輩人練

拳的外形都不大一樣，這是各人個性不同，隨性情發展，不必強求外形一樣。但功夫有基礎，他們的神氣、用勁都是一樣的，所以在發勁上都很好，這謂之神似。有的人是求外表一樣，但神氣上不對，故打不出人去，此謂之形似。

太極拳功夫，是穩靜鬆軟中求輕靈虛無，其他拳術多是講神氣活現、剛柔相濟的勁。太極拳是神意內斂，他家拳是精神外露，內外功之區別，也就在於此也。

並不是說剛柔相濟不對，而是要看他是怎樣剛柔相濟法。太極拳之剛柔相濟，是說在技擊中有忽剛忽柔，要輕則一無所有，要重則可以無堅不摧。這是虛實變化、剛柔輕重互用的意思。而他們之剛柔相濟，多是說的他們的身體又剛又柔，是剛柔合組的一種僵勁。

（摘自1964年11月20日信）

練太極拳全憑神經感應靈敏，如靈機性少了，那太極拳還練什麼？靈機是出於神經，神經的靈敏是人身上之至寶。所以太極拳練法，在未出勢之前的預備勢，就先要鬆身心，靜思想，以養神經上之虛靈為第一要著。

有些人練了其他拳的功夫，後又練太極拳，多年不大進步，這就是他將身上寶貴的神經靈敏給練死了。所以我勸你們也不要兼練他家的功夫。有的人以為多練幾種拳，會的多，總會有好處，其實這是錯誤的思想。

在過去把太極拳稱為神拳，意思有二：

其一，練太極拳時是用神；其二，在對手時，太極拳

變化神奇，冷快絕倫，能打人於不知不覺之中，只要神氣一動，對方就驚心動魄，不知所措。所以稱之為神拳。當年楊露禪稱「神拳楊無敵」，就是這個道理。

一般的拳術家，多是在筋骨肌肉上練些剛柔伸縮的動作，而不是以神氣、以意為主。如練太極拳，只是這種筋骨肌肉伸縮動作為主，那功夫就練不好。如定要兼些其他功夫，那勢必將身體練成了混濁僵死的勁道，在輕重虛實變化上，就感應不靈了。練太極拳要時時刻刻保持它的純潔性。如稍不注意，就會誤入歧途。此不可不慎也。

太極拳門中，拳、刀、槍、劍皆有，可以健身，也有技擊的作用。只要將太極拳的東西練好了，就夠了，不要兼練其他的功夫，以免藝多不精。

太極拳是聰明人練的拳，如無練拳的天才，就練不好。一要有真的太極拳老師的傳授，再要捨得下苦工夫練習，尤須要有聰明智慧，不然就成不了妙手。王宗岳拳論云：「非有夙慧，不能悟也。」又云：「先師不肯妄傳，非徒擇人，亦恐枉費功夫耳。」

如專用筋骨肌肉有形之體來練拳，那就恐忽略了神意與氣勢在練拳上的作用，只是一個肉體在蠕動，那還有什麼味道之可言呢！

（摘自1964年12月18日信）

太極拳這門學問，很難也很容易，如有天才、悟性、真的傳授，不過二三年，滿可以得到拳意，如此進步就快了；如無這門天才，再不本教的意思用功，東想西想，道

聽塗說，那勢必愈練離太極拳的真功夫愈遠，雖二三十年也找不到拳味，這就叫做很難。

發勁的功夫，等於水到渠成。不宜單單地求這一技能。今吾弟專心向學，但須緩緩為之，太急了未必好也。

（摘自1968年2月17日信）

我自信我的功夫，是經常思想前輩先賢練功的神氣而進行的，可能未走錯路。而不像近代有些拳師，拳味還未找到，就獨出心裁地做些花樣，畫蛇添足，弄些其他拳規矩，當做太極拳要訣。自誤誤人，莫此為甚也。如這樣的功夫，雖然不值得懂拳的人之一顧，但外行人看了，反覺好看。如這樣的拳師，十之八九皆是，直弄得野草比嘉禾還高還多，魚目混珠，殊可歎也。

練功夫要能輕，輕到空無所有；要能重，重如山岳。進之則令人難覺，退時則使其莫知。能打人於不知不覺之中，變化神奇、鬼神難測，這才算高手，否則就不可能鬥大力士、蠻幹漢也。

（摘自1968年12月1日信）

我追隨澄甫老師十有餘年，從未聽見說過太極拳非與其他硬拳交手鍛鍊，而後方可對付外家拳術，只聽說如太極拳功夫好了，無論任何奇形怪狀拳術，都能對付。如功夫不好的話，那是另一回事了。

（摘自1972年8月4日信）

41

你說你的身體不壯，力不大，怕練不好功夫云云，以我看不然。當年楊露禪先生身小力微，於咸豐年間，在北京竟成一代太極拳名師，號「楊無敵」。由此看來，太極拳之功夫，不在氣力大小也。如不會用，不巧妙，雖力大也未必有用。

（摘自1972年9月13日信）

用功的要點是依規矩練架子，從中慢慢體會。架子有了體會，一切推手發勁等等，稍加指點就可瞭解，否則一切都是白費，一切篡等越級冒進的想法，都是徒勞的。架子是本，要鬆軟舒適地練架子，最為要緊。

（摘自1972年4月3日信）

我不主張配合呼吸，而是主張自然呼吸。練拳自然了，呼吸會去配合上。切記，配合上了，一定會很自然了。若專在配合上注意，反而配合不好，且往往練出病來。太極拳是氣功，不錯，但講的是順氣、養氣、自然之氣。不是講的努氣、憋氣、滯氣、不自然之氣。如一碗水潑在地上，它自然地會往低處流去。不要有主張地想水要往哪裡流。太極拳是氣功，更是自然之功。如有主張地叫水往哪裡流，那就成了太不自然了。

（摘自1973年7月30日信）

練功夫有句俗話：「師傅領進門，修練在個人。」可見功夫是由苦修苦練中得來，不是多看些人，學幾個手

法，找幾個竅門，就可以提高功夫的。

只要按規矩鬆開勁練架子，日子久了，腳下一穩固，腰中一活動，手上一有靈感，和我見上幾次面，在推手上稍一指點，就會好起來。如在盤架子上未有功夫，雖經指點也不行。如想走捷路，到處推手，學幾個手法，以為就長了功夫，那是大錯。此不只是不能長功夫，甚至將自己的幾年功夫賠進去，愈學愈壞，以至於讓教的人也校不正了。

我是天天願望你們功夫提高，推手提高，這是練功夫的人第一件大事。

（摘自1973年7月24日信）

關於練功，腳下要穩，是鬆沉下去了，自然的穩，不是用固勁的穩。腰部要活，是要因有力來觸，自然的活，而不是無故自己轉動幾下的活。手上的靈，是在鬆軟穩靜著長期練功養出來的靈，不是故意動幾下的靈。

（摘自1973年9月5日信）

要想功夫成熟，還是要在大鬆大軟的舒適穩靜中練功夫，久之方可。如不按我的話，再有十年也成熟不了。每練拳要照我練拳的神氣，要按照我練拳的樣子，如把這個丟在思想以外，而自己東想西想，那就達不到這個目的。

練功夫第一要緊是要聽話。如憑自己的想法，練不好。所以，成千上萬的練太極拳功夫的人，大多走錯了路也。

（摘自1975年正月初七日信）

我們要知道，某家的功夫，還是有形的東西，筋骨肌肉上的力氣也。楊家拳是無形的東西，是神氣意思上的功夫，也是玲瓏透體的功夫，這才是最上乘。不過一般人無此智慧，學不到手。

我以為大鬆大軟神明感應、莫測變化、妙用無窮。

我不認為大鬆大軟了，就不能對付對方之來手。

（摘自1965年3月16日信）

吾弟功夫鍛鍊上，當本老譜，大鬆大軟，以神領、以氣化、以意走，決不會走錯了路。以俟將來見面時，略加指點，就會貫通了。關於這一點，可不必猶疑。

（摘自1965年9月7日信）

太極拳不是一件容易的事，內中是真有奧妙。要有悟性、有恒心、不怕苦，才能悟出道理來，不然是得不著的。

我自1964年動了手術，到1967年體力才增加了。推手的功夫超過了以前，在拳的巧妙上，我覺得比以前還好些。可見太極拳功夫不比其他拳術，人老了體力雖差，但在智慧悟性上，並不比青年壯年時差也。

他們說我是一代宗師、拳王，功夫已到化境云云，這還不敢當。不過我覺著我的功夫，是已入了門了。但恨我人已老了。但願老天多假我一些歲月，我再深刻地下一番

工夫，或可以找到一些奧妙，未可知也。但是年已到古稀，腎臟又少了一個，還能有多大的壽數嗎？

（摘自1967年7月23日信）

太極拳是拳，也是功。只練拳，不懂功，練不精細；只練功，不講拳，不知使用，不知動的方向用意。否則神經雖靈感了，機敏了，感覺對方來手了，要知如何制敵，如何進，如何退，才能我順人背粘著人。這種我順人背粘著人，就是法，就是拳也。不過要想用這種法，非養出靈機來不可。養靈機，這就是功。所以說，太極拳與其他拳只有拳著數，不講功之不同也。

操拳是外形的操著，功是內裏的悟覺。所以說太極拳是動靜相配的、身心兼修的，而不是只講身不講心，心者是修內的，身者是練外的。修心需要靜，修身需要動，動靜參半，身心兼修，這比和尚道士只是靜坐要好得多，這比其他硬拳只知操練筋骨肌肉要好得多，此太極拳所以貴重也。

有些拳架，不但不能去模仿，說真的，看也不宜看，如看了就對我們的功夫起壞影響。這些拳中毫無一點太極拳的氣息。某某以為別人的東西，就一定是好的。不要以為我們得來時容易，就一定沒有人家的好，這就錯了。捨去自己的而模仿別人的不倫不類的東西，那是太不智也。

（摘自1968年2月8日信）

各地練太極拳的人，大多是嘴裏說的要放鬆，但細細

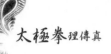
研究他的姿態並未鬆。鬆這個要領，本應太極拳中常見，就因為他未真鬆，未鬆到家，所以十年八年找不到真太極拳味來。我的書不只是說要鬆、要軟，並且講究要大鬆大軟，並且要鬆得整、鬆得均勻、鬆得一致，這樣子才能出好的散手。如拘拘謹謹的，只可紙上談兵，不可以見仗也。

（摘自1968年2月8日信）

以前的人，都是初學形意，後看見八卦好，又學八卦，最後有拳術的知識了，知道了太極拳好，又傾心於太極拳。從來未聽說練太極拳已入了門了，而學八卦或形意的人。

（摘自1973年5月26日信）

某某的拳架子向來就不實在，多年以來我教他改正這種缺點，他不知這是為他好，反而和我翻下臉來，說我跟你學了好幾十年了，還這裏不對，那裏不好，得好久才好云云。他且好大喜功，驕傲自滿，對他的學生說，他的功夫比我都強。如他這種人，將來豈有不失敗的道理！

（摘自1973年7月24日信）

—— 家兄義尚談拳 ——

你來信提了關於重輕的三個問題，我是這樣看法的。

　　太極拳譜說，極柔軟然後極堅剛，我認為更進一步也可以說，極沉重然後極輕靈。因為沉重與輕靈，都是自身鬆淨過後的一種感覺。果能鬆淨了，則全身都有沉重的感覺（是自然的重，不是用力）。自身微微轉動與空氣接觸，猶如水中動作，逐處俱與水相爭而感到不易然。能夠如實知道自身的重量，說明心裏有天平，自身之重量能知，外來增加之重則更能知。如自身之天然重量尚不能感覺，又怎麼能知道外來之力量而走化呢？你說重了就麻木不靈，那就只能有意用力去壓迫對方了，在真正的太極功夫推手找勁中，是不存在這個問題的。你說隨著盤架子的功夫日久，內勁（鬆沉勁）自然會日漸增加，但推手則總是該求輕靈的。我說鬆沉勁何嘗能增長？只不過架子盤久，身愈鬆軟，就愈是感到身手沉重，也愈是感到空氣阻力增大，也就愈是增加了聽勁力，也就愈是能夠捨己從人，不頂復不丟。如自己一有做作，則感應不靈，不能把捨己從人做好，故只有以清醒的神經靈感相應走化，才能恰到好處。因此求輕靈是必然的，倒不是該不該的問題。但此輕靈則恰是由沉重中得來。由於功夫有淺深，輕靈程度有高低，那倒是必然的。

　　總之，輕靈與沉重是自然的感覺，不是做作，並且相反相成，譬之天平衡物，一端愈重，則另一端愈輕，是成正比例的。此與柔軟之於堅剛相同。太極拳由緩至速，也是一理。吾弟之於輕重不能調和者，乃是被字面的矛盾所限制，而未求其實質。若依我的看法，則可一以貫之矣。你本來提了三個問題，我看只此已可完全解決了吧！

以上皆是就個人的感覺而言的，也是就最後目的而說的。此外，重與輕的感覺，有敵我兩面，一般都沒有分開說，這也當是你含渾不清的原因之一。例如，雅軒老師早年推手與某某之現在推手，令對方感到沉重難受，這只是初步推手階段。教者有意給對方以一定重量，可以鍛鍊筋骨肌肉之柔扭力的。雅軒老師認為這是必經的階段。太極拳有形、氣、神之三階段，此是練形的初級，以後則向氣與神轉化了。

噫！說時容易要做到則更難，除了有信心、有決心、有恒心而又有條件（有明師的指點、充分的時間、多種性質的推手伴侶）外，空想是不成的。我之不能大成，主要就是條件把我限制了。你現在的條件比我好得多，望你加倍努力。至於某某之始終推重手，不知向氣、神轉化，這當然是和他的思想水準分不開的。話就說到這裏吧。

（摘自1977年7月28日信）

—— 雅軒老師對拳的創見和貢獻 ——

說到雅軒老師對拳的創見和貢獻，這本不是一篇短文所能說得清楚的，也不是我的能力所能企及的。我接觸老師的時間有限，而且是在他的晚年了。主要的依據是和他通了八年信，正確地說，這篇短文的題目，該是「我所見到的雅軒老師對拳的創見和貢獻」。他的學生，至少上萬人，我不過萬分之一，作為引玉之磚而已，如果大家都來

寫，才會全面些。

雅軒老師20歲的時候，拜楊澄甫為師，前後共跟隨楊老師18年，得其師晚年秘傳，為楊翁高足弟子。

他唯讀過幾年舊學，但心思細緻，好學深思，特別是愛拳成癖，專心一意，精進不懈，60餘年如一日，在太極拳、劍、刀、槍、推手、散手及理論上，發展全面。更為難得的是在繼承中有發展，對舊的成果有所突破。特別是在理論上還有新的創見，這就為拳譜增添了新的篇章，豐富了拳譜的內容。從拳照看，他所達到的境界，確是青出於藍，將太極拳推進到一個新的高度了。

但他為人謙遜，從不自滿自足，更不自吹自擂，總是不斷地孜孜汲汲、好學不倦到廢寢忘餐的程度，常常在吃飯的時候，都會驟然放下碗筷，拉過紙筆來寫他的靈感——練拳心得。他曾笑著對我說：「你看！我成了拳瘋子了。學拳，沒有點瘋勁怎麼成！」

《雅軒老師書信摘錄》約一萬字，內容豐富，是他晚年對幾個學生的諄諄教誨，是楊式太極拳的理論真傳。從中也可以看到他好學深思的治學精神。他在理論上有新的創見。特別是在目前，明師不易得、太極拳品質亟待提高的時候，他的拳照和書信的發表，對廣大的太極拳愛好者，無疑會是一場及時雨，使大家欣慰不已；而對國內國外的太極拳界，卻很可能將是一聲春雷。

他在拳架上作了少量的改進，使之趨於合理與完善。略舉兩例：

一、原來的拳架，如擠、按等式之弓步，定式時膝部

與足尖相齊，導致「重心下沉不夠踏實，不夠中正，勁往前跑了，未落在底樁根上」。從理論上說，定式是發勁充足的瞬間，如重心前傾，萬一發而不中，很可能造成被動失勢，還可能被踩（牽、拉）而前跌。雅軒老師將其改為弓步到小腿與地面垂直為止。這樣一改，身勢更為中正，重心的穩定性大為增加，發勁之時，正是自己最為安全之時。再加上他是下沉發勁，不著意前推，從而完全避免了向前失勢的可能。

二、扇通臂接翻身撇身捶之間，他改用騎馬樁作為兩式的銜接動作，這就顯得渾圓自然，身勢也更優美。

從拳照看，他保存了原有的渾厚沉著、氣魄雄偉的風格，但也突破了它而進入了既含蓄蘊藉，又神氣飄逸的境界，將太極拳上升到更富於詩情畫意的藝術美的領域中去了。

在理論上，他在繼承中有所發展，有他獨到的見解，如反對裹襠，不強調含胸拔背，並有自己的特殊看法，還明確提出「硬勁不如僵柔勁……」等等，都能使學者如撥雲霧而見青天。

下面抄錄兩則《隨筆》和幾段《書信摘錄》。

「太極拳功夫，其最高者，是找虛無的氣勢，有了虛無的氣勢，才能感應靈敏，才能融化萬物，如果沒有虛無的氣勢，就感應不靈，應付不當，非早則遲，頂頂碰碰，胡撥拉撞，沒有太極拳味道，所以首要在穩靜安舒上著手，以養其虛靈也。但練虛無氣勢的功夫，初步必先找柔

軟，再找輕靈，有了柔軟輕靈之後，才可以找虛無。久而久之，便可有出手包羅萬象的氣勢，如老子所謂無為而無不為。即不專注意某一手、某一式、某一部，是要處處有照應，處處有感應，將神智燭照周身。不是硬功夫之出手，專注意一手一式之作用也。」

「硬勁不如僵柔勁，僵柔勁不如鬆沉勁，鬆沉勁不如輕靈勁，輕靈勁不如虛無勁。」

他將力的性質和力度分為五種不同的等級。我們不必過分執著在字義上，但這兩段話明確地告訴我們，學習太極拳的進程，是由硬到軟，由重到輕，最後到空無所有；是從丟掉大力、硬力到學會只用最小的軟力的過程。只有逐漸丟掉硬力，柔軟的程度才會日漸增加。柔軟之後的發展方向，必然是輕靈、虛無，這才符合以小力勝大力和以柔克剛的原則。

這就不僅說明了太極拳功夫的最高境界，還指出了達到這一境界的方法和必經的途徑。在前輩及當代的著述中，還沒有誰將太極拳的道路寫得如此明明白白的。

「太極拳是拳，也是功。只練拳，不懂功，練不精細；只練功，不講拳，不知使用，不知動的方向用意。否則神經雖靈感了，機敏了，感覺對方來手了，要知如何制敵，如何進，如何退，才能我順人背粘著人。這種我順人背粘著人，就是法，就是拳也。不過要想用這種法，非養出靈機來不可。養靈機，這就是功。所以說，太極拳與其

他拳只有拳著數，不講功之不同也。」

「操拳是外形的操著，功是內裏的悟覺。所以說太極拳是動靜相配的、身心兼修的，而不是只講身不講心。心者是修內的，身者是練外的，修心需要靜，修身需要動，動靜參半，身心兼修。這比和尚、道士只是靜坐要好得多，這比其他硬拳只知操練筋骨肌肉要好得多，此太極拳所以貴重也。」

「『含胸拔背』這句話，老論上沒有。這是形意拳、八卦掌上的規矩。因為陳微明早先跟孫祿堂練過一段時間的形意拳，後來才跟楊老師學太極拳。陳著的太極拳書上，有太極拳十要，把老論上的些話，反正地說了一些，又添了這句含胸拔背。以後練太極拳的人，以為這句話與太極拳也無妨礙，作書的也將這話沿用了，從此就成了練太極拳的規矩了。其實不是那回事，所以我今告訴你們，對這句話不要過分地強調，如強調了，就脫離了自然。太極拳是以端正為主要的基礎。在這種基礎上，胸腰脊背為了動作的需要，是有時含、有時挺、有時凸、有時凹。這是身勢動態，不能抓著這個含字，就說一定非含不可，成了規矩。」

「練太極拳要時時刻刻保持它的純潔性，如稍不注意，就會誤入歧途，此不可不慎也。」

「練太極拳不能與任何功夫同練，非純粹不可。」

拳譜上有「似鬆非鬆、將展未展」之句，這成了有些人不能真正徹底放鬆的理論根據。有的人就主張五陰五陽

的半軟半硬狀態。李師認為這是僵柔勁，比硬勁進了一步而已，尚不到鬆軟程度，更不用說輕靈、虛無了。

他明確提出要大鬆大軟。拳譜上指導發勁的方法是「發勁須沉著鬆淨，專主一方」。要鬆淨，就必須大鬆大軟，鬆得乾淨，才沒有牽扯，發勁才會出現驚人的效果。如果似鬆非鬆，實際上就是不鬆，不鬆發勁的速度就不夠快，對方容易發覺，即使打中，也是不夠有力的。

大鬆大軟，才符合「極柔軟，然後極堅剛」的道理。練拳極柔軟，發勁才可能極堅剛。這也就是我們對「剛柔相濟」的解釋。

他還反對裹襠。有的人認為裹襠可以加強根力的穩固，同時兼具保護前陰的效果，粗看似亦有理，其實，兩膝相對內扭是違反自然的，必然會帶來某些不必要的緊張，違背放鬆的原則。他認為「全身鬆開了，沉下氣去，根基自然會穩固」。裹襠只能導致下肢的僵滯、緊張，不能使其靈活，更無助於穩固。

至於保護自己免遭攻擊，太極拳在技擊上，一律以靈敏的聽勁為前導，以借力作為攻擊和防守的手段，不是依靠某一個固定不變的姿勢來保護自身的，而是在運動的過程中來達到攻擊對方與保護自身的目的，所以不是裹襠就可以了事的。

他還主張「練拳當以沉勁為主，不可著意前推」，這不僅是他的創見，也是對拳理的改革，有益於後學。這些功績都是不可埋沒的。

—— 雅軒老師佚事一則 ——

　　1971年，我在雅軒老師家裏，一天與他共進午餐，佐餐的不過素菜兩樣，記得其中一樣是炒小白菜。

　　他很高興地對我說：「人在無病的時候，吃起小菜來也非常清香可口。如果吃起來不香，大約就是在哪裡有病了。」我微笑表示同意。接著他就又發表起老年人應該多吃素，少吃肉的議論來。正在這時，他突然放下碗筷，轉身拿起毛筆，拉過一張舊報紙，在上面狂熱地寫起來，情緒之高，到了神采飛揚的程度。

　　看他那一股高興勁，決不亞於探險家登上了珠穆朗瑪峰。我在一旁看得驚呆了，不知所措地問：「您在寫什麼？天冷，飯菜涼了，吃完了飯再寫不行嗎？」他像沒有聽見一樣，繼續奮筆疾書，直到寫完了，才放下筆來，輕鬆地對我說：「剛才閃過一個思想，告訴我要如何發勁，才能入裏透內，才能無堅不摧，才能使對方驚惶萬狀。我必須立刻寫下來，不然，過後就忘了。」

　　我這才恍然大悟地「啊」了一聲。

　　李師就這麼愛拳，到了廢寢忘食、入迷發狂的程度；到了他就是拳、拳就是他的境界。他和拳早已結合成為一個分不開的整體了。心專在一藝，其藝必精。難怪他在拳上取得了那樣豐碩的成果。

初學須知

—— 太極拳的本質 ——

太極拳看似具體，其實抽象，是一種特殊的軟功，是專門研究省力的學問。

初學時，雖也注重姿勢的正確，但緊接著就深入到抽象的內容裏去研究了，不總在外形上用心。太極拳研究的對象，是遍體的鬆柔、內勁的虛實、觸覺的靈敏、全身的完整。

太極拳並沒有什麼神秘，不過是前人發揮了高度的智慧，在巧妙地研究力學，使自己在日常生活中減少疲勞，或在工作中推遲疲勞出現的時間。做事可以事半功倍，費力少而成功多。因為要做到省力，就不能無謂地浪費自己的體力，所以它走了柔軟的道路。

運用在技擊上，它反對大力欺小力，不主張硬拼硬鬥的力勝，而強調運用智慧與靈巧。太極拳在技擊上的勝利，主要是唯物辯證法的勝利，是智慧的勝利，或者通俗地說，是聰明人對笨人的勝利。但要學到那一份智慧，必須捨去主觀主義和後天的拙力，困難之多，恐怕不亞於攀登珠穆朗瑪峰。

太極拳動作緩慢，呼吸自然深長，是自然的氣功；動中求靜，是靜功；內勁節節貫串，是導引；注重虛實，是陰陽學說；對敵無定法，因人為法，反對主觀制敵，符合唯物辯證法和孫子兵法；在生活領域裏應用廣泛，富含哲理。很難找到其他的技藝可與太極拳這樣幾乎包羅萬象相

媲美。

　　只因太極這一個不常用的名詞，無形中蒙上了許多玄虛神秘的色彩，使很多青年人感到不好理解。其實也 簡單，太極分陰陽，陰陽在拳中代表虛實。也不過說明此拳極為重視虛實變化的意思。其他的拳術，並非不講虛實，不過不論外形上組織得如何嚴謹、細密，但遠不如太極拳對虛實研究得深入，不如推手聽勁用思想上的靈覺判斷虛實更為精確也。

　　過去在此拳中，附會五行、八卦之說，不過是唯恐它不神秘，用以嚇唬外行、自提身價罷了。我們現在懂了牛頓定律，就老老實實地研究力學，還它的本來面目。

　　有的人說什麼「頭頂太極、懷抱八卦、腳踩五行，應該是太極拳的廬山真面目」。那麼研究太極拳不講五行、八卦的，倒反是廬山假面目了？只因古人的拳譜寫得有些含混，近百年來，多少學者費盡心力，著書立說，在揭示太極拳的本真。

　　今天還要繼續重重疊疊地給它掛些面紗，使別人永遠看不見「廬山真面目」的真面目，誤入八陣圖，一輩子出不來！如果不講五行、八卦就學不好太極拳，那就說明上述主張的正確。

　　可是事實並不是這樣，雅軒老師鑽研一生，在拳上取得了極高的成就，他就不講五行、八卦之說。透過我自身的實踐，也說明五行、八卦和太極拳並無必然聯繫。同時，還認為用力學原理完全可以說清楚拳中的道理。

　　太極拳本身並不神奇，但功夫到了較高水準，確實又

令人感到神奇。這是功夫上、認識上的差距，是太極拳原理超出了一般人常識範圍的緣故。

—— 真傳一張紙 ——

在學習太極拳的人中，青年、中年漸漸多起來了。其中單純為強身而來的只是少數。大多是仰慕太極拳有極為高深的技擊內容，想攀登這一高峰，看看它的究竟，想有朝一日成為當今的「楊無敵」。

在所有學太極拳的人中，不乏有勤奮好學、刻苦鑽研、勇於探索之士，在眾多習拳者中僅占很少數，但繼承、發展太極拳的希望，卻指望他們。

要想學到太極拳技擊方面的內容，除了強調要有真傳，要拜明師學到高品質的拳架之外，還得在理論上不斷深入研究。這就要認真對待拳譜。

大多數知識份子開始學太極拳時，總希望找到太極拳拳譜，我也不例外，好像以為有了拳譜，就是「真傳一張紙」，就可以按自己的理解，學好太極拳了。

記得當年自己得到拳譜的時候，真以為其中的道理都能懂得了。因為有學識，會識字，哪有不懂的道理？誰知學了十多年拳之後，如夢方醒，才知道拳譜上寫的，是有功夫的人對功夫的記錄。沒有功夫的人，即使天天讀拳譜，也依然拳是拳，譜是譜，並不相等，也未必相通。即使學歷很高，未得明師真傳，或者實踐功夫不夠，是學不懂拳譜的。

　　有了拳譜，容易使你犯自以為是的錯誤，助長你的主觀主義。不如多親近良師益友，教誨切磋，更為有益。

　　如此說來，拳譜豈非多餘？不，我是說初學拳的人，不可能理解拳譜，「入門引路須口授」，還是找老師具體指教，對症下藥，才是上策。

　　前人寫拳譜，難免有用詞含混之處，如果只從字面上去解釋，是會有各種不同的解釋的。例如「偏沉則隨，雙重則滯」兩句，諸家的解釋，簡直可以說是五花八門，原因就在於拳譜未對偏沉和雙重這兩個名詞作注解。對隨字的含義，也有人說是好，有人說是病，究竟聽哪一家的解釋呢？此外，對「剛柔相濟」的理解偏差，也導致了不鬆不柔的痼疾。

　　學歷淺深有異，人的智慧不齊，本不能強求一致，但關鍵在於拳譜不是空洞的理論，而是練拳的指南。一句的誤解，甚至一字的錯解，就會誤入歧途。例如：很多人就因為誤解了掤勁的掤字，以「頂」為「掤」，用力去架住、抗住對方，就會貽誤終身，成就不大。

　　古人寫拳譜，本是對功夫的正確記錄，並不是給後人寫的語文教材，無奈後人懂語文的多，懂功夫的少，既未得到功夫上的真傳正授，就難免不主觀主義地對拳譜亂解釋一通。這大約就是現在的太極拳成了千門萬戶的原因。

　　其實，拳中的道理並不神秘。在拳譜上，本來也是說得明明白白的，只因我們功夫不到，才如霧裏看花，總隔一層。

　　我一再強調，太極拳不是常識，更忌拙力（硬力）；

而是要丟掉常識和後天的拙力，才能去學到的智慧。可是一般人總是用常識的眼光去看它，先就自己帶了有色眼鏡，哪裡還能見到太極拳的真容！又不願去深究「捨己從人」的真義，以主觀代替客觀，以力量代替智慧。看到你一腦袋的主觀、一身的力氣，太極拳早就隱藏到更為虛無縹緲的地方去了。性格上如此粗糙，又怎麼可能去尋得細緻的太極拳的蹤跡？

誰是拳譜最有權威的解釋者呢？這正是我們要找明師的理由。

──── 找 明 師 去 ────

由於學習太極拳主張用意不用力，初學的人感到抽象而不可捉摸，易生惝恍迷離之感。又由於它練功的方法自成體系，與其他的任何拳術和運動項目都不相同，因此，初學者只知道動作緩慢的就是太極拳，不能分辨真偽優劣。且每每不易遇到好的老師，等練了若干年之後，才發覺自己沒有學到真本領。找起原因來，大多是拳架沒有能充分體現拳理，練拳架走了過場。

我自己就曾經學了13年，還發不出勁來，勞而無功。有兩三年的時間，進境遲滯，興致索然，幾度萌生知難而退的念頭。幸而自己不甘心，又得黃星橋老師的指引，在1967年，才去成都向李雅軒（椿年）老師求教，承他厚愛，耐心地給我改拳架、講拳理，並從推手實踐中使我體會到聽勁和化勁、發勁的奧妙，為我指出了昔日的不是與

不足，使我明白了今後努力的方向。雖然自己的實踐功夫還很差，但總算見到了真的太極拳了。

到1972年，再度去向雅軒老師求教，以自己功力稍具，眼力漸增，才學到了更多的東西，方知太極拳之妙，全在解放思想，真個心明眼亮了。此後自感功夫日新月異，才覺苦盡甘來。

由自身的體會，在太極拳這一門抽象的學問中，要求得一點真知實屬不易！以往自己並非不用功，無奈拳理不明，見解不真，正如鋼加到刀背上去了，辛苦費了不少，到頭還得返工。當時有俚語記事：

> 時人鍾愛太極拳，唯缺明師作鄭箋；
> 徒勞筋骨猿捉影，可憐無補費精神！

世間太極拳功夫水準高的人不多，對拳理上有點真知灼見的也極為難得。一般的老師，說真話，水準都有限，只可以說懂一些而已，不是這裏不對，就是那裏弄錯，距「明師」兩字有相當大的距離。這註定學太極拳的人，早已患了「先天不足」。

太極拳不同於外家拳法，它不用明勁、硬力，而是內勁、柔勁，是運用全身的虛靈觸覺。勁道不是短時期內所能培育出來的，術語稱之為「懂勁」。能於十年八年之內，在友誼性的推手中，能化得自然無形，發得乾脆俐落者，已很為不易。到了這種水準，才勉強可以當老師。

我們的師資很缺乏。

　　傳統的教學方法，是每次只教一兩式，三五天，甚至十天半月之後，老師認為你練的基本上可以了，才再教一兩式。像這樣慢慢教下去，並不斷糾正姿勢，一套拳架，至少也要半年，甚至一年才學完。乍看起來，進度好像很慢，其實正因為這樣，一式一手，就學得相當正確，保證了品質。這不是慢，是嚴肅認真，是踏實，是為將來的進步打下良好的基礎。

　　現在就不同了，在公園裏，常見一人帶領數十人，甚至上百人的大隊伍，老師有時間、有耐心、一手一式教的很少，大多是老師練全套，學生也跟著練全套。日子久了，自然也可以學會拳架，但因未能一手一式認真指教、落實，姿勢不一定正確，拳架的規格很差，依稀彷彿而已。很多是連「形似」都還說不上，更不用說什麼拳味和「神似」了。

　　好為人師又是大多數人的通病，沒有過幾天，這些人又當老師去了，拳架的規格就又降了一級。這就是現在的太極拳水準普遍低下的主要原因。

　　一套廣播操，學完了就叫會了，再也沒有什麼深奧的道理了。太極拳則不然，即使一套拳已學完了，只說明自己可以單獨練習了，還遠遠不能說是已經學會了。因為太極拳不只是重形式，它更重內容。而內容繁多，相當複雜，有獨特的風格，你還必須天天在實踐中，不斷鑽研，請老師指教，慢慢去充實它。有了內容，才算有了拳味，這時才算基本上會了。還得不斷追求，使拳味日漸濃厚。這樣練法，才會有進步。

　　如果拳味還不對，那就還是一套空架子，不是太極拳，練起來就不會長功夫的，頂多只會長硬力。

　　如此說來，擇師豈可不慎？！

　　以上所述，是從練拳而要求在技擊上長功夫立論的。如只以鍛鍊身體、轉弱為強，或治療某些慢性病為目的，則拳架的規格差一些也關係不大。只要能每天堅持練拳，寒暑不斷，身體就一定可以健康。不過生效的程度，當然也還是有差別的。

　　即使幸運地遇上了明師，從學的時間太短了也不成。如果跟師學了一年半載，拳架的外表，也大體差不多了。但拳架是拳理的表現形式，老師是在對拳理有了深刻認識之後，從內容到形式才表現出他的拳架來的。

　　初學者對拳理的瞭解有限，只可能在外形上依樣畫葫蘆，模仿得拳架近似，但只要一離開老師，不知不覺就會走樣，變成怪模樣，而且自己還以為正確得很呢！由於對拳理認識膚淺，不可能有自知之明。只要到公園裏走走，埋頭彎腰、翹著屁股在練拳甚至在教拳的，大有人在，就可見我的話並非沒有根據。

　　前人學技藝，態度比較誠懇、踏實，古書上常有「某人從某明師遊十餘年」這一類記載。跟師學習的時間，相當長久。現在的人是不會幹的。如果不視為畏途，至少會不好理解，說不定還暗笑古人愚蠢，哪裡肯花那樣大的功夫！

　　古人並不比我們的聰明差，也不是他們不想速成，實在是他們有自知之明，知道自己比老師差得遠，也知道功

夫的艱深，不可能速成，這才有「大器晚成」的諺語。

楊露禪跟陳長興學了十幾年，成了「楊無敵」。楊家三代家傳，跟師學的時間更為長久。雅軒老師跟楊澄甫也學了十幾年。從中不也透露了一些消息嗎？他們每一代都取得了卓越的成就，看來絕非偶然。他們不僅學到了形式，更主要的是學到了內容，得到了其中的精髓。他們既有「形似」，更得到了「神似」。

只有在充分地繼承了前人的成果之後，才可能有所創造，有所前進。這倒是我們今天有些想速成的人值得深思的。

—— 楊式太極拳功夫的次序 ——

學習楊式太極拳功夫的次序分為三步：即先練體，次練氣，後練神。

嚴格說來，這三步功夫並不能截然分開。但強調先練肢體的柔順，次練內氣的充盈，後練神經的寧靜，從外到內，由實到虛，由動入靜，是十分有理有利的。

初學太極拳，在跟明師學會了拳架之後，即應努力刻苦練功，稱為盤架子。由每天的盤架子，從慢、勻、輕、節節貫串中，去求得自身鬆柔程度的不斷增加。其中慢較易，勻極難，細心的學者，大約都能對這兩項加以重視。唯有「輕」（指用力小）與節節貫串兩項，與生活中用力的習慣矛盾很大，最易被人忽視，或者認識極為膚淺，做得極為粗糙，不精不細。

這是很多人學了很多年，而依然拳味不對、進步不大的重要原因之一。須知輕是鬆柔的前因，不輕就永遠沒有走向鬆柔的可能。而鬆柔正是太極拳的靈魂。節節貫串必須從中脈開始，是依先後次序打通各個關節的極為重要的有效措施。輕與節節貫串是渡到鬆柔那個彼岸的渡船。

太極拳很重視全身的完整性，即拳譜上要求的「一動無有不動」。「上下相隨」與「內外相合」就是為了這一目的而提出的口訣。

在學拳架子的時候，一手一式都應首先做到上下相隨。不是上面手在動，下面腳也在動，就叫上下相隨，而是每一式手腳都應同時開始動，也要求同時到達每一式的終點。此外，如轉腰、沉氣、開襠、弓步等等，都應在此同一瞬間，配合得恰到好處。粗看容易，因為太極拳要求細緻精確，其實就相當困難。

未得真傳，或者粗心的學者，每易腳下的弓步先成，手上的定點後到，或者開襠不足，這就是未能做到上下相隨，也即是不完整。像這樣練下去，就不會取得技擊功夫上的成果，到推手時，必然化勁化不好，發勁也發不出來。

至於內外相合，要在一趟拳架已學完、上下相隨已基本上做到之後，再來留意。大體說來，就是從身體的正中線開始，用思想引導，依先後次序運動各關節，做到節節貫串。動作內收、蓄勁時，要將心意都隨之收回至極小；動作外開，沉氣發勁時，心意也要與之相隨外開至於無窮大。手、腳、身的運動，要有帶動周圍的空氣至若干距離

之意想。

練太極拳很強調運用想像力，說起來抽象，其實很有道理，這就是由精神到物質。久練就能收到與眾不同的氣魄雄渾的效果，將太極拳從技術上升到藝術的境界中去。雅軒老師的拳架，神態既含蓄蘊藉，又透露出無盡的潛能，既渾厚沉著，又到了神氣飄逸的境界。看他的拳照，就是一種藝術美的享受。其實也就因為他的想像力發揮得比我們更為細緻豐富的緣故，將拳理全部落實到拳架上去了的結果。

上述是練全身完整的具體措施，學楊式太極拳者，望勿等閒視之。

拳架既已漸熟，肢體已漸柔順，一手一式，已不必再費心思去記憶動作，由於動作緩慢，呼吸就自然深長。按雅軒老師所傳楊式太極拳，有115式，大約以一式一次呼吸計，也就是每趟拳架至少練了115次深呼吸。這就是氣功。

說到氣功，不少人認為很有點神秘色彩，這是受了武俠小說的影響，其實一點也不神秘。氣功，就是練氣的功夫，也就是練呼吸的功夫。太極拳雖是武術，但武術文練，斯文優雅，動作緩慢，呼吸深長，所以太極拳是天然的氣功，是以練武為主而又兼練了氣功。

只要拳架的規格正確了，動作熟練了，練氣是極自然的事。雅軒老師晚年不主張用呼吸硬性去配合動作，呼吸自然會去與動作配合，好比水往低處流一樣的自然。

有的人主張一手一式去配合。由於每人練拳的速度不

同，體質的強弱也不一樣，呼吸的長短，自然會有差別。硬性去配合呼吸，好比多背一個包袱，反而使一趟拳練得很不自然，容易顧此失彼，不如聽其自然，於身體更為有益。

喜歡推手、研究技擊的人，蓄勁時吸氣，發勁時呼氣，也是極自然的事。

有個別拳師，把動作配合呼吸說得神乎其神，看成是不傳之秘，故弄玄虛，或者認為配合好了，就可以產生異想天開的效果，都不過是欺人之談。

功夫練到這一步，因為內氣充盈，五臟六腑受到的鍛鍊多了，有病治病、無病強身的效果，最為明顯。

到此階段，應該加練推手，學習聽勁。隨時隨地都有一種輕鬆愉快的感覺，練拳的興趣，也會更濃，在日常生活中，漸漸也會運用太極拳的原理了。例如：走路可以輕快而不累，工作可以精神旺盛而不易疲倦，在各種勞動中都懂得省力而效果良好，收事半功倍之效。

在練氣的階段中，當然也還在繼續練體。在太極拳功夫中，是由盤架子這一基本功，來逐步追求它的各種成就；不存在只練氣不練體的問題。不論練體、練氣，以及以後的練神（動中求靜），都是由盤架子來達到的。但事實上，功夫雖分為三步，既不能明顯地分開，每一步也沒有止境。

隨著每人在思想認識上或練功時想像力側重點的不同，就會在不同的某些方面取得不同的成就。這既是各個名家各有優點的理由，推而廣之，也是太極拳各種流派所

以形成的原因。

至於練神，則是更高的階段了。到此階段，體已柔，氣已充，大多只注意精神的涵養、靜境的追求了。體力的消耗更少，精力的積聚更多，身體更健康，只在追求技擊功夫上的虛無變化了。技擊功夫已成高手，推手則已到了化勁人不知、發勁人不覺的神妙境界。

雅軒老師晚年的功夫，真是神妙莫測，與他推手，僅覺微觸其皮膚而已，完全到了捕風捉影、虛空無物的境界。名為推手，實已無手可推，只要你一出手，就站立不穩，兩腳不聽使喚了，總得受他的指揮，喊你東就東，要你西就西，你用大力不行，用小力也不行，前進不行，後退也不行，有力無處使，兩手毫無用處了，只覺如蛛網纏縛，全身不得勁，精神恍惚，六神無主，東倒西歪，同時又覺得他有很多手，自己到處都在挨打。正如常說的「只有招架之功，沒有還手之力」。

在這種時候，實際上是連招架之功也不可能有的，自己的一切想法，統統無用了。他發勁充實，冷快絕倫，迅雷不及掩耳，令人如墜懸崖，驚惶萬狀，頃刻汗流。

一般水準的推手，開始總要互相找勁，要走化好幾個圈子之後，才可能將對方打出去，而且每每動作的形跡大，知道你是怎樣打的。假設推手一刻鐘，能有一兩次發勁，打得較為乾脆俐落，不拖泥帶水，也就算是行家了。然而雅軒老師不是這樣，在一刻鐘之內，他可以接二連三地將你打出去二三十次，而且次次打得乾脆、打得準確、打得精彩，真是妙不可言！

更妙的是真的到了「打人不現形」的程度，只覺身上有股重力一撞，如觸電一樣，就飛出去倒在他的大床上了。起來之後，感到惶惑的是，不知他是怎樣打的，但自己剛才確實是挨過打了，事後不論怎樣回憶，也還是回憶不起來。

他說：「高手出手難見，不是假話的。剛才是在推手的接觸中打你出去的，我也可以不先接觸，一樣打你出去，你保護好！」我以「雲手」快速護於身前，還是被打出去倒在他的大床上了。起來之後，依然和剛才一樣，只是更為惶惑了：「我明明將自己保護得很好呀！」兩隻手竟一點也沒有起到作用，不知從哪一個空隙打進來了，根本沒有看見他打我的動作，只見他右手還鬆鬆地握著拳頭，想必是用這拳頭打的了。

最後，他說：「這才是楊式太極拳的發勁，可是很多人智慧差，學不到手。」所以，拳譜上才說「非有夙慧，不能悟也」，又說「先師不肯妄傳，非徒擇人，亦恐枉費工夫耳」。

凡是和他推過手的，莫不稱之為難得的高手，歎為觀止。

當很多人還在對太極拳的技擊作用發生疑惑的時候，在目前很多人推手還是在鬥力的情況下，在有的人著書立說都在宣傳「純柔無剛，難當強敵」的今天，來瞭解一下這位主張「要大鬆大軟」的楊派名家李雅軒老師所達到的成就，就能夠震聾發聵，從而促使更多的尚力的「太極拳家」回頭。確信以柔克剛的方法，才是正道，它絕非誇大

之詞，更不是假話。

　　只有在理論上掃除那些前進道路上的疑惑論和錯誤的偏見，太極拳才會有光明的未來，至少才可以使更多的人對太極拳重新產生美好的嚮往，從而滋生出新的鑽研的動力。我確信，後人定將勝過前賢。但願那一天早些到來。

　　見到雅軒老師所取得的成就，我們才知道太極拳的真正可愛。說太極拳是我們的國寶，是一點兒也不過分的。

　　可惜，他生前推手和一些打鬥的場面，未能攝成電影，生動地記錄下來，留傳後世，這實在是國家的損失，無法彌補了。拳師一死，人拳兩亡，空留嗟歎，使後人景仰不已。

　　上述練體、練氣和練神的三步功夫，其實也就是拳譜上說的「由著熟而漸悟懂勁，由懂勁而階及神明」這三個階段，不過說法不同，只是更明白易懂而已。

—— 內外有別 ——

　　初學太極拳，應當首先弄清楚太極拳與其他拳法的不同之處。這一點非常重要，否則，一開始就容易走上錯誤的路。

　　以外家拳和太極拳相比較，列表於後。

　　除了表中這些不同之外，其他不同的內容還很多。總之，兩者相比，一切都相反。在我初學拳的時候，這些不同而又相反的規律，曾引起我極大的興趣。

　　有的練外家拳的，為了「所向無敵」，天天到公園裏

用手臂去撞擊樹幹或者電杆，日子久了，手上的神經麻木，確實可以達到比一般人的手臂更不怕痛的特殊效果，有些青年還很因此自豪。

我很疑心這種練法對身體是不是有益，是不是符合科學。因為練這種功夫的人，一輩子也未必能遇到一個真正的敵人，可以去施展他的鐵臂，而他自己確實是挨了一輩子的「打」了。據練過這種功夫的老年人說，只要停止練習，功夫也就退了。可見必須天天忍痛，損失多多，才能保持這種功夫。

外　家　拳	太　極　拳
動作速度快，快慢不均，有間斷	動作慢，速度相等，無間斷
動作以走直線為主	動作以走曲線為主
用力大	用力小
呼吸不勻而急促	呼吸勻緩深長，練完後不喘
一手一式，思想在目的上，思想外馳	思想在自身的鬆柔中，或守丹田，或凝神滿照全身，思想內守
多橫眉怒目，精神外露	神態安閒，精神含藏不露
多為手或足的局部動作	全身完整，一動全身俱動
是明勁（外勁）、硬勁、斷勁	是暗勁（內勁）、柔勁，勁不斷
思想較片面，偏於主觀	思想要求全面，比較客觀。推手、散手則完全按客觀情況應敵
以外壯筋骨皮為主	形氣神並練，最後以練神為主

練太極拳是絕對不主張也沒有這種苦行僧似的練法的。太極拳的功夫與健身的效果，都是在鬆柔中自然增長起來的。練到了某種程度，即使停功不練，功夫也不會退轉。

太極拳家鄭曼青就曾說過：「外家拳多以身殉技，內家拳是以技養生。」從上述的例子看來，恐怕是有些道理的。

武術界向來有「內練一口氣，外練筋骨皮」這樣的老話，這就簡明地說清楚了內家拳和外家拳的不同。它們的目的不同，鍛鍊的方法也因之而異了。

就全國來說，拳種之多，至少也不下數百種，但均可分屬於內、外兩家，不偏於內，即偏於外。

外家拳多剛勁有力，動作勇猛，且多彈跳和高難度動作，看起來龍騰虎躍，精彩受看，很受青年人喜愛。

內家拳以太極拳、八卦掌、形意拳等最為有名，以鬆柔和全身完整之勁見長，都偏重於內氣的鍛鍊（也就是偏重於氣功的武術），健身的效果最為明顯。很多拳師在青年時代，內外兩家都練，到了中年以後，都只練內家拳了。我也曾見到過幾個先前練外家拳很有成就的，後來轉而學了太極拳，只練太極拳了。

因為凡用力的事，必然耗氣，也就是練外家拳，對體力的消耗太大，對年紀稍大的人很明顯地不容易適應，於養生不利了。所以，有經驗的外家拳老師在教拳的同時，一定還教給學生一種氣功，用以充實內臟、培補耗損、強壯體魄。因此向來就有「學打不學功（氣功），到老一場

空」的說法。但練氣功只以強身為目的，且是在身內做功夫，與青年人好動、好向身外追求的習慣相矛盾，容易感到枯燥乏味，不如練拳有趣，很多青年就不大重視。這是值得特別注意的。

內家拳雖練體與養氣、養神並重，但到了功夫較深的時候，則是養重於練，對精力的儲備多，消耗少，更有利於袪病延年。

為了說明問題，客觀地比較了太極拳和外家拳的不同。就拳理說，太極拳自有它高深與細緻的地方，正因為這樣，它也就特別難學，短期內不可能達到自由運用的程度；不遇明師，還很難入門；有成就的，向來也為數不多。外家拳各關節用力的次序與在日常生活中用力的次序相同，因而比較容易入手，不過經過訓練，速度快些，力量大些，也容易在較短的時期內取得一定的成績，能較快地達到可以競技的程度。太極拳未到自由運用的程度，是不能和外家拳抗衡的。

急於求成的人，去學外家拳，見效快些。想研究太極拳的，先得問問自己是否有恒心？思想方法是否細緻、客觀？還得知道三五年功夫是不會有什麼了不得的。

學太極拳是一輩子的事。

── 質量第一 ──

一般練功夫的人，都喜歡兼收並蓄，凡是他接觸到的功夫，都去學來，以多為能。特別是個別武術教師，以為

自己既懂外家拳，又會太極拳、八卦掌……貨色齊備，如百貨公司一般，可以滿足各種各樣的愛好者。這本來也不足為怪。但此風流行起來，連個別提倡太極拳的人也無定見，受其感染，主張練太極拳也兼練其他功夫了。

若你自己願意只重數量，不重品質，旁人自然不便反對，但如用這種觀點來提倡太極拳，則有使太極拳越來越走向末路的危險。是本欲愛之，實反害之也。

工廠裏生產某種產品，都非講求品質第一不可，一旦出了次品、廢品，就一害國家，二害自己，三害群眾。武術又怎能不講求品質的精良而只求數量的眾多呢？須知多必然妨礙精，終身專練一藝，都未必能達到高超的境界，不專一又如何能提高品質呢？

從鍛鍊身體方面說，各種拳術有各自不同的鍛鍊效果。但從拳術本身的內容，從技擊、從增長武術的功夫方面說，各種拳術，有的勁道相同，可以兼練，有的勁道不同，就不能兼練。而太極拳呢，和其他各派拳法大為兩樣，不僅是不同，而且還完全相反。

形意拳、八卦掌與太極拳雖同為內家拳法，彼此勁道尚且不同，若說外家拳與太極拳，則勁道全然迥異。一是以剛致用，一是以柔稱能。有一些外家拳師，且是以千斤大力士自居（在重慶，過去就有千斤大力士和雙千斤大力士的）。太極拳以練到柔若無骨、丟盡一切硬力、捨己從人為目的，南轅北轍，方向各異。

太極拳以鬆柔為法，以虛無為最高境界，一個人盡一生的精力，尚且不容易鬆柔到家而練成太極拳高手，又怎

能既是外家拳專家，又是太極拳專家呢？

看到刊物上介紹的很多拳師，都是精通內外各家拳術的時候，有識之士，是只覺好笑的。

雅軒老師主張太極拳不能與其他拳法兼練，這實在是很有見地的金石之言。真正有志於太極拳、酷愛太極拳者，應極力保持太極拳的純潔性，精研拳理，勤學苦練，努力提高其品質，這才是在真正提倡太極拳，愛護太極拳。

太極拳是一種艱深繁難的功夫，所謂「功夫吃工夫」，要費大量的時間、精力，嚴肅認真地去鑽研，才能有所得。新中國成立以後，為了更易於普及，有關部門編了「簡化太極拳」，這就夠了。

可是個別人總喜歡在縮短套路上用心，將太極拳套路越縮越短，以為這就越好。即使編者志在普及，用心良苦，無奈運動過少，就不能達到將身體練柔軟的目的，與太極拳架的作用不相適應了。而且編來編去，編去編來，還是在外形上著眼，套路越來越多，不過使後學者眼花繚亂、陡增煩擾而已，對提高太極拳的品質，有什麼關係呢？這決不是我們所應努力的方向。

看來，今後在普及的基礎上，如何提高太極拳品質這樣的重要問題還有待解決。本書即是圍繞這一問題展開論述的。希望專家們多出謀獻策，使我們早日成為名副其實的太極拳大國，和乒乓球大國一樣，為國爭光。

拳理探討

——— 臨摹名家拳照 ———

　　張卓星在他的《太極拳鍛鍊要領》中說，在太極拳得到迅速發展的同時，也出現了一些帶有普遍性的問題：一是急於求成，二是對太極拳的理論研究和普及不夠，品質上不如人意，太極拳內功的「味道」不濃。這些，和我的看法都很一致，簡單說，就是理論太差，拳味不對，還不是真正的太極拳。普及的數量大了，品質卻不一定合格。

　　我想補充一點，在大量推廣「簡化太極拳」時，對前輩名家在功夫上的成就重視不夠，或者說對他們高品質的拳架的模範作用認識不足，因而未能採用他們高品質的拳照來作教材。

　　從20世紀60年代起，大量推廣《簡化太極拳》《太極拳運動》，使太極拳在國內、國外，深入人心，可謂遍地開花，對促進人民健康起了一定的作用，這無疑應該稱道。但作為樣板的圖像，則和廣播操差不多，生硬而直挺，並不具有太極拳鬆柔穩靜、神宜內斂的特色，沒有拳味，不像太極拳。可是為了適應推廣之需，這些圖像大量印製成冊，於是「以書為證」，這就給人一種錯覺，以為太極拳就是這個樣子了。

　　倘若從太極拳的品質方面看，從發展技擊的內容看，「簡化太極拳」和「太極拳運動」的普及，也可以說是不無遺憾。

　　我們向來有「師高弟子強」的諺語。凡是學習一種高

深的技藝，總是特別強調要找明師。所謂明師，也不過是說明他達到了高品質，是明白人，有利於學者模仿，不致引錯路而已。

有志於書法的人，總會以名家的碑、帖為師，長期認真地臨摹，即使未必能超越前人，總可以取得相當的成就。近代不就出了于佑任、沈尹默和謝無量等大量的書法家嗎！從來不見有以中小學生低水準的字為範本而練成了著名書法家的先例。取法乎下，還能從中得到什麼呢？

可是這樣一個簡單的道理，在我們推廣簡化太極拳時，就未能得到重視，也真是遺憾。如果再尋根究底地推論下去，倒是很有意思的。

我曾想，如果當年在發行《簡化太極拳》和《太極拳運動》時，就特別強調一下太極拳的獨特拳味，並採用楊澄甫的拳照作榜樣，那麼，今天的太極拳品質，又會是什麼樣子呢？恐怕至少不會像現在這樣吧！

可惜，咸豐年間還沒有攝影，楊露禪未能留下他練拳的風采來。稍晚的楊班侯、楊健侯，僅僅留下了一些軼事和隻言片語，也未能留下他們的拳照。如今只能憑我們的想像、猜測，去捕捉他們練拳時的流風逸韻了。倘從他們功夫上的精純去推測拳味，無疑該是超絕的。

萬幸的是，楊澄甫、吳鑒泉的拳照留下來了，雅軒老師的拳照留下來了，這就為後輩留下了優良的傳統和拳味純厚濃郁的種子，後學就能從他們身上生牢固的根，發健壯的芽，開繁茂的花，結豐碩的果。正如書法中的二王、歐、顏的字帖一樣，成為後輩學習的楷模。

作者見聞有限，也許還有很高成就的拳照，未能耳聞目睹，或因種種原因，還一時未能發表出來。但如將已經見到了的，放在拳理的「天平」上客觀地加以衡量，細加品評，就不能不承認，儘管前人創造了太極拳這樣技擊超絕的拳種和它獨具的精深細密的理論，從而使它獲得了美好的聲譽，而我們這些後人是不夠爭氣的。很多拳照，實在看不得，不是揚眉怒目、劍拔弩張，就是神情拘滯、硬而不柔。差點太極拳味，比上述前輩差遠了。

中小學生的書法，可以在校內得第一名，但未必可以作碑成帖，藏之名山，傳諸久遠。取法乎上，得乎其中，企圖以低品質的拳照為法，豈不是誤人子弟嗎！低水準的拳照，是叫人永遠學不好太極拳的。何況還應該從過去的失誤中吸取教訓呢！

太極拳是技術，也是藝術。可惜，一般人或由於師承不高、「先天不足」，或智慧不夠、鑽研不勤、發掘不深等等原因，只是在技術的漩渦中迴旋了一生，彷徨在練體、練氣的階段，未能向練神的境界轉化深入，沒有能進入藝術的領域。這只要將各種太極拳書中的拳照與上述名家一比，就明顯地看出了他們的差距。

名家的拳照，充分體現了拳理，表現了深厚的功力，或者渾厚沉著、氣魄雄偉，或者鬆柔穩靜、神氣飄逸，或者兼而有之，都帶有極為濃厚的藝術趣味，令人百看不厭，愛不釋手。正如欣賞名家書、畫一樣，是一種極為愉快、令人陶醉的藝術美的享受。

雅軒老師生前攝有拳照300餘張，是最為詳細的一套

拳架留影，倍覺珍貴。他在人間活了83歲，認真細緻地鑽研了63年太極拳，達到這樣高度的成就，決非易事，更不尋常。他教拳一生，很受學生愛戴，但他生性只愛拳，不愛其他，所以生前並不走運。可是，在他去世後，不僅不會默默無聞，而且還能以他一生辛勤勞動的結晶——他的拳照，來啟迪後學，繼續為人民服務，為人類作出貢獻。他將繼續教他的拳，愛他的事業，為太極拳提高品質而永遠工作下去。他不會死，將永遠活在後人的心中。

拳如其人，拳架就是他的作品。細加品味，開展大方，氣魄雄偉，神意內斂，渾厚沉著，神氣飄逸，在繼承中有發展，將太極拳推進到了一個新的高度。他在拳上的成就，可以媲美于書法中的王獻之。明眼人當知我決非過譽。

從拳照中，還可以看到他的一生，看到他的性格、氣質與修養。可以想見其值得尊敬的為人。

如今學拳的人多了，都想找明師，哪能滿足廣泛的需求！名師拳照的大量發行，對今後太極拳品質的提高，關係重大。前事不忘，後事之師。建議有關部門像出版歷代名家的書、畫精品一樣，也經常出售太極拳名家的拳照，只有這樣，才能樹立起正確的楷模，才能漸漸糾正目前太極拳拳風不正的現象，真正的太極拳人才，才可能大量湧現。

以拳照為師，提高品質，是對已經學會了拳架者而言，初學還是「入門引路須口授」，跟師模仿其動作和掌握練拳架的規律為是。

——— 力的矛盾及其他 ———

由於太極拳理的抽象、複雜，初學不易入手。倘不遇明師，在學習過程中歧途又太多，很容易迷失方向。前輩們不僅總結出了幾篇拳論，如《太極拳論》《十三勢行功心解》《十三勢歌》《打手要言》等，作為學拳者的理論指導；還進一步提出了一些要領、口訣，便利學者遵循。如立身中正、頂頭拔背、鬆肩墜肘、分清虛實、鬆腰塌胯（也稱坐胯）等。

從初學拳時起，倘幸運地遇上了好的老師，這些道理也很容易的就懂得了，但不是每一個人都有遇上明師的幸運。有些人因為有學識，又特別自信，愛自作主張，在拳譜面前，要不犯主觀主義的錯誤就難了。正因為這樣，各人有各人的理解，對拳譜的解釋就眾說紛紜，莫衷一是。

現就常易為人誤解的和我以為重要的部分內容，說明如下：

力的矛盾

在日常生活中，很多事都是用手去做的，思想是在目的上。如伸出手去提一個水壺，思想是在水壺上。而手伸出去時，是怎樣伸出去的，早已是一種習慣、一種本能了。如加以分析，是手部先動，肘、肩關節反而後動，這就是在生活中用力的方法。此外，在生活中手上用的力，比練太極拳大得多。

練太極拳時，完全和上述的用力方法相反，思想在身

內，沒有身外的目的。手伸出去時，要腰部先動，然後依肩、肘、腕、手指的先後次序動，而不是手部先動，用的力比在日常生活中小得多。

因此，我們必須改變用力的習慣，徹底丟掉在日常生活中長期習慣了的本能的用力方法，來重新學習一種由內到外的、有先後順序的用力方法，這個力還必須是最輕的。可以說，這是很多人不容易理解以至於學不好太極拳的主要原因。

要學好太極拳，我們必須進行長期的自身的用力方法的革命。這就是長期都要堅持認真練拳架子的理由。所以雅軒老師說：「拳架子就是基本功。」

老年人學不好太極拳，就因為用力的積習難改，所以青少年學太極拳，成就的希望必然更大。

立身中正

頂頭塌胯，是為立身中正所採取的兩項措施。上有虛靈頂勁，下有氣沉丹田，精神、內氣，上下貫注，自然也就立身中正了。但倘不遇明師，很容易埋頭彎腰、臀部後翹，形成上身前傾。這是最易出現的毛病，公園裏不乏其人。

立身中正，本意即身體的自然正直。也有人怕立身不正，就上身一點也不敢動，結果是手、腳在練拳，身上沒有練拳，造成身體板滯，形同僵屍，毫無鬆柔之意。這就很明顯地違背「一動無有不動」和「以腰為軸」等要求。

前者是不及，後者是太過，都是病。有病宜早醫，日子久了，積習難改，所以說「學拳容易改拳難」。

含胸拔背

這一條規則最易為人所誤解。如只從字面上理解，很易前凹後凸，形成駝背。這明顯地與立身中正相矛盾。須知含胸是屬於化勁的動作，不是始終不變的姿勢。拔背的拔，是向上拔的意思。所以雅軒老師是將這含胸拔背稱為頂頭拔背，將拔背與頂頭聯繫起來，這就避免了要「練成駝背」的誤解。

坐　腕

查太極拳拳譜，找不到坐腕的根據。有的人總喜歡將其他的功夫、勁道硬塞進太極拳中來，還認為這是改良。坐腕即其一例。有些人很強調坐腕，甚至將手腕上翹，與前臂形成直角。由於這樣做的結果，前臂、手腕與手掌就完全僵硬，喪失了手上的靈敏感覺，推手時聽勁既不靈，也易被人借力。這與拳譜上要求的鬆柔、輕靈，很明顯地唱了對臺戲！不知何所據而如此！

本來這與我們練楊式太極拳無關，但是俗話說，好事不出門，壞事傳千里。流風所及，不少不明拳理、未得真傳的人們也坐起腕來，如今可以說流毒全國，還超越國界傳到吃麵包的國度去了。這實在值得引起學人的注意。太極拳特別注重靈機的培養，而推手或競技的時候，又以手上的接觸聽勁為最重要。所以雅軒老師教拳時，對手上的要求，只做到手掌、手指自然伸張，手腕微有上翹的意思即可，務須保持手腕的輕柔靈活。他說：「練太極拳最重視培養靈機，靈機喪失了，就找不回來的。」如此看來，千萬不可將其他拳種上的方法、勁道硬塞進太極拳中來。

用意不用力

練太極拳要求用意不用力，倘真不用力，哪裡還能練拳？這自然是一種誇張的說法，同時也是強調用意的重要，也就是用思想的重要。我同意徐致一在《吳式太極拳》一書中的解釋，他說用意不用力，應解釋為多用思想少用力。少用力就是輕。

關鍵就在這一個少字上，怎樣理解這個少字，簡直可以說，能不能正確理解並實踐這個少字，是能否取得打開太極拳這一寶庫的鑰匙的關鍵。

用力少就是輕，因為輕是鬆的前因，是走向鬆必經的橋樑，不能輕也就不能鬆，因而對用最少的力的探求就非常必要了。

以手為例，假設肩以下手的重量為4斤，那麼，小於4斤的力，推不動手的重量，拳就無從練起，必大於4斤的力，才能使手運動。但大於4斤的力太多，如10斤、20斤、100斤等等，而需要的則只是大於4斤的最小的力。推動身體、推動腳的力量，道理也是一樣。

因此，我們學習太極拳，就必須耐心細緻地去探求，用這最小的力量來練拳，這就是拳譜上一開頭就要求的「一舉動，周身俱要輕靈」的「輕」字。

既然一開頭就要求輕靈，可見輕靈的重要。「輕」是力度，「靈」指觸覺。不輕就很難靈，輕與鬆都是培養靈的手段。我們想知道水壺裏的水是不是熱了，就輕輕地伸出手指頭去探（這就是太極拳的聽勁），從來不見有人鼓足了力氣，硬著手指去探水的冷熱的。這個例子就說明了

輕與靈的關係。太極拳推手的聽勁，全在身手的靈敏，所以練拳必須輕，以培養靈覺。

至於用意，由於學拳者的程度不同，用意的內容也就因人而異。後面談到的三步功夫，亦即用意的重點。但細說起來，用意就包括了太極拳的全部內容，不是幾句話可以說得清楚的。但總的說來，太極拳的用意，「在身內，不在身外」。不能想到一手一式的用法，倘想到用法，就違反了太極拳聽勁的原則，容易犯主觀的錯誤，同時還可能將太極拳變為外家拳，將暗勁變為明勁。練習拳架，練的是基本功，培養的是鬆柔、寧靜、靈敏、完整、沉勁、氣魄等等。有了紮實的基本功，競技時自會勝人一籌，不是在練拳架時想到這一拳是在打人，功夫就會如何高明了的。如果自己的基本功不足，聽勁不靈，沉勁不大，這一拳就可能毫無用處，或竟反而失利；即使幸而打著，也不痛不癢、無濟於事的。須知人的思想，外多必然內少，如想到身外的用法，則肯定不利於身內功力的增長。有的拳師很強調「練時無人如有人，用時有人如無人」，用之於外家拳，這可能是對的，倘用於太極拳，則是內外不分，犯了方向上的錯誤。究其原因，也可能是性格上大而化之、人云亦云、沒有深思熟慮的緣故吧！

手要鬆，腳尤其要鬆

如果學者真能實踐前述少用力的原則，手上要鬆，並不很難，不過時間早遲而已。遺憾的是，很多人手在練拳，腳並沒有練拳，甚至練了幾十年，腳上還是虛實不分，毫無靈活的跡象，硬如木樁一般。腳上的鬆柔，與會

不會開襠沉氣關係極大。倘練拳架時，步子大一些，做到以沉勁為主，每式有起有沉，則兩腳自會達到相當的鬆柔。

有人主張練習站樁以增長腿力，也有人反對，說來各有各的理由。我以為站樁也和拳法一樣，有用力與不用力之別。用力就鼓了勁，是外家拳的樁，樁成則穩，動步則浮，這種樁練太極拳就不相宜；不用力的樁，如三圓式等練氣功的樁步，則明顯的與太極拳追求鬆、靜的原理並無矛盾，而且還直接或間接地對太極拳功夫有所促進。

這與用太極拳架的單式站立，以檢查全身各部是否如法的道理完全相同。關鍵不在站樁的形式，而是看我們在思想上如何想法了。一趟太極拳，都是在兩腳彎曲而又靈活有彈性的情況下練完的，可以說，一趟拳都是在練樁步，不過不是立地生根的樁步，而是靈活的樁步。

總之，兩腳要練成像彈力極強的兩個彈簧，而且還要進退隨意，靈活多變，才是對的。

分清虛實

太極分陰陽，陰陽在太極拳中的體現就是分虛實。太極是圓象，它如環無端，周流不斷，這就是練太極拳必須以腰為軸、走弧線和處處都要分清虛實的理論根據。雖說「一處有一處虛實」，但初學者更應注意到「處處總此一虛實」，注意腳下要分清虛實。不論進步、退步，都必須做到虛腳漸虛，實腳漸實。

由虛到實或由實到虛，都不可驟變、頓變、突變，必須將重心的漸變，又慢又勻地交替得越細緻、越清楚越

好。即此虛一分，彼實一分，不斷流變，這才是分清虛實了。不是一腳虛、一腳實就叫分清虛實了。不遇明師，或粗心的學者，都不易做到恰到好處的。

此外，如練提手上勢時，右腳為虛腳；練白鶴亮翅、高探馬時，左腳為虛腳。此時之虛腳，雅軒老師要求做到雞蛋壓不破，螞蟻也壓不死，方才合格。這就比一般練拳者嚴格、細緻得多了。

舉一反三，到處都是非常精細的。這也是太極拳的動作乍看起來平凡容易，其實相當難學的原因之一。

—— 以沉勁為主，不可著意前推 ——

我們身上有很多關節，這本是為了便於活動才天賦的，常人都能正確地運用它們，但只有武術家才將它們的潛能發揮得淋漓盡致、盡善盡美。拳種之多，成百上千，實質上也不過是練習這些關節的不同的運動方法而已。

關節以靈活為貴，越是靈活，對我們的作用越大。

奇怪的是，手上的關節可以充分的「自由」活動，唯恐它們不夠靈活，想盡一切辦法去訓練，增加它們的靈活性；而對腳上的關節，卻人為地加以限制，唯恐它們能「自由」活動！

在太極拳著作中，很多人都主張一趟拳架只能在一個高度下練完，不可忽高忽低，這就使得腳上六個大關節只能在極不自然的狀態下運動，以至於不能充分發揮它們的功能。這樣練法，容易增長腿腳的硬力，但一定練不出自

然的彈性來。發勁時只會後腳向前蹬，是做作出來的，因而動作速度不夠快，效果很難令人滿意。但是大多數人都是這樣練的，而且還以某些著作作為這樣練的理論根據。真是習以為常，不以為病。說穿了，這就正是很多人練了很多年還不會發勁或者發勁的效果很不好的原因。

　　主張在一個高度下練拳的人大約是認為：只有如此，重心才不至上浮，有利於氣沉丹田，根基穩定；或者還認為，這是學功夫的人在得到功夫以前應該先吃的苦，是培養耐力，等等。須知氣沉丹田是自然的，不是死死壓住；而根基的穩定是靈活的穩定，是全身鬆了，重心自然下沉的穩定，不是死死壓住的穩定，如果以壓求沉、求穩，就只能使下肢喪失彈性。這樣的思想方法未免主觀，認識理解也失之膚淺。關節以靈活為用，腳上之所以要生幾個關節，正是為了要給我們帶來靈活方便，不知是多少萬年進化的成果，是我們人類得天獨厚、值得驕傲的地方，哪有故意限制它們的靈活性，只准壓死作橫向運動而不准上下有彈性活動的道理？

　　無奈很多人都不愛動腦筋，習慣於人云亦云，還認為這是「祖傳秘方」。如果真是祖傳，也應認識到祖先和我們一樣，也有犯錯誤的時候，重要的倒是我們現在應該給後輩儘量少留下一些錯誤的「祖傳秘方」。

　　拳譜是大家公認的練拳的準繩，是前輩名家經驗的總結。我們學不好拳的原因之一，就是沒有在實踐中貫徹拳譜上的理論，或者誤解了某些理論。至於一趟拳要在一個高度下練完，不可忽高忽低，這一條規則，拳譜上找不

到根據，如果真是重要，早寫進拳譜去了。既然拳譜上沒有，就不知是哪一位主觀先生將哪一家的拳法，硬塞進太極拳中來了。這一條「規則」很富有迷人的特性，因為表面上看來，它貌似「嚴格」，道理也很「充分」，所以受到很多人的偏愛，才成了不成文的「拳法」。

太極拳是「圓象」，是立體的。從任何一方都可以走弧形，運轉自由的。如果只在一個高度下練拳，不可忽高忽低，則必然把腰胯的運動軌跡限制在平面內，這豈不是自己畫地為牢麼？這樣就既違背了太極拳的圓象，有悖於拳理，也違背了太極拳以自然為法的原則。

拳譜上說，「一舉動，周身俱要輕靈」，如果只在一個高度下練拳，連上下伸縮的餘地都沒有，彈性喪失殆盡，還怎麼可能輕靈呢？太極拳以虛無（空無所有）、變化無窮為最高的境界，豈可自己限制自己的行動自由？何況還有人觀察到，只在一個高度下練拳的，有不少人都導致了膝關節有不同程度的損傷！這就是違反了自然鬆柔的惡果！

人，應該靈活；拳，更應該靈活。但都只有靠關節靈活才能實現，哪有關節不靈活而拳還能靈活的呢！

獨怪現在有的拳師，還將這一條拳譜上並無依據的「拳法」當成看家本領，甚至做出不肯輕易傳人的樣子，弄得神秘而且玄乎哉。其實也不過說明他沒有認真讀拳譜，學拳不動腦筋，只會人云亦云罷了。

按雅軒老師傳楊式太極拳，練拳架有上起下沉，初練時，起沉的幅度還很大，功夫深了，可以小一些。總之，

一趟拳都在不斷上起與下沉中練完，每一式，前半上起
（吸氣），後半下沉（呼氣）。而且身體的下沉，是由內
氣下沉丹田而引使它自然下沉的。在下沉時開襠（也稱圓
襠），勁沉腳底，腳與地面接觸緊密，即勁與地相通。
這樣練出來的功夫，輕鬆自然，發勁時，腿、腳的彈性很
強，既快且猛，乾淨俐落，威力比前者大得多，對方也更
不易招架，有「發勁人不知」之妙，被擊者有驚恐萬狀、
如墜懸崖之感。

前者的後腳向前蹬，是橫力，是做作出來的，遠離了
自然之道。後者的下沉發勁，是直力產生的彈力，或稱反
作用力，只要思想上一動念，即可在下沉中完成了發勁的
動作，快極了，也自然極了。太極拳以自然為法，這才是
太極拳發勁的真諦。

再以摟膝拗步為例，大多數人都是後腳向前蹬形成弓
箭步的。因為按我們的常識和主觀想法，都會認為只有後
腳向前蹬，才會形成弓箭步。這是橫力。但是，太極拳不
是常識，要丟掉「習慣勢力」，學會在自然下沉中開襠形
成弓箭步，下沉是直力了。只有這樣，才可能將兩腳練出
彈力來。

先前有人告訴我，弓步的形成，是向前蹬中有沉勁，
有時又說是沉勁中有蹬勁。為了弄清楚其中的究竟，我問
了好幾次：究竟是以蹬為主呢？或是以沉為主？他一時說
以蹬為主，蹬中有沉；一時又說以沉為主，沉中有蹬，前
後矛盾，等於不說。我這才知道，他和我一樣不明白。

於是寫信去問雅軒老師，他來信說：「你問的什麼蹬

中沉、沉中蹬，弄不清楚，乾脆到成都來吧。」

我到了他家裏，一邊比劃摟膝拗步，一邊發問：「究竟弓箭步的形成是以沉勁為主，或是以向前蹬為主？」他慈祥地笑著說：「原來這個你還沒有懂呀？難怪你不長功夫呢！」他一手按住我的腹部，一手按住身後腰部，做了一個下沉中帶轉動的動作：「這不就形成弓箭步了嗎！」然後他又反覆地做了兩次示範動作給我看，這才終於弄明白了。

從學拳至今，已過去了13年，原來這13年，只練了兩隻手，腰胯和腳上的太極拳，還沒有開始呢！

最後他肯定地說：「練拳當以沉勁為主，不可著意前推。」他否定了向前蹬形成弓箭步的練法。

這一生中，向師友請教的問題可以說多如牛毛，可唯獨對於這一問我最為滿意，因為問出了一條「新的拳法」來。這正是不少人長期以來自以為是，其實似是而非而又執迷不悟的地方。

這給我們一個啟示，應該認真思考太極拳的運行規律。至今還在憑常識和主觀練拳的人，該轉向了。

雅軒老師只說「練拳當以沉勁為主，不可著意前推」。為提高太極拳品質，作出了新的貢獻，這既是他的創見，也是他的改革，比那些成天在縮短套路上用心的人，在認識上相去已不可以道里計了。

我為老師簡樸的語言作注，為他宣揚真理，也是為遭到禁錮已久的腳上的關節呼籲解放，還它們自由！

—— 太極拳的呼吸 ——

關於太極拳的呼吸問題，由於每人理解不同，看法很不一致。特別是有的人把動作配合呼吸說得過分神秘，故弄玄虛。有的人受了這種影響，總以為如果練拳不配合呼吸，好像就不能起健身的作用。這種觀點，很有點近似「左毒」，流傳極廣。特別是有些因病而來學拳的人，求效的心切，更是一天到晚都在打聽動作配合呼吸的「妙法」。如果你的回答和他的想法不一樣，不是說你「見外」，定會說你保守。

殊不知，練拳不配合呼吸，並不等於沒有呼吸。太極拳動作緩慢，呼吸自然會深長，所以有人稱之為「天然氣功」。關鍵是拳架要合格，拳理要合法。拳架練得有基礎了，呼吸自然會去配合上。個別動作配合不上的，可以適當多做一次呼吸加以調節即可。這本來是極自然的事情，是一點也不玄虛、不神秘的。

事實上，初學完全可以不管呼吸。這樣一心一意去學好拳架，進步更快些，也更為有益。

在諸家著作中，我以為周稔豐著《太極拳健身實踐》中談呼吸的一章，持之有據，言之成理，可供學者 參考。扼要摘錄如下：

「加強呼吸動作，如果不是因為對氧的相應的需要而引起的話，只能對身體起到有害的作用，至低限度也會使

呼吸肌迅速產生疲勞。呼吸過淺也是有害的，因為它不能使肺部血液中的氧和二氧化碳充分交換。因此，有些人在太極拳運動中，主張自然呼吸是頗有道理的，但這種自然呼吸，與平常不運動時的自然呼吸不同，與一般劇烈運動時的呼吸更不一樣，其妙處則在於全身極輕鬆和緩、協調自然，動作活潑而嚴肅，在安詳中兼帶全神貫注。在這種動中有靜、精神極其鎮定的狀態下，勻緩動作則呼吸自然地變得深長。這與睡眠時呼吸變得自然深長是有些類似的。

「太極拳中這種自然深呼吸，適合於初學太極拳的人以及以醫病、健身為目的的人採用。事實上，經過長期鍛鍊後，這種自然深呼吸是在肢體運動的影響下，胸、膈都參與的完全呼吸。

「有不少的人，主張練太極拳時採取所謂腹式逆呼吸法，即緩緩深吸氣時，臍下小腹逐漸內收；緩緩呼氣，則小腹逐漸外凸。一些練太極拳的人和太極拳著作中，錯誤地形容這種逆呼吸為『吸氣時小腹內收，膈肌上升。而在呼氣時，則膈肌下降』。這樣的提法，反而增加了胸式呼吸的成分。為了對這種所謂腹式逆呼吸作進一步探討，作者同陝西省人民醫院放射科有關醫師在X光透視中進行了觀察。在呼吸的時候，無論是正常的順式呼吸，或所謂的腹式逆呼吸，吸氣時膈肌都是下降的，呼氣時膈肌都是上升的。除非是有膈疝或腹壓過高、膈肌麻痹等患者有相反的現象，正常人是少有的。因而，我們認為那些形容逆呼吸為『吸氣時小腹內收、膈肌上升，而在呼氣時，膈肌下

降』的提法，是不符合解剖生理的。僅僅是一種錯誤的感覺而已。

「我們在X光透視下觀察到：腹式逆呼吸在極力深呼吸的情況下，較順式深呼吸的膈肌運動反而減少0.5公分。為了進一步探討，作者用肺活量測量兩種不同深呼吸，在20名的觀察中，發現僅有一例腹式逆呼吸較順式深呼吸稍大外，其餘多減少100～150毫升。根據膈肌下降1公分，能使胸腔容積增加250～300毫升計算，在X光透視下，逆式深呼吸法膈肌活動度，較順式深呼吸法減少0.5公分，肺活量應減少100～150毫升是基本吻合的。即使在X光透視下，肺活量測量的深呼吸與練拳時的深呼吸不完全一樣，但這種現象提示了我們，對逆呼吸法到底有什麼好的健身效果，值得進一步研究。

「這種逆呼吸法，適宜於有逆呼吸習慣的人採用，有些以發展技擊為主的人，也喜歡採用。此外，對胃下垂患者，採取此種呼吸或自然呼吸較好。

「動作與呼吸的配合，不能過於機械，因為太極拳不是呼吸體操。它是武術運動套路，全套的編排結構、姿勢銜接、前後連貫、攻防意識等，並不是完全從配合呼吸出發而編製的，這樣就不可能和呼吸處處合拍。因而對於意識、動作、呼吸三者必須密切配合的提法，我們認為不夠妥當，這樣的提法，對太極拳的普及十分不利。意識、動作和呼吸要不要結合？我們認為有些式子是能夠自然結合的，就結合，這樣動作影響呼吸而使之更完善，呼吸又能促使動作的輕靈沉實變換，也有利於意識引導動作和呼

吸三者的協調鼓蕩作用。但是，不能自然配合的動作，不要勉強配合，要以不破壞自然為原則，如此，則呼吸既是自然的，又是積極的。如果練一套拳，能夠使動作與呼吸結合四分之一到二分之一，就很好，也可以收到較好的作用。如果一定要使意識、動作、呼吸三者機械的結合，只能使自然深呼吸受到不自然的干涉，或是使拳勢動作支離破碎。對於初學拳的人，只能要求精神集中、專心記憶動作，可不必注意呼吸。動作記住以後，就要求邊想邊做，把注意力用在各個動作和細節上去。不僅要照顧到全身各部動作的虛實變化，而且要把意念和動作結合起來。有的人姿勢還不夠熟練，就強行使動作與呼吸配合，這樣會顧此失彼，徒勞無益，反而增加精神緊張。姿勢和呼吸都不容易練好。因為任何緊張現象，都會妨礙和破壞呼吸的自然深長。

「我們認為太極拳的動作與呼吸配合的基本規律是：在變換姿勢時吸氣，掌或拳向前擊出時呼氣，起吸落呼。人在空氣中呼吸與在水中呼吸的道理是一樣，也可以使身體有變輕或沉重的感覺。吸氣時變輕，有助於動作輕靈，呼氣時變重，有助於沉著、穩重。

「另外，呼氣時肌肉的力量較大，吸氣時肌肉的力量較小。瞭解到這些，就不難理解『能呼吸然後能靈活』『呼則自然能沉得下』『在呼氣時擊人不狠亦狠』等等，是很有道理的。」

在推手發勁或打散手的教學中，雅軒老師還喜歡在發

勁的同時，大喊「哼」「嗨」等不同的聲音。因為雙方在對峙之時，都在專心致志於避實擊虛，戰鬥的氣氛可能很緊張，戰場卻反而極寧靜。在進攻的同時，驟然大吼一聲，在精神上給對方以驚恐。中醫古籍上說，「驚則氣亂」「恐傷腎」「腎主作強」。氣既亂，則重心上浮，根力不固；腎氣既傷，力量必減，戰鬥時的穩定性和力量都同時削弱了。再加上發哼、嗨等聲時，有助於氣沉丹田，使發勁的反作用力更大，威力倍增。氣既亂於內，力復弱於外，又遭到強大威力的打擊，哪還有不敗的道理。

這就是呼吸在技擊上的應用。

大吼一聲，不過是「耳聽為虛」，作用倒不可小看，還真有點心理、生理上的依據。這也是精神變物質的一例吧！

在前面的引文中，周稔豐君談到了發勁時呼氣，肌肉的力量較大，這利於取勝。在這裏，我想補充一點，在推手化勁的時候吸氣，有助於周身更鬆、更輕、更靈活。如果善於利用、配合巧妙，就有吸一口氣就將對方的來力化掉了的感覺。所以老師常說：「推手要以氣化，以意走。」可能就是這個意思。

—— 神宜內斂 ——

關於練拳時眼睛該看何處，每人的認識不一。我想正如醫眼病不能只靠外用眼藥一樣，不要忘記了眼睛是整體的一部分。最近作者就因早期白內障，內服石斛夜光丸、

杞菊地黃丸和維生素C而獲得滿意效果。如果忘記了整體，而只在局部滴眼藥，就恐怕未必有效了。

視線或視力，通常稱之為眼神，可見與精神有關。眼神的強弱，反映了精神的盛衰，實際上反映了體質的好壞。垂危的病人，眼睛就無神了。

用眼過度，不僅會患近視、神經衰弱和貧血，還會過早地出現白髮，甚至諸病叢生，不愛運動的文弱書生，就是很好的例證。

中醫書上說「肝開竅於目」，還說「久視傷血勞於肝」「目受血而能視」。可見眼神與肝、血關係密切。

在談到太極拳的眼神問題時，我們也應該全面考慮，不能簡單地認為眼睛的功能就是看。首先該想到拳譜上的教導，要「神宜內斂」「默識揣摩」，還要「刻刻留心在腰間」。這就給眼神定了大方向。其次，我們不要忘記太極拳是內家拳，它絕對不同於外家拳。如果連內、外都不分，只因它是拳術，就該「炯炯有神」，或者該看遠處以醫治近視眼，這都明顯地違反了「神宜內斂」和「默識揣摩」等原則，也破壞了練拳時應有的靜象，毫無理由地與拳譜唱了反調。

不重視汲取前人成功的經驗，吃虧的將是我們自己。

練拳架的目的，從技擊方面說，是培養基本功。應在身內去默識揣摩，去落實拳理，不斷充實拳味，使拳味更加濃厚。從養生方面說，則是養氣、蓄神。這兩者是統一的，並行不悖的。總之，練拳架是積蓄，不是消耗；是收入，不是支出。這是與外家拳的根本區別之一。如果練拳

之時故意聚神於目，做出炯炯有神甚至怒目而視的神態，則上述技擊與養生兩方面的目的都統統不能達到。又要看遠處，而思想上仍能做到「神宜內斂」和「默識揣摩」的，倘非六祖、憨山大師等輩，一般人是絕對做不到的。無緣無故的「炯炯有神」，實質上是一種浪費行為，耗氣傷肝，於養生不利。

古人還告訴我們，要「呼不出聲，行不颺塵」，亦即不要無故耗神傷氣，浪擲精力，才可能長壽。道理相同。

眼神與思想聯繫緊密。既然練拳有練體、練氣、練神三步功夫，眼神當與用意一致，即逐漸由外到內、由實到虛、由動入靜。初步可以似看非看，既要照顧兩手運行之線路、姿勢的正確，又不能專注兩手而在思想上忽略了整體。如老是死死盯住手指，不僅易成呆像，思想也易生執著，掛一漏萬，違反全面照顧的原則。到練氣、練神的階段，眼神無疑當內守才與思想一致，因而半閉（垂簾）則是必然的措施。

如此說來，眼神豈不是沒有用處了？

豈有不用之理，不過不妄用罷了。練拳是為了養氣、蓄神，不是使用眼神的時候，也正是為了當用才用時的大用。雅軒老師練拳時，一種旁若無人、寧靜深思的氣氛，簡直到了可以感染觀眾的程度；但在推手發勁之時，他眼睛一瞪，神氣逼人，令人生畏，就將人打出去了。

如果隨時都強為貫神於目，到該用的時候，神已衰乏。兒時聽評書，說關雲長眼睛常半閉著，倘一睜眼，就要殺人。從中不也透露出一些消息嗎？

眼神像電筒，練拳之時是充電，不能隨時無緣無故地照射著去耗電，該照的時候才照一下，夠了。

── 默識揣摩的學問 ──

隨著太極拳療病強身效果的顯著和技擊內容的引人入勝，在城市日漸普及，國外也對它發生了濃厚的興趣。很多人為之歡欣鼓舞。但也有不少人憂心忡忡，為什麼呢？

過去說「明師出高徒」。一時之間，哪有那麼多明師來滿足國內外的需求！於是矛盾就出來了，品質不能與數量同時並進，學的人數量多了，品質卻不盡如人意。

解決的辦法自然很多，但目前最主要的，是加強太極拳理論方面的學習，開展學術爭鳴，藉以端正並提高對太極拳的認識。

本文僅就拳譜上的默識揣摩，談點一得之見。

一、不要忘了拳譜

拳譜告訴我們，學習太極拳分為三個階段，即「由著熟而漸悟懂勁，由懂勁而階及神明」；又說「懂勁之後，愈練愈精。默識揣摩，漸至從心所欲」。

「著」是一手一式之謂，在這裏是以局部代全體，就是指拳架。說明要拳架練到一定的熟練程度，才能漸漸理解什麼叫「懂勁」。懂勁之後，才能走上康莊大道，可以一往無前了。「從心所欲」，自然是指功夫到高級境界而言。要到高級境界，拳譜上提出非「默識揣摩」不可。可見這默識揣摩四個字，是我們要想學好太極拳就非經過不

可的獨木橋。

　　拳譜上還有「神舒體靜，刻刻在心」「凡此皆是意，不在外面」「神宜內斂」等語，都說明：要用心思；思想不在外面；不可用氣力。默識揣摩不過是更為深刻細緻而又具體的說法，它強調了動作的緩慢與靜態，強調了細緻周到的探索精神，更強調了思想的內向與寧靜深思。明確地告訴我們，要學好太極拳，就必須在身內細緻地去發揮想像力。

　　說來也怪，這默識揣摩一語既然如此重要，注釋拳譜者對它還是輕易放過了。很多學拳的也不加重視，以至練拳時有動作極快的；有死死盯住手指頭、出現呆像的；有主張要看遠處以醫近視眼的；有主張「練時無人如有人」，假想一手一式是要打身外的敵人的；有拳頭捏得出水、精神外露、劍拔弩張的；有隨意發勁，叮咚有聲，在真打的⋯⋯人們總是習慣於成天向身外追求，喜歡在實處做功夫。上述種種，都與我們練太極拳者不相干，與「神宜內斂」「默識揣摩」相距十萬八千里矣。

　　默識揣摩，就是要我們去悟。悟什麼？當然是悟拳理。拳理不是都在拳譜上了嗎？可是要落實在拳架上，落實在實踐中呀。例如，初學拳時，就要揣摩一手一式姿勢是否正確，是不是立身中正了？上下相隨了？鬆肩墜肘了等等，進一步就要揣摩是不是鬆、穩、慢、勻、圓了等等。這就涉及太極拳的全部內容。

　　我今於別人不留意處，拈出「默識揣摩」一語，望學者切莫在身外追求，也不可老在姿勢上用心，姿勢還是可

見的外表，應力求拳理落實於身內。拳理落實了，有諸內必形諸外，拳架當會自然大方、形態優美，氣魄也自然會呈現出來。日子久了，才可能到從心所欲的境界。

二、思想滿照全身

要默識揣摩，先要排除雜念。所以雅軒老師很強調在練拳之前先全身鬆開，站一會兒，等雜念漸漸少下來、思想收回到身內之後，安靜了，才緩慢而又穩靜地開始練拳。在動態中還要盡可能地保持已有的靜態，千萬不要將已經靜下來的心思打亂了。而且，還要求越來越靜，在這種寧靜而內向的思想狀況下，才可能去揣摩拳理，並落實到拳架裏。

思想要像一盞燈滿照全室一樣地照滿全身，特別是要注意全身的鬆柔與靈敏和分清虛實等規則，時刻都不能離了內面。說太極拳屬於內家拳，理由或即由此而來。可是向身外追求是與生俱來的習慣，早已成了頑固的強大勢力。還因為身外的東西都很具體，思想容易寄託安放，身內則抽象渺茫，不可捉摸，所以拳譜上才提出要「默識揣摩」，是為著要改變這種積習，真是談何容易！明白了上面的道理，對於學太極拳為什麼容易誤入歧途、勞而無功、品質不高；為什麼學者眾多，有成就者稀少等一系列問題，就容易理解了。

三、不要給太極拳派任務

太極拳是強身的好法子，也不過是扶正袪邪的緣故，但太極拳絕非萬能，它的作用也不宜誇大，譬如不能據一兩個病例，就說「打太極拳是治療肝炎的良方」。事實

上，有練了太極拳而使肝病好轉的，也有雖練太極拳依然得了肝炎而終至肝硬化的。

據個人的經歷，用氣功治肝炎遠比用太極拳治肝炎更為有效。人的體質有強弱，肝病的情況也極複雜，而我們對太極拳的理解，既有程度深淺的不同，掌握也有巧拙的差異，何況認真練太極拳的，對精力的消耗還是相當大。肝病患者，每每精力不足，豈可再耗其精力？

如果據一二病例就作出太極拳是治肝病的良方的結論，未免太片面，不僅沒有說服力，如果讀者輕信，還容易誤事。但也不是說太極拳對肝病毫無益處，此中情況複雜，不是三言兩語能夠說得清楚的。總之，輕易地下結論，顯得不夠慎重。

我們還不應忘記，太極拳本身是武術，能治療某些疾病，僅僅是它的「副產品」。氣功則完全以治病強身為目的，而且容易入手，只要你肯多練，效果則可以預期。應該說，氣功加上醫藥才是治療肝病的良方。

在練拳之時，如果老想到看遠處以醫治近視眼，即違反了「神宜內斂」與「默識揣摩」的原則，勢必顧此失彼，近視或許有某種程度的好轉，但太極拳卻練不好了。像這樣隨意給太極拳派任務的做法，粗看好像在聯繫實際，細思則是使太極拳離譜，使想學好太極拳的人永遠學不好太極拳。

殺雞焉用牛刀，對近視眼可另找對症的良法，何必將可能取得多方面成就的太極拳降成只會醫近視眼？何況還未必真有效驗呢！

太極拳自有它自己的規律，我們要想學好它，只有瞭解它的規律，適應它的規律，不能違反它的規律。希望大家都以太極拳的眼光來看太極拳，慎重地對待太極拳，不要隨便給它潑污水，讓它順利健康地成長。

四、不是為了給人看

由於太極拳研究的不是外形上的手法而是內在的勁道，反對偏重局部動作而強調全身動作的渾然一氣，重內容而輕外形，於是就成了「抽象的學問」；就成了既緩慢、又無力，成了不受看，外行也看不懂的特殊拳種。要知道，這恰恰是太極拳的特點。如果「觀眾」鼓掌叫好，那就糟了！那定是我們將暗勁練成明勁了，長勁練成短勁了，太極拳練成他家拳了。

「默識揣摩」是練拳時的一種特殊心理狀態。從外形上看，很像是「無聊」。旁人雖不知底細，但練拳者功夫雖深淺不一，自有不同的感受與樂趣，如人飲水，冷暖自知。

拳架本是樸實無華、簡潔大方的，可是有的人故意添些動作，加些花樣，意在顯得神氣活現，以求好看，將本來完整的拳架弄得支離破碎，大有將太極拳改變為受看的「太極舞」之勢呢？

太極拳之所以能取得健身與技擊方面的突出成就，在很大程度上就正是在這默識揣摩的細緻功夫中，充分地馳騁了想像力，做到了神與拳遊而不外馳，從而才獲得了思想之專一、全身之鬆柔、觸覺之靈敏、丹田之充實、沉勁之冷狠等特殊效果，使世人為之驚奇的。

── 腰的重要性 ──

練內家拳的，向來有「太極腰、八卦步」之說，可見腰在太極拳中的重要。

在拳譜上與腰有關的，計有「主宰於腰」「腰為纛」「由腳而腿而腰，總須完整一氣，向前後退，乃能得機得勢。有不得機得勢處，身便散亂，其病必於腰腿求之」「腰如車軸」「命意源頭在腰際」「刻刻留心在腰間」六處。

歸納起來是：

一、腰要起帶領四肢的作用。

二、腰要靈活。腰不活，上下不通，身便散亂。

三、練拳、推手之時，要隨時想到腰和腰應起的作用。

很多事，我們都是用手去做的。用力極小的事，只需用一兩個手指去做。如果要求別人先動腰部去做一件事，不僅會遭反對，而且馬上會當成笑話！可太極拳就要求腰部先動，帶動四肢。一般人就很不好理解，因為它違反了用力的習慣了。太極拳本來就不是常識範圍以內的拳術，而是要丟掉常識上的成見才可能探索得到的技藝。正因為這種認識上的差距，不少人仍然我行我素，只用常識去對待，都只在手上練拳，很少想到要用腰來練拳，或者不知該怎樣正確地去用腰。因而腰就不會主動，上身得不到鬆柔的鍛鍊，胸、肩等部很難靈活，推手時易被對方聽勁，

不會走化了。

腰是全身上下的樞紐。腰不鬆，根力很難上達，影響了內勁的完整。這也是很多人發勁不好的原因。因為根力被板滯不活的腰堵住了，根力既不能上達，所謂發勁，就成了單純的手部的力量。內勁不完整，威力不會大。局部的力量不如整體的大，這道理是誰也明白的。

如果將練太極拳比為舞龍燈，龍頭就該在腰部。

腰部舞龍頭，其他的關節，依次慢慢跟隨舞。這就是「主宰於腰」「命意源頭在腰際」「刻刻留心在腰間」的意思，久久練習，就能達到「腰如車軸」「活似車輪」的極為靈活的效果。

腰部靈活自如了，槓桿的力臂，就由手到肩部延伸到腰部，力臂加長了將近一倍。力臂長了，自然會獲得省力的效果。再加上兩腳不斷靈活地調整重心，就可以引進落空，避實擊虛，不怕大力，而起到以小勝大、以柔克剛的作用。

至於怎樣用腰，開始可以從腰部旋轉弧度很明顯的拳式中去體會，如摟膝拗步、單鞭、翻身撇身捶等式。單式反覆練習，可以重複幾十遍，甚至上百遍。默識揣摩，慢慢會有所悟、有所得。這就不是精神外馳所能解決問題的。在上數式中，有所悟、有所得了，然後舉一反三，推而廣之，哪怕是手上走極細小的弧形或圓，都是腰部走弧形或圓的外在表現。一句話，內面有外才有。初學是做不到的，身上不聽使喚。

到你真會動腰了，練一趟拳，不過是在腰部轉些圈圈

而已。至於四肢，你要開展，動作可以大些；求緊湊，動作可以小些。前輩們形容練拳為「純以神行」，或如「行雲流水」，也只有到了會以腰練拳了，才庶幾近之。

到會用腰了，你會發現，自己先前的練拳，全是人為地在做作，四肢主動太多，被動太少，未能由內到外，遠遠不夠自然。

到你真會動腰了，你還會發現，你的思想方法比先前全面、細緻、靈活得多了。古人說，下學可以上達，大概就是這個意思吧！

太極拳可以引導你一層層深入，走漸悟的路，使自己一天天變得聰明起來。

—— 對鬆柔的探討 ——

太極拳是道家哲學在養生與技擊方面的實踐功夫，以柔為體，也以柔為用，主張以柔克剛。高度成就要達到無為無不為，這就有點玄了。它內中確實蘊藏著深刻的哲理。這是它不易為人所理解的原因。

因此，凡是違反了鬆柔這一條原則的，都不能稱為太極拳，至少不是「正品」。

鬆柔是太極拳的靈魂。終我們一生，也不過是不斷努力追求更高度的鬆柔而已。

一般人所謂的「放鬆」，在拳中稱為懈，是一種拳病。在熟睡的時候就是懈，不是我們所要求的鬆柔。在拳中除了高度柔軟之外，還有一些其他的條件綜合在一起，

如穩、慢、圓、勻、完整和想像力等。

太極拳要求的放鬆，只能是在盡可能少用力的情況下，由思想意識的作用，來逐漸達到最大限度的柔軟，是從輕走向鬆的。凡是習慣於用大力的，就永遠不可能鬆柔；對鬆柔的理解，容易發生偏差，實踐起來多障礙，也多歧途。真正鬆柔了，要令人感到柔若無骨，才是對的。

在我們練太極拳的人看來，一般人都是僵硬的，不僅軀幹遠遠不鬆，四肢也不鬆。這原因，大概一是缺乏柔軟的訓練；二是在日常生活中常用硬力的結果。

我們可以將柔軟看成是一種人人應有的本性。它本是與生俱來的。在嬰兒時，一身柔軟極了，無奈後來給生活、工作慢慢地「改造」得僵硬了。我們學太極拳，就是用一套特殊的理論和方法，把僵硬了的身體又改造轉來，使它永保嬰兒時的柔軟靈活。俗話說，「返工的活路不好做」。這工程的確「浩大」而艱巨。一要明師指教，二得流不少汗，三還得費些心血動腦筋。萬幸的是，苦中有樂，而且其樂無窮，否則，真要令人望而卻步，寧肯僵硬一輩子了。

如果從小的時候（10歲左右）就開始學太極拳，天賦的柔軟還未喪失殆盡，上述的「改造」還未完成，無需做大量的返工工作，可只在柔軟的基礎上繼續增加其柔軟的程度和提高其柔軟的品質，無疑地，定會多誕生一些太極拳高手出來。

太極拳要求的柔軟，是各關節靈活之後，互相巧妙地配合，互相呼應，而不是腰要彎得如何低，或要反向後彎

（如雜技演員口可以銜花之類），也不是腳要蹺得如何高，而是全身的配合要恰到好處。這說來簡單，多少人辛苦練拳一生，都未能取得成就，真不知磨死了多少英雄了！

楊、吳兩式太極拳都很強調以柔克剛，在技擊上以一法應萬法，一律歸之於聽勁。只有全身輕柔了，重心才會降低，應敵的杠杆力臂越長，越能收到省力的效果，自身也才會越穩，觸覺才會越靈，聽勁才會準確，才能化勁令人不知，發勁使人莫測，才能出現精彩的打擊效果等等。可以說，太極拳中的一切巧妙和健身的效果，都是由鬆柔而生，或從鬆軟轉化而成。這既完全符合以柔克剛、無為而無不為的原則，也符合唯物辯證法按客觀規律辦事的原則。從理論上說確實很高，但是它太難，不容易鬆柔得合格。所以向來都認為太極拳高妙難成，成則無與倫比。

正因為它短期內難出成果，急於成「楊無敵」的心又太切，一般人認識不真，就想抄近路。例如，先前學過八卦的，就將八卦塞進太極拳中，認為「太極拳凶，加上八卦豈不更凶」！學過炮捶、羅漢拳的，其他硬功拳的，統統往太極拳裏塞，太極拳的名目就一天天多起來，什麼五行太極、八卦太極、羅漢太極之類，弄得太極拳面目大變，千家萬戶，真假難分、名實不符。這是太極拳的厄運。

假的、有力的在外行看來，常比真的好看些。

柔軟的、樸素的才是真的。

因此，凡是有利於全身放鬆的方法，都能促進功夫的

進步。一切用力導致緊張的方法，違反了「輕」的原則，都對學拳不利。

會了太極拳，就能隨時隨地運用太極拳的原理，細緻地對待一切工作，有助於克服主觀主義。在日常生活中，能以整體的力去替代局部的力、以軟彈力替代撞擊力、以柔勁替代硬力，能事事如此，才算真的懂了太極拳了。我們將少受一些不必要的辛苦，享受到更多的樂趣，生活就更為可愛了。真是一通百通呵！

事物總是有利就有弊的，學會了太極拳鬆柔的本領以後也有缺點，大概有下列三種：

一是在街上走路，如果無意之間與人相撞，就和推手發勁一樣，會將對方撞出老遠，甚至還會倒地，因為一般人是氣浮於上，上重下輕，沒有根力的。對方很可能認為你是有意肇事，得趕緊賠禮道歉，收拾殘局。

二是如果自己不慎，手、腳撞在門、柱、傢俱等物上，此時不能借力了，反作用力太大，就痛不可忍，比沒有學拳的，要痛得厲害得多。

三是懂了一點放鬆之後，一身很舒服。這舒服本是有益於健康的最佳心理因素，但學識淺薄的人，就認為太極拳功夫他已經全部得到了！大有當今天下捨我其誰之慨！不僅自滿自足，甚至自高自大，目中無人，驕傲起來，一身長刺。其實，這只是眼力差，是一種錯覺，是太極拳好，並不是自己功夫好。真有功夫的人，永遠不會驕傲。

《隨園詩話》中說：只有天才，才會虛心。雖然是正話反說，看來不無道理。

鬆與懈

拳譜上說「發勁須沉著鬆淨」「極柔軟然後極堅剛」，可見鬆要鬆得乾淨徹底，發勁的效果才會好。但局部的鬆柔較易，要全身鬆柔得均勻則極難。我們認為越鬆柔越好，這正是我們長期練拳架，夢寐以求而又永無止境的目的。只有鬆得不夠、鬆得不完整、不均勻才是病，不存在鬆多了的問題。

有的人認為鬆多了就是懈，以致不敢去追求高度的鬆柔，認識停滯在半路上，主張五陰五陽、半軟半硬，說什麼「純柔無剛，難當強敵」。倘果真如此，「以柔克剛」一語，就應該改為「以半柔克剛」或「以半軟半硬克剛」了！

還有的人，認為太軟了沒有什麼用處，抵擋不住大力的進攻，太不安全，乾脆鼓著硬勁練太極拳，越練越硬，還自認為這是功夫強。對於太極拳要以柔克剛，他可以不聞不問，主觀主義，有如此者！

如果要在太極拳中診斷拳病的話，導致太極拳「死亡率」最高的，莫過於不鬆不柔的「僵硬病」。原因除了主觀主義之外，就大多來自對鬆與懈的誤解。

鬆柔是健康活潑的，內含潛能而示之以虛罷了，它可能是一個深深的陷阱；也可能是一觸即發的地雷。

懈是思想意識未到，或只鬆不圓、未能節節貫串的結果，是一種無防禦的虛弱狀態，是缺點的暴露，正是對方進攻的著力點。懈不可與鬆混為一談，更不是鬆多了就叫懈。

鬆與懈有著本質的區別。

不易鬆柔的原因

經常推手的，都知道柔軟是什麼味道，僵硬又是什麼味道。簡單說，柔軟的如豐腴的婦人之肌膚，軟如綿，甚至似乎沒有骨頭。僵硬的則全是骨頭，好像沒有肉。

既然鬆柔是拳中的靈魂，為什麼又不容易做到鬆柔呢？其原因大致如下：

一、明師不多，未得真傳。

二、不明白力的矛盾，將生活中用力的習慣帶進太極拳中去了（兩者用力的方法完全相反）。

三、對輕字重視不足，不輕就不鬆。

四、對掤勁的理解錯誤，以頂為掤。

五、不相信以柔克剛，認為不用力去架住、抗住對方，就會被大力壓扁、壓垮。

六、對拳譜鑽研不足，理論上認識差。

七、身體強壯，氣力充足，用大力成了習慣，不用力反而難受。

八、學外家拳較久，用力的習慣（或方法）難於更換。

九、好勝心太強，怕丟面子。

十、急於求成，要真正用太極拳鬆柔的功夫去說服人，不是一朝一夕的事，用力去壓服，較為簡單，而且容易見效。

十一、少數人推手時易動肝火，什麼以柔克剛，顧不得了。

十二、內勁太抽象，看不見，不如鼓一些硬力，心理上覺得有恃無恐。

信手寫來，得十二條，倘細加思索，當不止此數。僅僅犯僵硬病的原因就有如此之多，還有其他各種各樣的原因。太極拳品質的不易「合格」，於此也可見其大概了。

如對上述原因加以歸納，除第一條「未遇明師」屬於機緣以外，其餘則不外是思想主觀、性格粗糙、學識太差、舊習難改等等。可見，如果要培養太極拳接班人，非嚴格在思想、性格、學識等多方面進行篩選不可，不然定會枉費工夫。

普及太極拳教育，當然有利於克服主觀主義、陶冶性情、增進學識、改革舊習，因此就不只是在健身、武術兩方面有收穫，更主要的收穫是改造了人，提高了人的品質。

附　錄

太極拳的理與用

——兼與王善德先生商榷

忠　義

　　1987年第2期《武魂》發表了王善德先生《太極拳「鬆柔」才是正品嗎？》一文，為了共同提高，就下面三個問題與王先生商討。

關於太極拳的「正品」說

　　王先生在《太》文中說：「太極拳是道家哲學在養生與技擊方面的實踐功夫。」但又說：「因為張先生對什麼是『無為無不為』和『以柔克剛』都不真正瞭解，才把『似柔非柔』『似剛非剛』和『剛柔相濟』等太極拳理論理解為『五陰五陽』和『半軟半硬』等；才把自己的『太陰說』說成是太極拳的正宗功法。」很顯然，王先生反對太極拳有正宗的說法。

　　我們知道道家的重要典籍老子《道德經》裏明明說『柔弱勝剛強』（《道德經》三十六章），又說「夫為不爭，故天下莫能與之爭」（《道德經》二十二章），又說「無為故無敗，無執故無失」（《道德經》六十四章），這不都是強調陰柔一面嗎？就太極拳而言，首先打開太極拳局面的楊式太極拳根據太極拳老譜，特別強調「極柔軟

然後極堅剛」（見《十三式行功心解》），實際就是「積
柔成剛」的理論，這就與道家哲學思想完全吻合。那麼，
與道家哲學思想吻合，說它是「正宗」或「正品」，不符
合這個理論的，照理根本就不應該叫太極拳，而對硬要充
數的，那就只能算「副品」或「次品」了，這也應是很明
顯的道理。

關於辯證法的問題

王先生在太極拳理論研究中引用了辯證法。太極拳在
王先生的觀念中，彷彿是只要在盤架子時有剛有柔，就是
剛柔相濟；在打手時，總是柔化剛發，即是太極拳的辯證
法了。對於太極拳的剛和柔，當然可以說是矛盾著的兩方
面的對立統一，但矛盾總是不斷轉化的，並且轉化是有條
件的。在轉化過程中，又總是有主次之分。王先生講「無
為無不為」，認為無為是陰柔，無不為是陽剛，結果把
陰陽柔剛等同起來。他忽略了「無為」是主，「無不為」
是從。換句話說：「無不為」是以「無為」為條件的，一
定要在「無為」的基礎之上才可以有「無不為」，才可以
以一法應萬變。所以，高明的武術家臨敵之際，總是全神
渾照，八面周燭，照而無照，無照而照，使對方無所措。
而高明的對手遇此情況，則又必須以虛招引使對方專注一
面，而忽略其他，乘此以擊之。這都說明「無為無不為」
的辯證關係。

王先生「柔化剛發」的提法，把太極拳的範圍大大縮
小，非常錯誤。難道化勁都是柔，發勁都是剛嗎？試問太

極拳在搏擊時，用粘勁走粘相連，引進落空，使對手自己跌出，不可以叫柔化柔發嗎？所謂「捨己從人」，怎麼可以「柔化剛發」自限。有些太極高手，打手不見手，有「虛空」境界，使對方捕風捉影，你從哪裡分別剛柔呢？

楊式太極拳在盤架子時，特別注重一個「勻」字。澄甫先生常說：「無論快慢，總要均勻。」在練習推手技擊時，初步總是用粘連不斷的勁與對方周旋，不管動作怎樣變化，仍要維持其粘連。這就是辯證法中所謂的量變過程。大家知道太極拳要靜，但如何靜？道家的《陰符經》下篇說：「自然之道靜，故天地萬物生，天地之道浸，故陰陽勝。」這一「浸」字最妙，人不盡曉。陸潛虛注曰：「浸者，漸漬不驟之意……夫陰之勝陽與陽之勝陰，皆自漸進。」可見浸是一點一滴的變化，使人不易覺察。

太極拳練習盤架子，由極柔而致極剛與打手初步的用粘連不斷勁、不丟不頂，都是「勻」的妙用。正如十三式歌中「得來不覺費工夫」，即是指盤架子說的。而「靜中觸動動猶靜，因敵變化示神奇」，就是指打手而言。凡彈、抖、截諸勁，要發到恰到好處，則要求在粘連基礎之上，也就是質變之前，必有量變，也就是一般所說的「柔化剛發」。

太極拳的體用

武術就講體用。楊式太極拳的體，就是盤架子，主張「極柔軟然後極堅剛」；楊式太極拳的用，是打手技擊，主張「陰陽相濟。」王宗岳太極拳論原話是「陰陽相濟，

方為懂勁」，而不是剛柔相濟。剛柔不能代表陰陽。因剛柔實質上僅是力度變化而已，而陰陽還包括真假、虛實等含義在內，針對打手所說，不能與練體盤架子混為一談。

太極拳打手，必須陰陽相濟。王宗岳先生說：「欲避此病（指雙重，也就是對抗力），須知陰陽，粘即是走，走即是粘，陰陽相濟」。又說：「人剛我柔謂之走，我順人背謂之粘。」走與順是陰柔，而粘與背則屬於陽剛。在實戰打手中，就指進攻退守而言。故掤、捋是走化、是退守、是柔、是陰；擠、按是發放、是進攻、是剛、是陽。

以上諸多說法，目的在於共同提高，還望大家切磋。

── 還是不「抱球」好 ──

在練太極拳的時候，偶爾有兩手掌在上下、左右、前後大約相對的情況。如攬雀尾式的掤、捋，倒攆猴接斜飛勢之銜接動作等，就都是這種例子。

不知是哪位先生獨出心裁，說這是「抱球」的動作。此調一出，立刻一呼百諾，應者成千上萬，從北京「抱」到全國，又從中國「抱」到外國，真是不脛而走。遺憾的是，「抱」了幾十年，越抱離太極拳的真諦越遠。就是這一「抱」，活法成了死法，全面成了片面，抽象成了具體，思想被僵化了！為害很是不小。

這種兩手掌偶有相對的現象，可以概括進《拳論》「有上即有下，有前則有後，有左則有右」的內容中。兩手之間的距離是隨時在變化的，決不是固定不變。因為兩

手運行的線路，長短不同，速度也不同，不過彼此配合均勻，就很像兩手的速度相等，怎麼可能理解為抱？不論從兩手的對稱、肢體的平衡或技擊上的呼應，都是很自然的，也不可避免。

太極拳的應用，確是圓轉自如，有如圓球的意趣。但這個圓球哪在手上？又哪在可見的外形上？又怎能抱住？

如將太極拳比為圓，則圓心主要在腰上，手上不過相應地運行了各種圓弧或不規則的圓圈而已，根本不存在要「抱球」的理由。這以腰為圓心的內在規律，要功夫到了才知道的。「腰如車軸」，要自己去領悟，去認識，去實踐，才會明白，看是看不見的。和兩手抱球，可以說真是風馬牛不相關。

練拳之時，思想是全面照顧的，每一出手，應是在各方面都有拳意，都在聽勁。這才有利於培養觸覺、增加靈敏度，才有利於聽勁。簡單一點說，不僅手掌要用意，手背也一樣要用意，全身上下、左右、前後均須用意，這就是太極拳的圓象。也就是全面觀點、整體意識。

高手在推手時，聽勁的能力之所以能察秋毫，有控制對方的本事，常能如戲嬰兒，在很大程度上就是他們能全面地用意聽勁，完整了、圓了、靈了。但這種圓像是虛的，旁人看不見的，與抱球也無關。

兩手「抱球」的說法，是在對太極拳畫蛇添足，極為錯誤。有了「抱球」的想法，在外形上必然顯得拘謹、小氣，甚至出現明勁、硬力，同時又將思想限制在兩手掌之間，而忽略了手背及其他幾方面也同樣重要，限制了

思想，不利於培養觸覺和提高聽勁能力，更無助於開發智慧。

因此，「抱球」之說，不是太極拳應有的理論，應當清除。

這些年來，很難出現太極拳高手，原因之一，我就常疑心是「抱球」的太多了。辛辛苦苦地練拳，虛度歲月，終於和太極拳的主張全面聽勁與整體觀點隔靴。

遍觀拳譜，哪裡有要兩手「抱球」的根據呢？

想來當初主張「抱球」，不過是一個人的錯誤。一人的錯誤不足怪，而盲從者如此之多，為時又如此之久，幾十年來，從未有對此錯誤觀點存疑或起而商榷者，這實在值得我們深思！

—— 再談還是不「抱球」好 ——

在1990年第一期的《武術健身》上，見到了張承祖先生《未嘗不可「抱球」》一文，是對拙文《還是不「抱球」好》而發。有爭鳴，才能明辨是非，有利於共同進步。

拙文《還是不「抱球」好》，見解很平常，也並沒有「橫」到不准「抱球」的程度，不過覺得在主張「抱球」與不抱球這兩種方法中，還是不抱球好些。

為了要說明不抱球的好處，不破不立，就說了一大堆「抱球」的壞處，不敢說理由充足，至少是言之有據的。可是張承祖先生就說我是「橫加指責」了！真的「橫」了

的是我嗎？

《太極拳運動》一書，是以國家體委的名義編寫的（拳架取自楊式太極拳），並沒有作者署名負責。太極拳是學術，並非國家公佈的法律，只能服從，不敢有異議。對於學術，國家的指導方針是「百家爭鳴」。從爭鳴出發，我才說「不知是哪位先生獨出心裁」，指的是未具體署名的作者。可是張承祖先生又說我「犯了一個常識性的錯誤」了。犯了常識性錯誤的，真的是我嗎？！

張承祖先生說：「抱球只是動作說明中的一種形象化的比喻，而決不是太極拳中的一種動作定式，更沒有誰把抱球作為太極拳的內涵核心來理解。」

太極拳在運行中，兩手的距離並非固定不變，兩手運行的速度又並不相等，方向也各自不同。既然不是「定式」，「球」又怎麼「抱」得住？我們的語言，決非空口說空話，是有聲音就有意義的。

尤其是學生，聽見老師說「如抱球狀」，就必然會「作為太極拳的內涵核心來理解。」可是張承祖先生卻說：「更沒有誰把抱球作為太極拳的內涵核心來理解。」這真不知從何說起！張承祖先生是老師，既然自己在這樣教，又怎麼敢保證學生中「更沒有誰」會這樣聽？！這不是自相矛盾嗎？這就正好證明這個「形象化的比喻」用得很不恰當、很不準確。他還進一步總結說：「實踐證明，在幾十年的太極拳教學實踐中，抱球這種形象化的教學方法，起到了良好的作用。」起到了哪些良好的作用？他卻一條也沒有說出來。

　　仍以「野馬分鬃」「白鶴亮翅」為例，說「如抱球狀」，未必就能「使練習者正確領會和掌握太極拳的動作要領和正確的姿勢」（這一長句語法上有毛病，應進文章病院）。所謂「抱球」之時，是合勁、蓄勢的時候，應該是身勢上的合與蓄，要做到身心俱合，要合到其小無內，才能在緊接的開勢中，開到其大無外，才能使發勁威力無窮。太極拳是身上的拳、是整體的拳，不重視身體的開合，而只在手上局部地「抱球」，這種「形象化」，實質上是丟了西瓜去揀芝麻，是本末倒置。一旦這種「形象化」成了習慣，就成為偏見，就會成為想學好太極拳的絆腳石。所以古人諄諄告誡我們，要「學貴慎始」。

　　在楊氏《太極拳體用全書》例言中，有一條說：「願後之學者，弗唯外之是騖，而唯內之是求，欲求精純，期日可待。要之，拳式細目，非取形似，必求意合。唯恐私心妄改，以誤傳誤，易失體用之真傳，以致湮沒昔賢之本意。」

　　不知自稱「實踐證明，抱球這種形象化的教學方法起到了良好的作用」的張承祖先生，對上面所引這一段話，又作何理解？

　　太極拳是按照自己的理論水準、自己的悟性來學習的。如果自己沒有定見，很容易人云亦云，被別人牽著鼻子走錯路。說「抱球」「已起到了良好的作用」，誰信？從理論上就暫且存疑。如想將來能起到良好的作用，還是不「抱球」好，這不是明明白白的嗎！

—— 說　靜 ——

　　在不少的太極拳著作中，都很強調一個「靜」字，有的說：「首先要注意心靜。」有的說：「靜是必須遵循的基本要點。」

　　當我練了十多年拳的時候，發現自己主要只是在鬆柔方面有了一點進步，而在「靜」的方面，可說是老不長進，至今也還未入門。因而對這個大家都當做練功要領的「靜」字，就產生了懷疑。

　　初學時要用思想去記憶動作，哪裡做得到心靜？學會了拳架之後，練拳之時，思想又要去注意更多的要領，如鬆肩墜肘、頂頭塌胯，圓、勻等，思想全是在不斷地活動著的，又怎麼可能心靜？

　　於是我認真查拳譜，真是不查則已，一查驚人，在大家都奉為「聖經」的「一舉動、周身俱要輕靈……」那一篇《太極拳論》中，竟然全篇找不出一個「靜」字來。在王宗岳的《太極拳論》中，只有「動之則分、靜之則合」一句。有一個「靜」字，但不過是用靜與動對比，並沒有將靜作為練拳的方法，更不是「基本要點」。在《十三勢歌》中，只有「靜中觸動動猶靜」一句，主要說明動中要有靜態，是動中求靜的意思；如用之於技擊，則是頭腦要冷靜的意思了。在《十三勢行功心解》中，有「靜若山岳、動若江河」「切記一動無有不動，一靜無有不靜」「神舒體靜」三句中有「靜」字，前兩句也不過是用靜與

動對比，只「神舒體靜」一句，要求做到體靜（不是要求心靜），也只是將體靜作為練拳的目的來追求的。

不知什麼原因，將體靜誤作心靜。說首先要注意心靜、說靜是練拳的基本要點，都不是拳譜上「神舒體靜」的真正含義。體靜是指練拳時動中現靜象，與心靜是兩碼事。

我認真分析了諸家對「靜」的解釋，主要不過是「全神貫注、專心練拳」。這本是大家都明白的淺顯道理，實際與靜字的含義無關，屬於用詞不當，但與拳譜上的「靜」字發生矛盾，造成概念上的混亂，反而使人糊塗。

練太極拳不可能心靜，而且恰巧相反，就是要我們會運用細密的心思，去上下內外地全面照顧，將抽象的拳理落實在具體的拳架裏，才會有進步。不少人正是因為不會用心思，拳理不能落實，練了一輩子，不過是慢練的外家拳而已，不是太極拳。

應該說，拳術都是動功，但太極拳要求練拳之時「神舒體靜」。我是在看到了雅軒老師練拳時呈現的靜態之後，才懂得了「體靜」二字的真正含義的；而且意識到一般學拳的，甚至教拳的距他所達到的靜境，恐怕都還相當遙遠！他練拳時靜態特別突出，不僅是在內心深處有所追尋、有所迷戀、有所沉醉，而且也是「神宜內斂」「默識揣摩」「神舒體靜」的最為理想的形象的注釋。他寧靜的神態富於感染力，能使觀眾氣都不敢出似的，唯恐呼吸的聲音破壞了他的靜境。

第一次見他練拳時，我是很為此而驚奇的，連我15歲

的兒子在看了他練拳之後，也用充滿了讚歎和驚奇的口吻對我說：「爸爸，李爺爺練拳時好靜啊！」

一般人常說的「動中求靜」，這句話拳譜上沒有，它說明動是因，靜是果；動是手段，靜是目的。倒與拳譜上的意思一致。

如將「靜」作為練拳的要點，是將目的錯認作手段，倒置了因果關係。

實際上，不僅初學不可能真地靜（頂多不過是硬裝出一個靜的樣子來），即在學拳10年、20年之後，離靜的境界，也還遙遙遠哉。

這原因在於太極拳功夫要求太多、太細緻，不管是外形上的要求（如上下相隨、勻速等）或是內容上的要求（如鬆柔等），真要做到，很不容易。如就全身上下內外各種要求來看，更不簡單，可以說是大不易事（輕、鬆、圓、勻、完整等等，都是練拳時的必要條件，任何一項練不如法，都影響靜境的到來）。

乘過木船的人，就有一種特殊的體會，當船夫停槳休息、坐在船頭抽煙，聽任木船在江心自由自在地隨水飄流的時候，艙裏的乘客，如果不看兩岸的青山、天上的白雲，會覺得木船凝固在江心，一點也沒有動似的，靜極了。這是水的流速均勻，才出現的一種自然的靜態。一遇灘頭，水的流速變了，不勻了，或船夫又划起槳來，靜態立刻就消失了。

這就是勻與靜的關係。也即動與靜的關係。不勻就不可能靜，然而真要做到速度均勻，特別是要上下內外全身

配合均勻，哪是10年、20年就可以做到的事！？其他的要領，如鬆、圓、穩等與靜的關係，也是一理。

真正的靜態，是拳理統統落實在拳架上之後高度熟練的結果，是自然呈現出來的。

動中求靜這句話，似乎可以解釋為：長期練拳架，是為了求得自然的靜態。

初學者，雖好像安靜地在練拳，由於鬆、勻等均未合度，靜的內容與上述並不相等，實際上，可以說與靜毫不相干。在鬆、勻等要領及其外在的各種功夫未到高度熟練境界之前，靜境——自然呈現的靜態，決不會到來。

所以，我們可以得出這樣一個結論：靜，是長期追求的目的，不是學拳的方法。

—— 心靜與用意 ——

前輩教拳，很強調鬆、靜兩字。這首先要求「心靜」的思想，曾使我糊塗了很多年，終於悟到說心靜，不如說「用意」好。

在《說靜》一文中，我已說明了初學拳時，不可能心靜；且在一個相當長的時期內，也不可能心靜。只有功夫到了較高的境界時，那些練拳的要領，已統統熟悉了，用的思想才少了下來，才接近於簡單的意守功夫（心靜）了。即使這樣，離氣功（指傳統氣功，靜功）的心靜，也還有距離哩！

既然提出了「用意不用力」，這就已明白告訴我們，

練太極拳主要是靠用思想的。又提出要「心靜」，這心靜與用意不是矛盾嗎？大家都如此說，無人反對。我提出了不同看法，有贊成的，也有反對的。作為一家之言，我依然保留我的看法。

主張練拳要心靜的，或者是強調了太極拳是氣功的那一面，而忽略了它是拳術的主要方面。

我們今天研究太極拳，主要任務是應掃清前人及今人有意或無意地散佈下的重重迷霧，讓大家看清它的真實面目，才有利於去學習、掌握。違反了這一原則，如故意塞進一些經絡、穴位名詞，不僅有悖於事實真象，也不過是唯恐太極拳還不夠複雜，成了繁瑣哲學。

又如說一些玄而又玄、疊床架屋地用一些陳詞濫調，使人猜不透它究竟的含義，硬要在拳中配上五行、八卦等等，就對實際學拳者沒有什麼益處，或竟反而更增加了迷霧的濃度，成了大霧彌天了。

提練拳要「用意」，比提「心靜」好。至少是明白、準確，不生歧義，不會誤解，不須猜測，可謂開門見山。例如：初學時去跟著老師一手一式學拳架，學拳架就是用意的內容。這就是初學時的「用意」。就這樣簡單明白。如果我們換一種說法「學拳架就是要心靜」。這心靜和學拳架，就很像兩碼事了。而事實是，強調要心靜的，也的確就是教你認真去學拳架。所以我以為主張要心靜的是用詞不當。但大家都這樣說，輩輩代代，習以為常，慣走老路，不想改革，可見改革之難。

練氣功（指傳統氣功、靜功），講究鬆、靜、自然。

太極拳是拳術，但其中有氣功的內容，可以算做氣功中的動功，有氣功的共性，前人也講鬆、靜、自然。這可能就是主張練太極拳要心靜的根據。但拳中的鬆、靜、自然和氣功中的鬆、靜、自然，要求又不全然相同，頂多也不過是近似。方法上有簡繁的差別，氣功由於外形上無動作，還比較容易入門一些。太極拳中的用意，就是一門抽象的大學問，要練到自然，也不是短期內能做到的事，但都先要求精神上放鬆，要「神舒體靜」，卻又是一致的。

人人都有很多雜事纏身，思想總是心猿意馬。練氣功就用守丹田或數呼吸等法，來使心猿意馬、雜亂紛繁的思緒漸漸寧靜下來，這是以一念止萬念。漸漸由意守，讓元神發揮作用，這就是氣功的主要內容。太極拳是用認真練拳、對拳中的用意來一念止萬念的。如只將太極拳看成氣功，和氣功比較，層次還是淺一些，因為它還是「有為」法，是要在技擊上講臨敵制勝的。

太極拳雖講「鬆淨」（如「發勁須沉著鬆淨」），但既有動作，則必有一定程度的用力，哪怕是用最小的力，也就意味著還是有一定程度的緊張，因而放鬆的程度就遠不如氣功徹底。靜就是定。練氣功可以入定很長時間，近代的虛雲法師入定常十多天，到出定時，看見禪榻旁邊侍者在他剛上座時送去的飯菜，都生長了很厚的黴了。太極拳因為有拳術上的目的，自然不需要這樣的靜，練一趟拳架，一般也不過30～40分鐘，超過50分鐘的極少。但由此也就說明，拳中的靜，遠不如氣功中的靜。「自然」是鬆與靜的結果，既然太極拳在鬆與靜的層次上都不如氣功，

拳中的「自然」也就不如氣功中的自然更自然了。

這就是太極拳的健身作用還不如某些氣功的原因。也是太極拳雖也可以稱為氣功，但練不出氣功所具有的特殊功能的原因。

拳中的用意，就是去落實拳理。學者的功夫淺深不同，落實的內容也不一樣。按練體、練氣、練神三步功夫說，也不過是先求肢體的柔軟舒適、再求心情舒暢，自在安樂，最後達到氣勢磅礡，內氣充盈，神舒體靜，內外皆美，到了一練拳就能進入這種極為舒服、輕鬆愉快的境界中，這就是練太極拳要進入的所謂氣功態，亦即所謂的「後天返先天」的先天狀態，亦即練拳應該找到的「拳味」了。

到了這種時候，良性刺激取代了日常生活中因種種壓力、煩惱而來的惡性刺激，對身體自然大為有益了。

由於太極拳內容複雜，初學時用意的內容必然很多。只有到了練神（動中求靜）的階段，用意的內容才接近傳統氣功了，但也只是接近而已。

如從佛法戒、定、慧三學來說，靜就是定，是要去除雜念、專注一境的意思。如就佛法天臺宗三止三觀說，太極拳強調的動中求靜，也不過是初步的系緣止和假觀的範圍。要達到制心止、體真止、空觀、中觀，根本不可能，這就是它治療疾病、轉變色身的作用，還趕不上某些氣功的緣故。但思想意識實際上也是物質力量的表現，你能專注一境，就能增加大腦細胞的「有序化」，擴大資訊通道和增加信息量，調動了比較多的人體潛力，所以會產生出

「鬆重」「輕靈」等特別過人的類似特異功能的能力。

這和高深的無為法（氣功）比較，雖然很淺，但要實際瞭解和圓證也不是容易的，和專練筋骨皮肉的外家拳相比，更不可同日而語了。

在現實生活中，由於大多數練太極拳者都還處在練體、練氣的階段，離心靜的要求還相當遙遠，只有少數功夫高的人，不再為拳理分心，只一心去追求虛靜的靈明感應了，才是動功中很好的靜功，或者說將動與靜結合得比較好了。

心靜，還給氣功。用意，是太極拳的本分。

── 太極拳的用意 ──

在一切拳術中，恐怕只有太極拳將「用意」提到了極高的地位，甚至說「用意不用力」，可見其重要性了。可以說，如何理解用意，會不會用意，是否恰如其分地用到點子上，這些都關係到練拳的成敗得失。有些人練了很多年，只練出了一身大力氣，身體自然也健壯了，但未能取得鬆柔、輕靈功夫上的成就，未能取得以柔克剛、以小勝大、以靜制動、以弱勝強這作為太極拳必具的四種功能。這原因自然很多，但大多就來自對用意的誤解。

拳譜上說，「勢勢存心揆用意，得來不覺費功夫。」但大家對「用意」兩字的解釋又各有不同，歸納起來，大致有二：

一種在身外。認為「用意」就是在練拳之時，想到一

手一式的用法，即每式都是在打身外的敵人。

　　一種在身內。認為「用意」就是在練拳之時，去落實太極拳所特具的內在運行規律，去追求鬆、穩、靜、圓、勻等等的不斷進步。而這種追求又無止境，它是一種無底的「技藝空筐」，可以沒有窮盡地容納我們的聰明才智與汗水。誰付出或者說投入的越多，用意用得更正確、更細緻、更深刻、更全面，誰才可能成為太極拳中的佼佼者。

　　練拳既然有練體、練氣、練神三個階段，基於循序漸進、由淺入深、由外到內的原則，在練體時，用意的重點當落實輕、慢、頂頭塌胯、上下相隨等外在可見的規則，以力求拳架的正確。到以練氣為主時，則應重視內外相合，以腰帶動四肢，圓、勻、輕、沉、穩等規則，只有如此，才能有規律地調動內氣，從而充分發揮太極拳內涵中氣功這一方面的作用，收到武術健身的顯效。至於練神之時，外形上早已到了脫規矩而合規矩的程度，亟應捨外求內，對拳理的探索更細緻、動作更精確、配合更巧妙，每式不多動、不少動、不亂動，決不浪擲精力。

　　無奈「用意」是抽象的腦力勞動，看不見、摸不著，性格主觀智慧不足者，每每多是仗恃形體上的氣力大。用意中歧途極多，甚至歧途之中又生歧途，如樹生枝，枝又生枝一樣。初學者在學會拳架之後，本該開始去實踐「用意」，並在內容上去層層深入的時候，大多就在仗恃氣力大的盲目中不自覺地墜入了茫茫霧海，連方向都不辨了，還哪有可能去取得成就！這就是為什麼學太極拳者如此眾多，卻只出大力士而不容易冒出像樣的人才來的原因。世

人天天怨伯樂沒有發現千里馬，卻很少有人去培養馬群的眼力與智商。

如果認為「用意」只是想到打身外的敵人，不是和外家拳一樣了嗎？那樣簡單膚淺的「用意」，誰個不會？又有什麼稀奇？太極拳不是簡單得很了嗎！

至於為什麼會導致將如此重要、抽象而又內容豐富的太極拳特具的「用意」理解得如此膚淺？原因太多，也關係到人的素質，讀者就自己去尋求答案吧。

—— 太極拳的練與養 ——

一般人說練拳，很少有提到養拳的。其實，拳要練，更要養。

不會練，或者拳架的品質不高，就打不好基礎；不會養，或養不得法，就不能深入。

緊跟著會練了，就必須也要會養。「開展」有助於練，「緊湊」有益於養。

練是練體，指繼承優良傳統，保持拳架的規矩法度和通過拳架的反覆練習，從而使遍體鬆柔、體格強健，練是築基的功夫；養是養氣、養神，也包括廣義的文化修養等等，內容就博大精深了。

太極拳是武術，也是氣功、內功、軟功、輕靈功夫。因為它動作緩慢、速度均勻，故而有充分的時間在思想上去發揮細緻的想像力，所以練與養是結合的、同時進行的。

　　拳譜上說：「先求開展，後求緊湊，乃可臻於縝密矣。」先在肢體上大開大展，即偏於練體。使肢體得到較多的鬆柔的訓練，從而促進了健康。

　　但大開大展的練法對體力的消耗大，在練體的目的基本上達到，即全身已相當鬆柔之後，可以適當將拳架姿勢收小一些。這樣，一方面可以減少體力的消耗，少一些辛苦，有利於向鬆軟、輕靈的方向發展，以增長聽勁的靈敏度；另一方面，有利於思想從練拳向養拳轉移，促進「神宜內斂」，向靜境深入。這是向養氣、養神方面轉化，以求達到更精深的高級水準。

　　以上，是就練拳架說的。

　　從推手方面說，初學推手，因為多是手上走化，腰腿未必合法，走化的運作，必然是大幅度，即使想走緊湊的小圈也是不可能的，只有到了較高的水準，達到了以腰來帶動四肢、全身比較完整的程度，化勁、拿勁的動作，會不求小而自然小。這就是緊湊，到此水準，才可能以小力勝大力，以柔弱勝剛強。並不是初級水準的推手，就能以小勝大、以柔克剛的。

　　學書法的人，先練大字，細微的轉折，都能意到筆到，長功夫較快。大字有了功力，小字也會好。如果反其道而行之，先練小字，進境就必然遲滯。

　　隔行不隔理，這是楊式要堅持練大架子的理由。使全身各關節得到大開大展的鍛鍊，有利於拳理的逐步落實，鬆柔得更為徹底，蓄勁更飽滿，發勁也更為充實。有志於技擊，想一探楊式太極拳奧秘的，姿勢不妨開展一些，步

子大一些。但這樣練法，對體力的消耗大，飲食、營養該適當留意，以免入不敷出、火燒空鍋，反而使體質下降，所以在舊社會有「窮不習武」的俗話。

年老、體弱，只以練拳祛病延年的，可以根據自己的體力量力而行，步子可以稍小一些，架子緊湊一點，每勢只求意到，如是則體力的消耗較少，於養氣、養神更為有益。

一般的拳術，都是在動中取勝。太極拳到極高境界，能以靜制動，即只走極小的圈就可以化、發自如了。這當然不是一朝一夕的事。

練太極拳功夫較久者，可以偏重於養氣、養神的練法乃是事實。這一方面固然是為了減少不必要的過多消耗，而更主要的則是在經過了練體的過程之後，必須向練氣、練神的方向轉化，捨外求內，所以有重意不重形的說法。其所以如此，是為了向更為精細、深奧的意境探索前進，決不是拳架子還沒有穩固的基礎，就可以馬虎潦草，更不能上下不隨、內外不合、立身不正，甚至「偷工減料」，時時式式，腰胯都流於浮滑，這就已經不像太極拳，還侈談什麼「我是在養」呢！如此粗糙膚淺的認識，又怎麼可能「臻於縝密」呢？

只要懂得做學問的人都會知道，研究任何學問，都是由表及裏、由粗到精、由實到虛。太極拳抽象，當然更不能例外。如果學識太差，也必然影響對太極拳的深入鑽研。

拳譜所以提出「先求開展，後求緊湊，乃可臻於縝密

矣」與「神宜內斂」「默識揣摩」等規則，都正是太極拳事理的必然，同時也是為了防止淺見者長期對外形和力量的執著。

練體，固然需要嚴肅認真；養氣、養神決非練拳的規則就可以不顧，而且對拳理更須默識揣摩，層層深入。這又哪是粗製濫造就可以了事的呢？

養，還有另一層意義：將拳理隨時隨地落實在日常生活中。

太極拳專業工作者畢竟為數不多，除了他們有較充裕的時間來鑽研拳術以外，大多數練拳的，都是業餘愛好者，能每天抽一小時出來練拳，就算不容易了。能早晚都堅持各練一次的，更為難得。太極拳是大法，不是小術，在外形上的要求已經不少，難以全面照顧；內容又太抽象；不是可見的手法，而是全憑想像力，用聰明才智去窺測就裏，功夫不到，實在難以理解。

如每天僅有個把小時練拳，那取得的進步必然是有限的。對於這樣深奧難學的拳術，如果要想取得稍大的成就，又怎麼可能企圖少勞多得？除了有條件增加時間以外，恐怕只好在日常生活中去打主意了。

當我第一次正式去拜訪雅軒老師的時候，一走到他的臥室、書房兼客廳的門口，見他在書案前坐得端端正正，氣度不凡，令人肅然起敬。我想，這不就是當今的「牌位先生」麼！拳譜上要求的「立身中正」，氣功書上要求的「坐如鐘」，他是做到了。生平看到過有這種坐式的，還有敬愛的老校長何魯。此外，再也沒見過第三個了。

　　一天清晨，我和他站在簷下的階前閒話，偶然覺得腰部不適，於是不自覺地將腰胯旋轉扭動了幾下，他盯了我一眼，我知道不妙了。隔了一會兒，他冷冷地說：「太極拳裏沒有這種功夫！」他是隨時隨地都生活在太極拳中，以拳理指導他的日常生活，也以拳理嚴格要求他的學生。

　　如果我們在語、默、動、靜中，隨時都養成一種放鬆到最大限度的習慣，隨時檢點是否還有不必要的緊張狀態，這就近於隨時隨地都在養太極拳了。在這方面，可於張卓星的《太極拳鍛鍊要領》中找到有趣的實例。

　　太極拳本不過是由放鬆的訓練來研究省力而又取得最佳效果的學問。本來也該在生活中廣泛應用的。在廣泛的應用中，當然也是我們學習太極拳的大好機會。我們應該學習像雅軒老師那樣，一天到晚都生活在拳中，哪怕是吃飯、睡覺都不例外。如果能像他那樣，愛拳到入迷、發狂的程度，就一定可以取得更為豐碩的成果。

── 拳架的作用 ──

　　個別好心腸的老師，在著作中將太極拳架式拆散開來，逐一說明用法，還有圖解、有歌訣（看樣子是要大家記住的）。對於這一方法，意在引起初學者的興趣，用心本無可厚非，然學者聊備一格，作為參考可矣，千萬不可當真。

　　太極拳架的每一式，實際有很多用法，甚至可以說有無窮變化。上述的用法說明和圖解，實質上屬於外家拳的

手法觀點，偏於主觀主義，反而限制了每式有更多的作用，容易使我們頭腦僵化，作繭自縛，對解放思想不利。

太極拳的用法，主張以一法應萬法，一律以靈敏的聽勁為前哨，當化當發，純由客觀情況而定，根本不在外形也。

在一個會聽勁的高手面前，一切手法、著法統統等於零，完全無用武之地。習慣於拆拳法、講著法的人，無異於自定框框，畫地為牢。要克服主觀已經不易，豈可反而去學主觀主義！

太極拳架式中，一手一式有明顯的攻防作用。這是事實。但這只是前人為了編拳架的方便，不如是設想，拳架就編不出來。懂得一手一式的用法，有助於我們練拳時姿勢的正確，但思想千萬不可執著。

拳架的作用，僅在於將身體練好和將全身練鬆柔而已。拳架是太極拳的基本功，一切強身、制敵的功夫或手段，都從拳架中誕生出來。倘無拳架，學者無從起步，也無從進步。

真到全身鬆柔了，攻防之術隨時具足，何必要某一式才具有攻防之作用？太極拳以練思想為主，舊稱「意為主帥」。意到氣到，勁亦隨之，只要在身體上任何一部分與對方接觸，都可以化勁、發勁。因此，攻防之姿勢，常為拳架中所無，但拳架中之任何一式，或任何一式之任何部位，也都可以攻防。其攻防之方法，仍為全身之柔化與軟彈力而已。不過這種軟彈力一般人沒有，它不是從某一局部產生，而是從全身完整一氣、協調動作產生的。又因其

為爆發力，如炸彈一般，所以威力特別大，常能將對方打出 3 公尺以外去。這是太極拳的精妙所在，初學者對此，每每百思不得其解。

——— 談　勁 ———

由於太極拳揚棄了外家拳的手法，研究內在的勁道，於是出現了粘勁、化勁、拿勁、發勁、掤勁、長勁、短勁等等一大批傳統的名詞。

太極拳中究竟有多少種勁？眾說紛紜，對每種勁的解釋也很不一致。因為內勁抽象，練法又多複合動作，有的確實不易解釋，何況每人的理解各自不同，也很難一致。

例如什麼是掤勁？就很難作一簡明的解釋，將來一定會為難編《武術名詞詞典》的先生們。有的人解釋為：

「掤勁是由長期的認真的對太極拳和推手的練習，練成一種似鬆非鬆、柔中寓剛、靈活而又沉重、富於彈性和韌性的勁，具有粘、化、逼、捆作用的勁，也稱做內勁。」還引用了某地某同學總結為「太極是掤勁、動作走螺旋」的結論。

這兩種解釋都很片面，不能概括掤勁的實質，至少與高手的掤勁不相符合。

如果說「是鬆非鬆」「沉重的」才是掤勁，那麼與雅軒老師推手時，只覺他大鬆大軟、空無所有，只能極輕微地接觸其皮膚而已的勁又是不是掤勁呢？其時也並不覺得他有韌性，更何況「沉重的！只覺虛了、空了、摸不著勁

了」，這又還算不算掤勁？如果說他沒有掤勁，為什麼又奈何他不得？為什麼他總是勝利呢？

說「太極是掤勁，動作走螺旋」，更不準確。太極拳哪裡是掤勁就能概括得了的！說太極是沉勁，倒未嘗不可；說它只是粘勁，我看也未必就錯。螺旋是有一定規律的圓形連環，說太極拳是以走各種各樣的弧線為主，也走直線，才更為切合實際。

至於說「內勁越沉，推手時威脅對方的力量越大」，這只是初步功夫對初學推手而言。「人不知我」才是高手。「察四兩撥千斤之句，顯非力勝。」講氣力大不是太極拳的正道。「妙處全在能借力」，能運用並發揮我們靈敏的觸覺去控制對方的勁道，以小力勝大力，以柔弱勝剛強，這才是我們學習太極拳的人努力的方向。

說「掤勁也稱做內勁」，捋、擠、按等勁成了外勁了嗎？如果都是內勁，又何必特別指明「掤勁也稱做內勁」，這不是邏輯混亂、自造矛盾嗎！

我思考再三，費時多日，才作出了「掤勁是靈活的、成弧形的，既可以化掉來力、也可以反彈出去的柔軟的粘勁」的解釋。這樣長的歐化句子，很多人定會搖頭，我自己也不滿意，但很難壓縮了。即使這樣，也早已捻斷數根鬚了。質之海內名家，不知然乎否乎？

內勁的大小，不能憑主觀感覺，說「內勁越沉，推手時威脅對方的力量越大」，其實，這是對方犯了頂勁的錯誤。如果對方在行，他懂得不丟不頂，不受你的力量，請問威脅又從何而來？內勁越沉，不是更使對方容易聽勁

嗎？

　　兒時在鄉下，多的是水田，喜歡玩稀泥。玩膩了，就用泥來打仗。它顯示出開花彈一般的威力，打中了，還可以粘在對方鼻子上，久久不會脫落。用石頭打仗的時候也有，那就決不會粘住了。

　　硬的東西不粘。從中可以悟出柔軟的東西才粘的道理。這也就是為什麼太極拳要用柔勁的理由。

　　太極拳研究的主要就是粘勁。如何才能使粘勁達到高水準，乃是我們終身奮鬥的目標。

　　其他各種名目繁多的勁，都只是粘勁的不同用法。

　　粘是鬆柔了、觸覺靈了的結果。如膠粘物、如郵票貼在信封上，使自己與對方相貼，在不丟不頂中聽勁，這是粘的實質。

　　粘是掌握敵情的重要手段。

　　鬆得好才粘得好。能粘，才能充分發揮觸覺的靈敏度。靈敏從鬆、靜中來。不輕，也決不可能鬆，都是從拳架中練出來的功夫。拳理是個自成系統的完整的整體，必須統統落實在拳架上。拳架的品質有高低，每個人鬆柔的水準也不等，粘勁的靈覺也就因人而異了。

　　初學推手，一般都粘得重，想輕也輕不了，有雙方骨頭相抵的感覺，實際上還是頂。進一步，能夠稍輕，骨頭不相抵了，只覺是肌肉接觸。高級的粘，只在皮膚上接觸。水準越高，接觸越輕、聽勁越靈、越易控制對方。

　　粘是雙方接觸的感覺。功力有深淺，內勁有大小，品質有軟硬，粘味不盡相同。「不丟不頂」就成了通向高成

就的獨木橋。

細察拳譜，其中絕大部分是在談鬆柔、說輕靈、講完整，因為只有這樣，才可能訓練出靈敏的高品質的粘勁來。

粘勁是太極拳的一大法寶。高手只要輕輕一粘，即可完全控制對方，使對方東倒西歪，站立不穩，如醉漢一般，令人瞠目結舌，有大禍臨頭、命如懸絲之感。雅軒老師就有這種本領，令人叫絕，更令人神往！哪是什麼「內勁越沉，推手時威脅對方的力量越大」呢？

推手中的掤、捋、擠、按、大捋中的採、挒、肘、靠，普遍被稱為八種勁，它們在形式上有明顯的不同，其實只是粘勁的八種用法。把它們稱為太極拳八法，還比較恰當些。

太極拳運用柔勁，決非硬勁；是內勁，決非明勁。內勁是看不見的。硬勁、明勁顯而易見，嚴格說，是硬力，不能稱為勁了。

掤、捋等八法在運用的時候，多是粘勁、掤勁、沉勁的組合，實際上是混合勁，並非各勁單獨地使用。

在競技中，太極拳強調柔化，很歡迎對方送上門來，並不主張盲目地搶先進攻。前輩們創造了從應敵到取得勝利的一套完整訓練方法。即粘勁、化勁、拿勁、發勁四個過程。這是隱藏在八法形式中的實戰內容，是太極拳中的精髓。內勁不柔的，大多只得到了形式，無法進一步地去取得高度成就。

粘勁是接觸、瞭解敵情。

　　化勁是化掉來力的意思。講究引進落空，使對方的進攻失效。

　　拿勁是化掉來力之後跟蹤對方的勁道，使其走向危機的手段。

　　發勁是找準了對方弱點，集中優勢兵力發動反擊，取得輝煌戰果。

　　我們在粘、化、拿、發中，極為細緻、永無窮盡地研究內勁，如登名山，如遊名園，一步一景，不僅應接不暇，更使人流連忘返，成了拳迷。但是它太抽象、太細緻、太深奧，智慧不足、功夫不夠、師承不高，如入寶山而空回的很是不少。所以由學拳練好身體的為數極多，而在技擊上取得成就的則就較為鮮見，乃因為內在、外在的條件，要求得太多太高了。

　　現在來談談掤勁。

　　練拳架的目的之一，就是為了求得全身的鬆柔和各關節的高度靈活，可見掤勁決非硬力。

　　推手的原則，是在粘連中引進落空，捨己從人，不丟不頂。又可見掤勁決不是用力去抵抗住對方，拒敵於門外，應該歡迎對方進來才是。兩力相抗即為頂。頂是剛勁，正是要用柔來克制的物件。又可見掤勁決非硬力。

　　從上面的分析，說明推手只能用柔勁。兩方都用柔勁，又誰克誰？相比之下，誰的粘勁品質高，聽勁能力強，鬆柔得完整，就一定是勝利者。自然的化勁，不過是全身極柔軟的巧妙運用。精彩的發勁，也全從柔軟轉化而來。拳譜上不是告訴我們「極柔軟然後極堅剛」嗎？

因此，掤勁只能是靈活的、成弧形的、既可以化掉來力又可以反彈出去的柔軟的粘勁而已。

不少人由於誤解了掤勁，以頂為掤，以抗住對方為掤，結果事與願違，使想學好太極拳的願望落了空。辛苦練拳一生，落得個內勁不柔、粘勁不好、拳味不對的下場，是很令人惋惜的。

這裏著重分析了掤勁，其餘的，讀者舉一反三，不難意會了。

推手中的發勁有幾種？

從外形看，發勁的方式多種多樣，但實質上只有長勁和短勁兩種。

長、短是指力量在對方身上起作用的時間。

初學發勁，或沒有得到沉勁的，都只會發長勁。水準較高，或懂得沉勁的，才會發長、短兩種勁。

發勁以快為上，要使發勁取得滿意的效果，不能事先讓對方發覺。真正精彩驚人的發勁，是在明勁徹底丟掉之後的神經上極快、極靈的反應。要功夫到了相當高的水準，才可能產生。決不是一般還有明勁的用捉著、卡著，然後推出去的所謂發勁可以比擬的。

如果明勁未丟盡，發勁每每遲緩，容易被對方化掉；或者對方功夫差，化不掉，但事先一定會知道，也不會佩服你的。

長勁是以後腳向前蹬為主要動力，依節節貫串、由下而上、順勢湧出的勁。由於力的作用時間長，能將對方擲出很遠。優點是不會使對方受傷。對功力不深、腰胯不活

的初學者，可多用長勁。

短勁是快速的彈力，與壓縮之彈簧突然彈出之原理相同。由於時間短、速度快、內勁整，產生出極大的壓力與震撼神經的力量，能入裏透內，可以使對方驚慌失措，打倒的時候較多，輕則嚇出冷汗，甚則當即昏厥，乃是徹底擊敗對方的好法子。對功力不深或身體不壯的，最好不輕率發短勁。一旦造成內傷，醫治起來費時費力，相當麻煩。高手發短勁，還可以掌握輕重的分量，考慮對方的耐受程度，不超過分量，而水準一般的就很難做到了。

冷勁，冷是冷不防的意思，是更為快速精彩的短勁。

截勁是接對方來力而轉換方向發勁，或對方勁還未發足，我以更快的勁將其堵回去。這要功夫較深的才做得到。

至於硬勁、僵柔勁、鬆沉勁、輕靈勁、虛無勁，是雅軒老師按學習太極拳的歷程分出的五種勁道。可惜，明師畢竟不多，拳理抽象難懂，一般學拳的認識未必真切，實踐功夫又不夠，大多停留在前兩種勁道中。能進入到第三種勁道的，已算是功夫較好的了。到第四種勁道的，就更為難得。要到虛無境界，方是爐火純青的大成就，世間就不易多得了。

—— 拳　味 ——

正如茅臺有茅臺的味、回鍋肉有回鍋肉的味一樣，太極拳也自有它自己獨特的「味」。我們學太極拳，首先就

該認識它的味，追求它的味，學會它的味，還要使自己的拳味日漸濃厚，這才是正確的學習態度。也只有如此，學來的才是真正的太極拳。如果拳味還不對，只能促進健康，就不可能取得具有太極拳特色的技擊功夫。

有些人之所以學拳多年，在功夫上並無什麼長進，除了用功不夠之外，恐怕主要就是因為拳味還沒有對，或者最初本來對，後來自作主張，將功夫弄錯了，將拳味練跑了。既然拳味不對了，練的實際上不是太極拳了，又怎麼能長出太極拳的功夫來呢？

「味」是指太極拳的特殊風格，這風格是由太極拳內在的規律表現出來的。因為太極拳強調「意為主帥」「神宜內斂」「默識揣摩」等規則，拳味是在體內用心，在抽象的思想中馳騁想像力，運用我們的智慧，充分施展各自才華的結果，全然不是憑氣力大、在外形上追求可以得到的。

由於我們師資不足，人的智慧又千差萬別，拳味不對的大有人在，這確是亟待改變的現狀。

太極拳的特殊風格，本不是三言兩語可以說盡，前人說「如流水行雲，一氣呵成」，也不過就慢、勻、不斷與神氣飄逸而言。此外，有說「鬆、穩、慢、勻」的，有說「鬆、穩、靜、勻」的，有說「鬆、沉、軟、彈」的，也有以「鬆、靜」兩字歸納的。還有人說：「太極拳好學，就是不容易放鬆。」這是以「鬆」一個字來歸納了，可謂高度概括，但掛一必然漏萬。太極拳理本極細緻複雜，各自側重點不同，用字越少，越不易概括，也是事實。倘求全面，則自有幾篇古典拳譜在，讀者倘肯用心，可以自己

去鑽研。

倘以個人愚見，以鬆、穩、慢、勻較能代表太極拳風格，鬆中包含輕、柔軟，鬆了也自然會有沉勁。穩中含有分清虛實、不慌張、不亂動。慢有利於默識揣摩、神宜內斂，有利於細緻地運用想像力。勻了才有靜態，才可能培養出聽勁中不丟不頂的能力，全身上下內外配合均勻了，才能達到太極拳中最為突出的完整勁。

對於拳譜的認識，見仁見智，各自不同。儘管大家都想提綱挈領，以簡馭繁，實際上還是近乎瞎子摸象，只不知你摸到的是哪一部分而已。

因而，就更足見「觀師訣」的重要了。

── 觀 師 訣 ──

觀師訣，舊稱「觀師默相」。兒時一位老木工師傅告訴我，他學木工手藝，從拜師的那天起，師傅就要他觀師默相，要他隨時都要想到師傅的言行，這樣所傳的法子才會靈，手藝才做得好。當時我覺得太奇了，很有點神秘味兒。他說時正二八經，不像隨便說著玩的，我自然不敢反對，但心裏實在很不以為然。

後來，聽說巫師也用觀師訣。

再後來，學拳了，也用觀師訣。說來也簡單，練拳之時，跟在老師背後，依樣畫葫蘆。他練「單鞭」，你也「單鞭」；他練「高探馬」，你也「高探馬」。他怎麼練，你也怎麼練。先學其形式，再求其神采，模仿其味

道，還要如攝影機一般，將影像全攝進大腦裏。這樣跟師若干年，形式、神采、拳味都了然於心，牢固地儲存在大腦中。

離開老師了，當你自己練拳之時，就要想到自己就是老師，借用一句俗話，就要「擺起老師的架子來」，將昔日攝進大腦的圖像，依樣演練出來。心中有老師，練拳就像老師，默想老師練拳的神氣，一切規矩準繩自會如影隨形，不謀合而自然合。觀師訣就是模仿與繼承的關係，一點也不神秘。

有些看書本學習太極拳的人，吃虧在於書本上的圖像是死的、又多是硬的，看不見運動時拳式的流變過程與神采，無師可觀，觀的僅是又死又硬的圖像，結果誤入歧途者很是不少。我就曾見過一位自稱某大學的講師，看書本自學的太極拳，還自以為是地教了不少人推手，鼓著兩手硬勁，將對方死死壓住畫平圓，連推磨也不如，從形式到內容都可以說完全不是太極拳，實際上連太極拳的門都還沒有找到。我說：「這裏容易找老師，何不找一位老師，跟他從頭學起呢？」他不以為然地說：「我都是大學老師了！」這回答不禁使我倒抽了一口冷氣，這就應了「人之患在為人師」的古話。他就是還沒有懂得拳味和觀師訣在太極拳中的重要性。

── 三步功夫與五級勁道 ──

因為太極拳研究的主要是身內的行拳規律，不如外家

拳一招一式那樣一目了然：而對拳譜的理解，每易各執一端，各行其是，每人所走的道路和進程，就如一群觀光客，目的未必相同，取道也紛歧錯綜，收穫自然也就很不一樣了。

三步功夫

按拳譜，太極拳的進程是「由著熟而漸悟懂勁，由懂勁而階及神明」三步功夫。不過每步之中，時間的長短難定，而且也沒有明確的分界線。既然要「著熟」了，才能懂勁，什麼叫「著熟」？如果對「著熟」的理解有了偏差或誤會，又還能不能懂勁？就成問題了。有人認為「著」就是一手一式的用法，即如外家拳的手法。手法是身手上變化的姿勢，而「懂勁」要求的是聽勁的靈覺。因而手法不論如何熟練，都絕對不是通向「懂勁」的橋樑。而懂勁又沒有止境，還有個水準高低之分，聽勁精粗之別。因而要達到「神明」之域，就不是那麼輕而易舉的事。

「階及」兩字值得玩味，說明即使懂勁之後，也還有很高的梯子要攀登，不是一步就跨進「神明」之域了，此太極拳要大成之所以難。

楊式太極拳明確指出三步功夫是練體、練氣、練神。這是從「著熟、懂勁、神明」的理論而來，不僅毫無矛盾，且更為具體，更明白易懂。因為太極拳最大的特點就是以柔克剛。練體就是練肢體的鬆柔，這就開門見山，單刀直入，入手就走鬆柔的道路，重視了太極拳的特點，避免了因「著熟」一詞的誤解而將太極拳練成外家拳，導致

方向上的錯誤。

至於練氣、練神，則與懂勁、神明兩步功夫大致相當。

總之，只有全身逐漸鬆柔，聽勁才會日漸靈敏；只有聽勁日漸靈敏，才能使懂勁向高級的方向發展，進入神明的境界。

五級勁道

先師李雅軒明確指出：「硬勁不如僵柔勁，僵柔勁不如鬆沉勁，鬆沉勁不如輕靈勁，輕靈勁不如虛無勁。」

這既說明了五種勁道的優劣，也指明了內勁的由硬到軟、由重到輕的五種等級，是研習太極拳者必經的歷程。正如讀書不能只滿足於中、小學程度一樣，研習太極拳決不可停滯在硬勁和僵柔勁的程度上，應該力爭換勁，而且要逐級換上去，作為進步的階梯與標準。

「自己進入哪一級了？」「怎樣才能進入高一級的勁道中去？」這既要有自知之明，也得有師友的指引。

環顧太極拳的現狀，資質優異、成績突出、力攀高峰者，自然不乏其人；但從近幾年的推手情況看，不少人對拳的認識，都還處在低級狀態中，被譏為「頂牛式」。既然實踐功夫還停留在硬勁、僵柔勁的水準上，到鬆沉勁的還為數不多，還只停留在五級勁道的前三級中，又焉得不出「頂牛式」？

只有到了輕靈勁、虛無勁，即第四、五級勁道，太極拳的優越性才可能逐漸顯現出來，才能發揮以柔克剛這一

突出的優點。如果功夫還不到輕靈勁、虛無勁程度，則太極拳不如其他拳法遠甚。

如果提倡太極拳的當道諸公再不提高對太極拳的認識，再不修改現行的推手規則——嚴禁出現「頂牛式」，則太極拳的聲譽，很可能毀在我們這一代手中。

前人留下珍貴的經驗，在拳譜上諄諄告誡我們「一舉動，周身俱要輕靈」，幾曾要我們鬥力、「頂牛」的？

明白了應該換勁的道理，就不能滿足於自己老停滯在一種勁道上。有的人練了幾十年，有了鬆沉勁，有了一定的實力，也不過到了半路而已，還不是太極拳的真面目，就說什麼「這是太極拳推手時具有威儡力量的基本條件」！這就遠不是見道之言。至於有的人以鬆沉勁自吹自炫，自我沉醉，就更等而下之了。

真正到了高級境界，出手接觸極輕，但只要一出手，不管你平日自認為如何聰明，如何了不得，立刻就會使你莫名其妙，變得傻眉瞪眼，呆若木雞，六神無主，有力無處使，只有被動挨打的份兒。

這才叫太極拳。

—— 「剛柔相濟」質疑 ——

懂勁一詞，從聽勁而來。能聽勁，才能懂勁。輕柔不足，聽勁不靈，也就無從懂勁。「推手者，所以求其懂勁也。」從「陰陽相濟，方為懂勁」一語看，這明明白白是指推手而言。這話可以淺顯解釋為：對方來力時我會化，

退走時我會跟。即粘住對方，不丟不頂，才能叫懂勁。

拳譜上本無「剛柔相濟」一語，有的人將「陰陽相濟，方為懂勁」一語割裂開來，丟掉後半句，抓住前半句，又將「陰陽相濟」說成「剛柔相濟」，又認為要剛柔各半才能相濟，於是又出現了「五陰五陽」，還說做到三陰七陽、四陰六陽都還不行，硬要「五陰五陽」才能「稱妙手」。這就不是指推手，是指本身肢體的軟硬程度了。話越說越玄，只不知用什麼方法來衡量，才能如此準確！天平嗎！

這既是對拳譜的割裂，更是對拳譜的曲解。

很多練外家拳的，都主張「剛中有柔，柔中有剛」，說他們的拳是「剛柔相濟」的。可見「剛柔相濟」是外家拳的拳法。太極拳本與外家拳應該不同才是。不知從何時、何人起，我們練太極拳的用起外家拳拳法來了，不知大家覺得怪不怪。

「剛柔相濟」，好像軟功、硬功都有，十全十美了似的。其實，它只是一種主觀主義的框框，使我們的思想遭到禁錮，唯恐丟棄了這個「剛」勁，就不能與柔相濟了，從而使我們的功夫停留在一種低級境界上，停留在筋骨肌肉的力氣上，停留在外家拳的剛勁上，不能由實到虛地向太極拳的高深境界轉化深入，自誤了太極拳的美好前程。

太極拳譜中說「極柔軟然後極堅剛」，可見太極拳應該追求的是兩個極端。而先追求的就是極柔軟，只有極柔軟了，然後才可能達到無堅不摧的極堅剛境界。這正是道家理論的精髓所在，所謂柔弱勝剛強也。這也正是前輩

在教拳時不厭其煩地反覆叮嚀學生「要鬆！要鬆！」的理由。如果我們有了「剛柔相濟」的想法，先就違反了「極柔軟」的教導，也必然導致聽勁能力的喪失，而聽勁正是太極拳中的寶貝，是克敵取勝的靈丹妙藥，只有聽勁的本領高級了，靈妙無比了，才能達到「人不知我，我獨知人，英雄所向無敵，蓋皆由此而及也」的境界。

從這「蓋皆由此而及也」一句看，可見話還說得相當絕對。如違反了「極柔軟」（才能發展聽勁能力）的原則，也即違反了「人不知我，我獨知人」的原則，也就必然喪失了太極拳的優越性而不成其為太極拳了。

如果我們能認清太極拳的優點，將聽勁的靈敏度發揮到「人不知我，我獨知人」的境界，盡力開發我們的智慧而不是仗恃力量，以我們所特具的輕靈、虛無功夫去以巧取勝，對方就會感到莫名其妙，頓時惶惶無主，疑慮叢生，甚至使他對自己的功夫，以及在追求功夫中所走過的道路，統統產生懷疑，使他不相信自己了，糊塗了，還有比這更妙的功夫嗎？

—— 完整與細緻 ——

在太極拳的優點方面，有兩點非常突出：一是完整，二是細緻。

練拳時思想全面照顧，一動無有不動，全身上下內外統一行動，共同完成蓄勢或發勁的動作。「上下相隨、內外相合，刻刻留心在腰間」等語，就是為做到完整而提出

151

的具體措施。高手能化勁令人不知，發勁威力驚人，關鍵即在於全身內勁的完整。這是太極拳最為突出的優點之一。

從大處看，正是有了這種全面的觀點，在長久的學拳過程中，培養出了完整的勁道。思想因為全面之故，就不再執著在某一點上，而是形成了一張無所不在的網。競技之時，對方對我的攻擊處不過一兩點，而我在招架這一兩點的同時，還能發現對方有很多可以反擊的弱點；對方思想上片面，我則能全面對付並針對其弱點擊之。這是高手在競技時能使對方變得傻頭傻腦的主要原因。

其他的拳也有不少強調完整的，但又遠不如太極拳在用意聽勁上細緻。

細緻，就成了太極拳另一突出的優點。

以「右雲手」為例，右手在向右方運行之時，不能只有向右的簡單想法，必須渾圓的各方兼顧。如上有極輕的提勁，下才會產生沉勁，不提即不沉，不輕就不重，這是手上要練出鬆沉勁的手段之一；同時還得有與右雲手方向相反的（向左的）拉力的想像，正是這一想像，才使得向右的速度不會太快，動作不至於簡單粗魯。思想上必須如此細緻追求，拳味才會越練越濃，才能發展我們的觸覺，也才會樂趣無窮。這是太極拳武術文練的主要內容。

或者有人會問：「像這樣練法，不是太麻煩了嗎？」

我們須知，對於那些已入門徑、真正走上了鬆柔道路的人，追求輕靈早已成了習慣，聽勁功夫自然會與日俱增，甚至能使觸覺靈敏到「一羽不能加，蠅蟲不能落」的

程度。但對於初學者，特別是對於那些自以為是的粗線條的人來說，懂得這種細緻的用意方法，確是克服主觀、片面的好法子，有助於提高對聽勁的認識，對於鄙棄鬥力、開發智慧，對於防止將太極拳練成外家拳，都有著不可低估的作用。

在科學家新的研究成果中，發現在已知的人與動物的種種差別方面，還應增加一項，即人類善於使用皮膚的觸覺來感知、認識、適應周圍的環境。動物全身因為有毛覆蓋，皮膚的觸覺不能充分利用、發揮。而皮膚對事物的反應，遠比眼睛要通過大腦分析判斷來得快捷。

從小處、局部看，太極拳聽勁之靈敏精確，正是充分利用了其他動物所沒有而為人類所獨具的皮膚觸覺這一優勢。如果不善於利用、發揮我們的觸覺，不是明顯地從已進化到人的高度上倒退了嗎？

由這局部的聽勁的細緻精確與全面觀點的完整相結合，就成了難與匹敵的太極拳的優勢。

完整的內勁可以不斷增長，聽勁的精確度也能夠不斷提高，對這兩方面的追求，都永遠沒有窮盡，人類的認識，永無止境。所以西方諺語有云：人生短，藝術長。

我們在勤學苦練中提高了對太極拳的認識，使它日漸向更高級方向發展；反過來，博大精深的太極拳又發展了我們的觸覺，增進了我們的智慧，改造了我們自己。

這不也是太極拳可愛的地方嗎！

——— 絲莫抽斷了 ———

有人說太極拳是從外家拳發展而來，這只是從表面上、從拳式的定式上看，還不是問題的本質。兩者之間主要是指導思想不同，理論不一樣了。且同為太極拳，在認識上也還是有差異，所以，漸漸形成很多流派。如果在內容上不發生質的變化，外家拳不論怎麼發展，還是外家拳，不會變為太極拳。「像今天一些人從舉重、摔跤轉過來，就成了『太極推手高手』」（引自于志鈞先生文）一樣，有識之士是不認賬的。

太極拳本身也有個發展過程，拳理不是一天一日，或一開始就很完善，它是很多代人用智慧、汗水澆灌出來的。

今天我們研究太極拳，就更應該著眼在理論上徹底弄明白它的方方面面。假的應該剔除，歪理應該糾正，使太極拳的發展減少阻力。太極拳是富有哲理的學術，應堅持百家爭鳴，不可以權勢一錘定音。如果本身有個一官半職，在學術上發言，更望盡可能謙虛、慎重，只作為個人的一家之言，以留下其他九十九家爭鳴的空間。

由於養生的理由，太極拳理論逐漸走向精細與內向。速度由快變慢，由快慢不均變為均勻；力度由重到輕，由實到虛，由局部的力量發展成全身完整的內勁；由以練體為主，發展到以練氣、練神，以練思想為主。

這就是太極拳發展演變的軌跡。

　　太極拳能贏得廣大群眾的熱愛，是因它確是通向健康的渡船。太極拳能擁有眾多的拳迷，是因它本是藝術的寶庫和智慧的迷宮。

　　充滿了哲學意味的太極拳，在眾香園裏特別鮮豔，有極強的磁場，將學體育與外家拳的都拉將過去，儘管效果很不如意，這吸力是其他的拳所鮮有的，太極拳應該自豪。但有兩條優點不易為人所賞識，學體育和外家拳的難於接受，更不必說掌握了。

　　一是由於它內容豐富、運行細緻，決定了它必須用慢速度來琢磨。因有了充分的時間，從而高度發揮了智慧，使它成了以練思想為主的拳。不講力大，力大也無用了。

　　二是由於速度均勻，充分發揮了觸覺的靈敏度，具有了神乎其技的聽勁能力。在粘勁、化勁、拿勁、發勁中，使技擊方法從內容上發生了質的飛躍，使簡單的兩力相抗的打鬥技術，變成了豐富多彩、深奧難測的鬥爭藝術。

　　沒有慢與勻，就沒有了太極拳。

　　快慢不勻，是外家拳還未完全進化成太極拳，或者是由太極拳又退回到外家拳的半路上去了。由於理論上的變化，外家拳可以轉變成太極拳。如果對拳理認識不足，太極拳又可以轉變成外家拳。世間的事，總是變來變去的，不變多就變少，不變好就變壞，這一點也不奇怪。

　　為了使太極拳變得更好，發揚光大，就一定要研究太極拳拳理，明瞭它和體育、外家拳的理論是格格不入的。

　　在內家拳中，除太極拳外，也還有速度相當慢的，但絕對沒有像太極拳這樣追求勻速的。所以，速度均勻，是

太極拳的一大特點。

在《十三勢行功心解》中，有「邁步如貓行，運勁如抽絲」之語。這就是練拳的要領，它形象生動，譬喻準確，一見便知，一聞即曉，最明白不過，本不該再有什麼誤會，是不須「研究研究」就明明白白的。

貓走路，都見過：輕、慢、動作柔軟而又速度均勻。貓們絕無狠心跺腳、要地動山搖的意思。

「運勁如抽絲」，絲是蠶絲，要抽而不斷，必須速度均勻，輕輕地抽。如果力量大了，或忽快忽慢，會立刻就抽斷了的。

這「運勁如抽絲」一句話，就是我們練太極拳一定要做到速度均勻的理論根據。從楊、吳、武諸家來看，都很嚴格地遵循這一指導原則。只有在勻速中，才能做到「人不知我」。勻速是粘勁的前因，是太極拳中的精妙所在。我們唯恐不勻，一輩子都在追求更勻，不存在太勻了的問題。如果違反了這一原則，還該不該叫太極拳，那倒真該研究研究了。

很多外行看見練太極拳的那麼慢條斯理，速度又那麼均勻，就很不耐煩，於是以外家拳的眼光，來大發議論，橫加指責，說什麼「你這個拳太慢了，又太勻了，只能養生，沒有發勁，不能技擊，無用！無用……」

為什麼會這樣呢？楊、吳、武諸家都是不能技擊、不會發勁的嗎？這是愚昧在反對智慧，笨人在反對聰明人！

為什麼要速度均勻？

回答這個問題，要先說太極拳的「妙處，全在能借

力」。要能借力，必須先有靈敏的聽勁，只有聽勁的能力越靈敏、越細緻，才能越準確地借對方的力，以指揮對方、控制對方、打擊對方，才會使自己變成化勁人不知，發勁人不覺的超人。

如果練拳之時速度不均勻，與對方接觸時就不能捨己從人，必然不丟就頂，不能達到與對方粘連的效果。不粘連，聽勁的能力就無從發揮，也就無法借力了。這與「妙處全在能借力」明顯不合。既然不會借對方之力，就不符「因人為法」的原則。主觀制敵，又不是我們該研究的內容了。

要想學會「因人為法」，就非做到速度均勻不可。

妙處全在能借力，是指借對方的力為我所用，而不是借地之力。借地之力，誰人不會？常人走路、跑步、擔水、推車，不借地之力行嗎？如解釋妙處全在能借力是借地之力，是明顯的錯誤。如果說發勁之時要借地之力，這不能稱為太極拳的妙處。因為任何拳術，都是要借地之力的。我們還沒有孫行者的本事，可以隨意在天空中打鬥。

太極拳揚棄了一切手法，專門研究聽勁，有了聽勁的本事，就可以引進落空、避實擊虛。這是一般學體育和外家拳的人所欠缺的。

簡單地說，學習太極拳就是學習放鬆與粘連，有了這兩件寶貝，其餘都不過是錦上添花。要粘連，就非勻速不可。

今有人見不及此，說是要使太極拳趕上時代潮流，進入對抗的行列。真是其志可嘉，其愚不可及也！我們食米

棄糠，豈可食糠棄米！

太極拳是「對而不抗」的。抗就是頂，是太極拳中最大的毛病。這是只要學過點太極拳的人都該有的常識。今竟常識都沒有，要將太極拳中的毛病來大力加以提倡、發揚，而對它的優點卻視而不見。如此提倡太極拳，只能使太極拳消亡殆盡。弘揚國粹，有這樣弘揚的嗎？上何以對祖先？下又怎麼向後人交代？

怎樣才能做到速度均勻？

在諸多學拳要領中，勻速最難。大體說來，初學者先要注意手上的速度均勻，進一步，才知道去追求邁步時的速度均勻，再進，則知道去注意手腳的配合均勻。直到你懂得默識揣摩、精神內守，能以腰來練拳的時候，全身上下內外方能比較完整的均勻了。此後，還該去精益求精。總之，隨著歲月的增長，我們的功夫越來越完整、細緻、精確，最後均勻到動中現靜像，永無止境。凡此種種，都是開發智慧、思想上細緻了的結果，與那不慢不勻、粗而不精、精神外露的練法，是大相徑庭的。

太極拳是高級的養生術兼技擊法，以練意、氣為主。全部學習的過程，都是精神內守，默識揣摩，通過鬆、穩、慢、勻去求虛靜的過程。從健身效果上說，近似於靜功，可以使全身經絡通暢平衡，各系統之間更為有序化，因而可以收到祛病強身的效果。

從技擊上說，真到了虛靜階段，所謂虛則無所不受，對一切外力都可以逆來順化，平時仗恃氣力大的人，遇到這種高手，不論你怎樣出手，都覺對方是空的，對方明明

站在你面前，但又找不到可以施展功夫的物件；平時自以為是的種種手法、套路、力量，統統無用了，有捕風捉影的感覺。到這種時候，就驚恐萬分。因為自己既然無法打擊對方，就成了暴露在對方面前的挨打的靶子，挨輕挨重，就只好「認命」了。

明白了這樣的道理，算是懂了太極拳的道路和門徑。再反過來看那些只懂得鬥力的所謂武術家與推手名家，就會不自覺地笑在心裏。認識上的差距，何止天淵！

太極拳好，好在這裏；難，也難在這裏。

太極拳雖然不容易成高手，但我們應力求明白這通向高手的道路。一切以跳躍為能、以力大為能，違反鬆柔大法，以及推手要對抗的主張，都違背太極拳的原則，永遠不可能達到虛靜的境界。不默識揣摩，也就不可能健身與開慧，要想到「因人為法」的境界，就永遠不可能，即使到天老地荒，也是枉然。

絲，千萬莫抽斷了！

—— 「新意」隨想 ——

在不少讀者來信中，說我「談的拳理，與很多人談的不同，大有新意」云云，這使我很有點慚愧，也很驚奇。驚奇之餘，不免對這「新意」兩字思索一番。

拳譜的位置

太極拳書的慣例，前面絕大部分篇幅就是介紹拳架，拳架介紹完了，作者的「著作」也就完成了。對於作為太

極拳命根子的拳譜，只以「附錄」的形式附於書末。附錄者，參考而已，無關緊要之謂也。

拳譜是太極拳的精髓，是太極拳的靈魂。不重視拳譜對拳的指導作用，不尊重它的權威性，隨意自作主張，太極拳沒有不出偏差、不走錯路的。

由於拳譜成了「附錄」，這種編排位置的本末倒置，反映了很多人對拳譜的漠視，對拳譜與拳架的關係沒有深刻地去揭示。既然作者的觀點如此，讀者（主要是學拳者）大多也只視太極拳為一般拳法而已，並沒有正視其與外家拳的差別，以為只要天天在練習，功夫就會自己冒出來。及至久練都不見太極拳功夫的影子——不是有了以柔克剛的本事，而是成了堅硬如鋼的鬥士的時候，又反轉來說什麼「以柔克剛」不過是文人對太極拳的誇大宣傳，口頭上說說而已，功夫嘛，不講大力氣還行？

這就是太極拳界相當普遍的現狀。不少人忘記了拳譜的存在，或者隨意曲解拳譜。對拳譜中的「一舉動，周身俱要輕靈」「……凡此皆是意，不在外面」「一羽不能加，蠅蟲不能落」「發勁須沉著鬆淨」等等獨具太極拳特色的論點不敢正視，或有意回避，說什麼只要初學的一兩年講究鬆柔就行了！一兩年講究鬆柔，真的就夠了？就能「鬆淨」了？聽勁就能達到「一羽不能加，蠅蟲不能落」的程度了？這不是明顯地違反了拳譜的教導而隨意對拳理主觀地塞進私貨嗎？

要振興太極拳，恢復太極拳的本來面目，必須改變目前這種不依照拳譜練拳，對太極拳理論隨意曲解的現狀。

首先必須擺正拳譜的位置，所以在拙著中，一改慣例，將拳譜編排在卷首最為醒目的位置，以引起學人的重視。說明它不是只供參考，只能作「附錄」的，一定得用它來指導實踐。不論練拳、推手，非尊重它的權威性不可。它是無數代先驅者實踐經驗的總結，是智慧的結晶，是太極拳之所以稱之為太極拳的理論根據，是太極拳的精妙所在。否則，將不成其為太極拳。

前人將無數代功夫的積累昇華到理論的高度，寫成拳譜（拳法），正所以昭示後人練拳的必由之路。只有按譜行拳，才是太極拳；也只有按譜行拳，才可能攀登上太極拳功夫的峰頂，取得它所特具的技擊效果。如果拳譜與練拳無關，古人又何必多此一舉？

由於幾十年來種下了惡因，我們正飽嘗著惡果。各行各業，一方面是人浮於事，同時又後繼乏人，膚淺平庸輕薄者遍地皆是，飽學有識的能人為數可憐，太極拳界又焉能例外。很多人都不遵守拳譜，而是以感想代替拳譜，借用一句流行的話，是「人治」而不是「法（拳法）治」。

心中有拳譜

學習太極拳的人，對待拳譜的態度，最好要像教徒念經，天天念，既要嫻熟於胸中，還得經常去深入鑽研，隨時結合實踐，去悟出道理來。對拳譜悟到了某種程度，功夫才可能上升到某種水準。理論上認識膚淺，悟性不夠，功夫是上不去的。

由於心中無拳譜，功夫水準低下，或者將太極拳練成了其他的拳，就出現了有人反對「以柔克剛」這樣一種怪

現象。連以柔克剛都不要了，還成什麼太極拳！

實踐證明，鬆柔和輕靈，都決不是一兩年就可以做到的事。不少人追求了一輩子，都未能取得鬆柔、輕靈的成果。而只有高度鬆柔、輕靈了，才可能使聽勁的靈敏度達到「人不知我，我獨知人」的境界。拳譜上還說「英雄所向無敵，蓋皆由此而及也。」可見這鬆柔、輕靈，是學太極拳者萬萬不可忽視的大事！是終身奮鬥的目標。

我們的太極拳已被扭歪、變質，我不揣冒昧，起而爭鳴，維護拳譜的正確性、權威性，還太極拳以本來面目。其實，我之所論、所述，都不過是強調了拳譜中「極柔軟然後極堅剛」「神宜內斂」與「默識揣摩」等等不可移易的原則而已。我談的哪裡有什麼「新意」？完全是拳譜中的舊意、老意，加上了我自己的實踐體會而已。

這倒值得我們的太極拳界猛醒，可見很多人不按照拳譜，盲目蠻幹，太極拳不成其為太極拳，名實不符，已到了情況嚴重的程度，且為時已經很久了。

必須以拳譜定是非

一般認為太極拳有五派，實際不止此數。有的確是真正的太極拳，但因流行不廣，鮮為人知。如西安的和派太極拳就是明顯的例子。也有不見經傳的新派，不時在刊物上冒出來，大多為楊、吳派的後生小子，想當開山祖師而已，功夫未必到了已該開山立派的程度。目前流行的五花八門的太極拳理論，有的大同小異，有的甚至全然不同。讀者抱怨「因而不知誰是誰非，很為苦惱」。我今斗膽告訴讀者竅門：千萬莫以為名人說的都正確，自己動動腦

筋，但看他符合拳譜的，就是太極拳；不符合的，不論是否名人，都難免有掛羊頭賣狗肉的嫌疑。

至於說我「談的拳理，與很多人談的不同」，這不同，是事實，但我既然沒有違背太極拳譜中的論點，那將太極拳扭歪、大開倒車的，就不是我了。與別人不同，又有什麼法子呢！那不是正好嗎？！

── 談太極拳與音樂的關係 ──

在一份小報上，看到群文先生的《音樂與武術》一文，讀後被哽住了。

群文先生說：「某武術輔導站在組織太極拳集體表演時和每天清晨在公園或學校集體鍛鍊中，都用優美的音樂指揮，收到了很好的效果。」

音樂有一種特性，它能主動向人「進攻」，強迫你聽，和美術、戲劇等被動地等你去欣賞，性質上很不一樣，這是商店的大喇叭吵得人心煩意亂的原因。

太極拳是一門常識以外的藝術，如果只以一般人的常識去認識、去對待，沒有不相差十萬八千里的。這正是很多人學不好它的主要原因。將太極拳配音樂的做法，就說明是把太極拳當成廣播操或舞蹈來看待了，是好心腸在做壞事。

音樂有強弱，即有規律的節奏。太極拳初看似乎有節奏，細審則每式的時間並不相等，實際上無節奏，由於動作緩慢，就不像廣播操每式定式時落點分明，更不能時強

時弱，否則，用力不均勻，也就違反了要均勻、要輕靈的原則。給不能有強弱節奏的太極拳硬要配上有強弱節奏的音樂，這只能方柄圓鑿，矛盾重重，格格不入。更何況音樂將思想引向身外，而太極拳則只能在身內用心，要「神宜內斂」「默識揣摩」，去落實拳理。一外一內，方向都不同，又怎麼可能「心情愉快地隨著音樂的旋律，進入練功的佳境」呢？看來群文先生是將細緻複雜、全是內省功夫的太極拳，當做重外形的有節奏的體操了。

既然配上的是「優美的音樂」，「在樂曲的引導聲中，從感性上排除雜念。」那時，真會欣賞音樂的人，思想感情一定會緊緊跟隨音樂的旋律，戀戀不捨地進入某一意境或畫景，全身心都陶醉在音樂美中去了，對於練太極拳所必須遵守的規矩法度，如上下相隨、內外相合、鬆、穩、慢、勻等等，就統統成了該「從感性上排除」的雜念，被排除得乾乾淨淨！可是群文反而說，會「很快地將注意力集中在動作的要領上」，這又怎麼可能呢？如果說可能，就只能說明練拳者那時並沒有去聽音樂，或者本無音樂的耳朵，不懂得欣賞音樂。

這就正說明了太極拳與音樂的無關，也說明了不該用音樂去干擾練拳者的心境。如果硬要將太極拳與音樂強扭在一起，必定會使學拳者永遠進不了太極拳的大門，還哪裡可能「經久練習，就可以意動身隨，手到勁發」？像這樣風馬牛不相關的事情，去硬搭配已經是一廂情願的單相思，哪裡還談得上「緊密結合起來」。

我也曾見過公園裏有人「用音樂指揮」練太極拳，然

而練拳者各行其是，七零八落，可以說是一片混亂，這樣的「指揮」「結合」，究竟又收到了什麼「很好的效果」？

如果說一般單位出現這樣不講道理的硬搭配，還是不足為奇的。作為一個武術輔導站，應該對太極拳有點正確的認識，應考慮對太極拳如何「輔」，又「導」向哪裡？恐怕不應一面在推廣太極拳的時候，一面又幫起倒忙來！自己抵消自己的勞動成果。

我教了大半生小提琴，勉可算個懂音樂的人，今之主張練拳配音樂者，不是不懂音樂，就是不懂太極拳，二者必居其一。

為了學到真正有內容的太極拳，而不是走過場，就必須將硬搭配的音樂從太極拳鍛鍊中攆出去。太極拳與音樂，就是不能有關係。倘硬要說有關係，那就是音樂可以對太極拳起拉後腿的作用。

生也有涯，知也無涯，願與群文先生共勉之。

—— 再談內外有別 ——

由於太極拳本身的原因，學者很容易誤入歧途。為了使初學太極拳者不至於迷失方向，曾寫了「內外有別」一節，希望學者認真比較，分清道路，本是有感而發的。

這兩年，有些太極拳愛好者來訪，他們大多是學了幾年、十幾年，看過拙著之後來和我交流心得的。

我發現在他們拳中的缺點有一些共性，主要還是內外

不分，將太極拳練得像外家拳，偏離了正道，勞多得少，未能取得應有的成果。

一、上下不隨；二、用力太大，是外家拳的硬勁、明勁；三、手上主動太多，不明節節貫串之理，柔味不足；四、精神外露、斷勁太多、速度不勻。

上下不隨的原因，在於每式中腰、胯、膝部走的線路較短，而一般人用後腳向前蹬的力又太大，速度太快，所以每每導致弓步先成（懂得沉勁的人不多），而兩手走的線路較長，手上定點後到。對症的方法：初學者應該調整其速度，等到你會以腰練拳時，上下相隨的問題才會真正解決。

用力太大，明勁硬勁，是對應從「輕」字入手認識不足。要學會默識揣摩，用最小的力來練拳。

要以腰帶動四肢，手的動作應是被動多於主動。節節貫串是由腰、肩、肘、腕的次序，由內到外，是和在日常生活中用力的次序相反的。是疏通經絡的導引術，也是內勁必由的通路。

應神宜內斂，揚棄外形上的手法觀點，進入內勁的探索，講鬆柔，求完整。亦即捨著求勁，捨外求內。

拳論上說：「由著熟而漸悟懂勁。」不少人習慣於用「著」，對「著」很賞識，很沉醉。其實，用「著」可以說是一種本能，一般人打架的拳腳動作，就是「著」；外家拳講究的手法，也不過是在「著」上的善巧運用。在太極拳技法中，「著」指拳架。對「著」的熟練，僅只是初學一二年該學會的本事。應該在著熟的基礎上，進入

對「勁」的研習，去求「漸悟懂勁」。不能只停滯在外形上沒完沒了的「著」的應用上，重外形的同時，更重視進入內容，這才是學太極拳者的主要任務，也是學太極拳者要長期從事練習推手的原因。只有在推手中學會「懂勁」了，才有可能慢慢上升到讓人感到神明莫測的高級境界。

著，是有形跡可以模仿的外在動作，因為看得見，摸得著，是實在的東西。而勁，是隱藏於內，運行於內，外面看不見的，所以才稱為內勁。要憑聰明智慧，才能感知出它的品質來。因此，我才提出：太極拳是一種抽象的學問。

但是很多人習慣於瞪著一對大眼睛用力、鼓勁（明勁、硬勁），只知在實處用功夫，就將太極拳的「抽象味」弄錯了，有名無實了。也有人反對我將太極拳拳理談得抽象，說是用不著說得那麼玄！但是太極拳的本質是抽象的，是玄的。我又怎敢對讀者說假話呢？

「著」的運用，見效較快，這是一般人對它很欣賞、沉醉的原因。「勁」要將全身各關節練鬆軟了、完整一氣了，才出得來。而追求全身柔軟的過程又很長，決非短期內所能見效，必須勤學苦練，在身內去努力探索。這全是抽象的事，因而就要求學太極拳者具有耐心、細緻的性格和客觀的全面思考問題的能力，並且非具有精益求精的精神不可。正因為對內勁的探索不易，懂勁的道路難行，取得高度成就的向來就不多。所以，前人在拳論中才說出了「非有夙慧，不能悟也」這種極為有分量的話來。如果僅僅是憑硬勁、明勁，劍拔弩張、匹夫之勇就叫太極拳，學

會既容易，學好也不難，前人何必還說什麼「非有夙慧，不能悟也」。

用硬勁或柔勁，方法不同，自然產生了不同的技擊效果；而長期用硬勁或柔勁，對我們本身的體質和氣質，也起到了不同的改造與薰陶的作用。只要看看舉重運動員和芭蕾舞演員，就知道用力的方法不同，在身體上產生的差別可以是多麼大，這還只是就外形說的。而太極拳更追求思想上、心靈上的靈敏細緻。

太極拳為什麼難學難成？在諸多原因中的一條重要原因，就是它太抽象、太細緻了，對人的要求太高了，粗人做不好細活。要想學好太極拳，就非將自己的思想方法徹底改造不可，真可以說是要脫胎換骨、重鑄性格的。

長期耐心地追求內勁的完整與聽勁的細緻，精益求精就成了一種修養，會培養出一個人應該具備而又必不可少的優良氣質來。所以，真正的太極拳高手，大都顯得沉靜端莊、雍容謙和、舉止文雅、精神飽滿而又含藏不露、內有所守、怡然自得，決不會有驕矜之像，更不會氣濁神露，現出兇神惡煞的俗氣樣子來。

這就是內養與外壯的不同。

—— 漫談「打手安用手」 ——

在1990年《武術健身》第4期上，向讀者簡單介紹了太極拳前輩鄭曼青和他的名著《鄭子太極拳十三篇》。熱愛太極拳的朋友自然會從中發現珍奇的珠玉；即使是一般

的讀者，對什麼才是真正的太極拳，也會有進一步更深入的認識。

在《鄭子太極拳十三篇》篇末，有一首《體用歌》，其中有「身似行雲打手安用手，渾身是手手非手」兩句，刊出時錯了一個字，成了身似行雲打手全用手。這全字，應為安。請讀者更正。

不過這個字，錯得很有點巧，一字之差，它道出了真假太極拳的標準來。我們現在的太極拳，問題就出在「打手全用手」的人太多了！

對於學拳多年，已練出了完整勁道的人來說，這兩句詩並沒有什麼難懂，不過說明高功夫打散手時，步法極快，可達到渾身都是手，令對方應接不暇的程度。而手在太極拳中的作用，與在其他拳中又不一樣，至少和在外家拳中很不相同罷了。但對於初學者，則很可能如墜五里霧中，有學生就問我「打手安用手」是什麼意思？

安字在這裏表示反問，跟「怎麼、哪裡」的意義相同。就是「打手哪裡是用手呢？」

這就奇了，不用手又用什麼？下一句就是回答：「渾身是手手非手。」

這牽涉到太極拳的完整性與講究聽勁的本質問題，和整勁與斷勁的效果問題。

太極拳是整勁，一切動作都是「其根在腳發於腿、主宰於腰」，總是一動則全身俱動的。如站在太極拳理論的角度來看「打手全用手」，那首先是思想方法上的片面，在練拳架之時，還沒有培養出全面觀點來。其次，它違反

了整勁的局部動作，不僅是斷勁，還是硬力，其速度和能量也是不足道的。何況真正太極拳的發勁，可以接二連三，如環無端，如長江大河，滔滔不斷，沒完沒了地向對方攻擊，使對方毫無反抗餘地。這是很多學外家拳者後來接觸、瞭解了太極拳，從而改學太極拳的主要原因；也是學太極拳已入門徑者，決不再去學外家拳的理由。因為外家拳研究的是「著」，而太極拳研究的是「勁」，這是拳理上的差別，是整勁與斷勁的差別。很多人練拳多年發勁的效果不脆，沒有震撼對方神經的作用，不能收到「攻心為上」的效果，關鍵就在於他還是在「打手全用手」，是著不是勁，未能學到整勁的緣故。

有人說，練拳之時，手絕對不能有絲毫的動作。這話不對。手怎能不動呢？如真不動，一套拳架，不就只剩下一個預備勢，成了站樁了！哪裡還會有30多個不同的拳式呢！說手不能動的人，是強調要以腰為主帶動四肢，而說手絕對不能動，過頭了。

手是非動不可的，只是必須在腰的帶動下，在思想意識的指揮下，運而後動，按照「節節貫串」的原則，由下而上，由內而外，極輕極柔地動；也即拳論中要求的要「上下相隨、內外相合」地動；要「切記一動無有不動」地動；不能只動手，不動腰腿。

在練拳架時，腰與手有主從關係、先後關係，但手又並非一味地被動，在被動之中，也有主動存乎其間。在不同的拳式中，它主動的多少又各不相同。在這種地方，語言文字就技窮、無能為力了，所以才有「入門引路須口

授」的箴言。但總要配合均勻，協調一致，只有如此，才能達到「勁整」的目的。這是所有內家拳的共性，更是學太極拳者的一大難關。

打手與練拳架時一樣，說「打手安用手」，是強調太極拳必具完整性與柔軟性的特色，不可用斷勁、硬力。其實，打手是既用手，又不僅是用手。說既用手，是因為手是整勁中的一部分，有一定量的彈性，且有主動聽勁的判斷功能、化勁功能和干擾功能；說不僅是用手，一是因為發勁之時，主要的彈力來自沉氣、沉勁和全身的反彈力，也包括手的彈力在內。二是全身到處可以發勁，不是非用手不可。所以，我認為太極拳不是手打人，而是借手打人。這和「打手安用手」是一樣的意思。

在其他拳中，手大概只是進攻、防守的工具。而手在太極拳中的作用要多些、細緻些。這主要是因為太極拳之所以高妙獨絕，全在於它鄙棄人人都有的鬥力的本能，而向開發人的觸覺和智慧方面發展。推手、散手均是以鬥智為主。讀者可以設想：要達到「人不知我，我獨知人」，只靠氣力大，行嗎？

答案只有一種，那就是非走輕靈、聽勁的道路不可。這是要慢練、要神宜內斂，以練意、練氣為主，而將骨肉擺在次要地位的原因。

無奈太極拳理論細緻複雜、抽象難懂，學識太差或氣力太大的人，每每置拳理於不顧，乾脆主張「打贏了是大哥」。以簡單的頭腦，用簡單的方法，來對待太極拳，違反了太極拳要求的「人不知我，我獨知人」的根本原則，

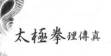

就不是太極拳了，而成了「斯技旁門甚多，概不外乎壯欺弱……」的一類，成了拳論所否定的對象。本是主張「因人為法」，按客觀規律辦事的文明拳，就成了主觀蠻幹的野蠻拳。靈妙無比的聽勁功夫，就為用大力氣所淹沒。「人不知我，我獨知人」的本事，就再也學不到手了。現在推手「鬥牛」成風，這就與我們提倡太極拳的願望適得其反！

違反了聽勁的原則，而走向鬥力的途徑，的確容易些，確實可以很快就達到「打贏了是大哥」的水準，不過這不是太極拳了。如果從「誰笑到最後，誰才笑得最好」來看問題，急功近利與取得太極拳高度成就之間，魚與熊掌之間，聰明的讀者，您選擇什麼呢？

等到有那麼一天，「打手全用手」的人，都懂得「打手安用手」了，我們的太極拳如果有知，她才會收斂起劍拔弩張的金剛怒目式，而現出「神舒體靜」、心情舒暢的笑容來！

—— 塌胯三態及其他 ——

塌胯，也稱坐胯，與頂頭同是太極拳身法立身中正的重要規則。從作用上說，頂頭與氣勢和輕靈有關；塌胯則與沉氣、沉勁、化勁、發勁等關係極為密切。

太極拳有圓的意趣，既有圓，必有圓心，圓心就在腰與小腹一帶，是人體的重心所在。練太極拳很重視氣沉丹田，除了養生的理由之外，在技擊上主要就在於穩定重

心。

　　為了使重心能自由活動，使對方找不到你的重心，即「人不知我」，沒有攻擊的目標，首先就得使腰胯靈活起來，這就是要塌胯的理由了。

　　從大量的推手實踐中可以認識到，上肢以肩關節最難靈活，不少人練了很多年，肩關節依然緊張、僵硬，不鬆不柔，每易成為對方發勁的靶子。兩腳要負擔體重，因而髖關節較肩關節更難靈活。只有髖關節高度靈活了，腰胯及整體才可能浮沉動盪，左旋右轉，進退隨心，這就大大增加了重心的靈活性和安全感。

　　學太極拳沒有什麼捷徑可走，就在於全身肌肉、關節不容易放鬆。以鬆肩、鬆胯而論，就只有在老老實實地盤架子中以及良師益友教導切磋中去求鬆柔的進步，絕對不是短期可以做到的。除勤學苦練之外，別無良法。一切對太極拳的改良意圖，美其名為「現代思維」等等，都統統無用，那只能是畫虎不成，大幫倒忙的。

　　說個看起來比塌胯更簡單的例子：頂頭。拳譜上稱之為虛靈頂勁或頂頭懸，即頭部正直，神意上頂而又輕鬆自然的意思。初學就很易前俯後仰，或左偏右側，甚至搖頭晃腦，這就是沒有頂頭。一頂，勁就硬了，甚至重心上浮，兩足無根。這時又該去注意鬆沉，而注意鬆沉了，又容易弓腰駝背，頭又頂不起來了。於是又來注意頂頭。學習太極拳就這樣反反覆覆，在矛盾重重、顧此失彼中探索前進。真要做到輕鬆自然地頂頭懸，比膚淺地只講外形上的規範化來，不知深刻、困難了多少倍哩！

頂頭雖不易，大家在認識上還是一致的，沒有人說二話。

對於塌胯，在認識上就未必相同了，可以概括為塌胯有三態：

一種是臀部後凸，這種毛病最多，是沒有塌胯或塌胯不足。在推手時腰胯就易主動後退，犯「丟」的毛病。

一種是尾閭前挺，小腹上翻，這是塌胯太過了。在推手時容易一個勁兒往前衝，犯「頂」的毛病。

一種是立身中正，臀部自然下垂。

太極拳是道，按道法自然的原則，「立身中正」雖列為《太極拳十要》之首，其實最為簡單，就是常人站、坐、走路時上身的姿勢。如能練拳之時維持常人的常態，就是最理想的立身中正了。

但是，我們不僅常常為人所誤，也很容易自己誤自己。不少人就以為立身中正既然是太極拳十要的第一條，其中一定有不少很不簡單的奧妙，於是主動加一些操作方法進去，不是臀部拖在後面老遠，就是肚子挺在前面很高，連簡單的站、坐、行的姿勢都不會了。

塌胯，其實也簡單，立身中正了，塌胯自在其中。臀部拖在後面的，大多是思想只集中在手上向前推，或不懂沉勁之故，「用意」錯了。這種毛病比較普遍，自己看不見，難改。應由師友校正之。

有一種理論，主張小腹有上翻之意。鄙見以為這正是為了克服臀部後凸而設的對症療法，用心良苦。但在練拳的時候，每每將這抽象的「上翻之意」，做成了具體的

「上翻之形」，結果改掉一個毛病，又造成新的毛病，就使身體變成一鉤新月，加以上有所好，下必有甚焉，不少人就小腹前凸，背部後弓，成了駝背。還有人說，練拳之時，小腹上要能放得穩一隻茶杯，才算「真有功夫」。

太極拳本是人間最美好的功夫，對身、心都有補偏救弊的作用。在友人中，就有人到中年，長期伏案工作，背已微駝，因練太極拳而又糾正過來了的實例。被社會扭曲了的人，太極拳還能還給他一個正直的身軀，恢復其頂天立地的男兒的原貌，哪有正常人練了太極拳反而給扭曲為畸形，成了「人蝦」的道理。

太極拳多用弓箭步，初學塌胯，後腿髖關節必然緊張，很不自然，這正是不鬆的緣故。弓箭步的後腳，膝關節應微屈，如彎曲過多，髖關節就達不到鍛鍊的目的。但膝關節太直也不對。這真是說來容易做時難，對於初學者，的確是非師指難明的事。

塌胯，在求髖關節的靈活，特別是在立身中正條件下的靈活。小腹是一身重心所在，所謂氣沉丹田、鬆腰塌胯、開襠、沉氣等等說法，都不過是在強調降低重心而又靈活安穩。在髖關節靈活之後，再加以腰部的旋轉自如，才可能化解對方的來力，安穩不敗。一般化勁功夫不好的人，大多是沒有經過嚴格的塌胯訓練，髖關節未能鬆柔靈活的結果。所以拳譜上說：「有不得機得勢處，身便散亂，其病必於腰腿求之。」

腰主轉動，以靈活為用，以之帶動四肢，這是練柔軟的基礎。胯以沉穩為主，在靈活的位移中穩定重心。腰胯

雖相連而作用不同，平時在思想上務求認清這些道理，練拳之時，用意就各有側重點不同，但「凡此皆是意，不在外面」，日久功深，才能得心應手。

在理論上，太極拳是圓象，練拳之時，可以見到手以走弧形為主。但功夫稍深者，則是主動在運用腰胯，四肢不過是腰胯動作的外在延伸，或稱之為腰胯動作的外在表現形式。功夫淺的人眼力也淺，每每只見手腳的運動形式，不見腰胯的運動規律。

與高手推手時，自己的力量常派不上用場，常被對方借力，受對方指揮，站立不穩，沒有不感到神奇驚異的，這主要就是腰胯的妙用，功夫並非全在手上。

在練拳架、推手與大捋等式時，無一不對鬆腰塌胯有極嚴格的要求。這既是腰胯的運用，也是對腰胯的嚴格訓練，只有腰胯的運動規律掌握了，學太極拳才算走上了正路。

學拳之時，由於傳承不同，或由於老師的方言、習慣，有些名詞的含義和詞典上未必一致。胯，有時指臀部，有時指大腿。塌胯之胯，就是指臀部。拳論上說的「有不得機得勢處，身便散亂，其病必於腰腿求之」，這個腿字，主要指臀部，也可能包括大小腿在內。

—— 太極拳的沉思 ——

這幾年，在太極拳上，我談的已不算少。太極拳不是用文字可以說清楚的學問，甚至可以說，一說就錯。太極

拳是道，是要在長期與老師接觸中去感受、去悟出道理來的具體實踐功夫。

拳是身上的功夫，除了自己練功，還需要老師在你身上做功夫。一方面是形似，具體的；一方面是神似，抽象的，多屬拳理內容的悟覺與落實。如果悟性不夠，功夫很難上進。拳譜上說「入門引路須口授」，其實，豈僅是入門引路須口授而已！

在我們的歷史上，確有不少奇人怪事，創造出太極拳這樣的拳來，就可算古代奇人做下的怪事的典型。

太極拳的怪，不僅怪在內容深奧上，常易使學者教授都莫名其妙；而且怪得出奇，它像長了反骨一樣，盡唱反調，和其他任何拳術、體育項目的用力方法都不相同。

正因為完全不同，就使很多人上當，每每入手就錯，越練越錯。

太極拳主張用意不用力，以柔弱勝剛強，要練出粘勁去發揮觸覺的靈敏度等等，這就每易使體育院校競爭精神十足的教授和青年感到進退兩難。

體育和外家拳是發揮主觀的競爭精神，而太極拳卻要求我們做到絕對客觀而無爭。從思想方法上說，就是截然不同的兩條道路。就因為上述的指導思想不同，用力的方法不同，早已是滿頭腦的體育和外家拳的觀點、方法，太極拳還哪裡學得進去？哪可能學得到手？

要想進入太極拳的領域，首先就必須放棄體育或外家拳的觀點和方法，才可望慢慢改變其用力的習慣。

經驗告訴我們：即使放棄了體育和外家拳，而內裏用

力的習慣，也至少有百分之九十以上的人都無法改變。結果不過是成了外形上有點像太極拳的硬拳。何況要放棄那一頭，事關飯碗，又談何容易？

由於太極拳理論具有強烈的排它性，兩者不可能兼而有之、兼收並蓄的。

過去有的人，主張練太極拳也可以兼練外家拳，實在是害人不淺。

練外家拳的人，雖學不好太極拳，但學了太極拳以後，他的勁力可能更通達圓轉，反而可以促進其外家拳的進步。

從未學過體育或外家拳的人專門去學太極拳，也不是三年五載就可以出什麼成績的。目前參加推手比賽得了獎的，就大多是學體育或練外家拳的。這有什麼法子呢！

既設有各種獎品，就一定得獎出去，也就必然會有人得。至於他們是否真地懂了太極拳和推手的奧妙了呢？已無人過問。反正形式主義到處都很流行的。

於是，對於得獎者，外行青眼，內行白眼。

更有甚者，少數學體育或外家拳的經過短期培訓，就當起了太極拳及推手比賽的裁判來，從內行看來，這實在是天大的笑話！鑒別太極拳好壞的眼力，是可以短期培訓得出來的嗎？這使人疑心當其事者對太極拳的常識究竟知多少。

對太極拳好壞的辨別能力，只能是與自己學習太極拳的進程同步增長的。學體育與外家拳的，不具備太極拳的眼光，他們的眼光只能屬於他們的本行。選拔出來的，也

只能合乎他們本行的標準。太極拳真有點水準的，未必能合乎他們的衡量尺寸。隔行了。

學外家拳，一般是拳架練熟了，就直接去研究散打。而太極拳又不同，卻在拳架與散手之間插入了由淺入深的各種形式的推手方法。這些方法的研究，雖有一定的形式，但真正研究的又不是形式，而是透過這些形式去研究粘勁的品質，以提高聽勁、懂勁的能力和控制、指揮對方的能力，最終達到知己知彼和「人不知我，我獨知人」的超凡境界。

所以，推手是發展我們的觸覺與聰明才智，與鬥力頂牛或摔跤可以說有天壤之別，完全無關，不應該糾葛在一起。

太極拳中的功夫，如粘勁、聽勁、化勁、拿勁、發勁等等，都是長期從拳架中練出全身鬆柔而得到的特殊功能，靠的是手上的靈覺。學體育與外家拳的人不可能具有這種靈覺，因為他們平日練習的是肌肉上的力量，並沒有去探索鬆柔以後才可能具有的種種功能。從根本上說，就是缺乏太極拳獨具的鬆柔功夫。

雖然，體育與外家拳到某種程度，也有某種「鬆柔」，但我們必須明確指出，這不是太極拳那種鬆柔，絕不可混為一談。

他們尤其缺乏對化勁的認識，沒有化勁的能力。加以獎牌在前，勢在必得，因而越理爭勝，勢在必行，習慣勢力太大，結果使出來的渾身解數，只能是鬥力頂牛或摔跤。

更因為他們的專長早已成為學習太極拳的阻力與障礙，他們不可能同時兼有太極拳的功夫。說句冒昧的話，他們無法真正理解太極拳推手，頂多也就會個推手的形式，仗恃的是大力而不是聽勁。

要靠他們來提倡太極拳及推手比賽，就只能提倡出鬥力頂牛與摔跤來。是別無他路可走的。

太極拳是道家的養生功夫。道家是要講追求長壽的。即使在應敵的時候，首先要考慮的是自身的安全，所以才先要學好化勁，使自己立於不敗之地。在不得已的情況下，要制敵取勝、發動攻擊的時候，也必須利用得機得勢的條件，以靜制動，以柔弱勝剛強，絕對不主張鬥力蠻幹。因為鬥力即浪費精力，就意味著過多的不必要的消耗，而過多的消耗，也就意味著走向死亡。這與道家追求養生長壽之旨是大相悖謬的。因而太極拳就只能是以柔克剛、以靜制動的拳，這是道家的理論所決定了的。

柔了不是無用了，而是更凶。

因為國家提倡太極拳，才來舉行比賽。而我們比賽的，實際上不是太極拳！這就不僅僅是笑話，更令人痛心。

這種太極拳推手比賽名實不符、事與願違的現象，原因究竟在哪裡？治病必求其本，值得我們三思。

我絕對沒有看不起體育工作者和學外家拳的人的意思。他們有他們的本事與專長，希望他們發揮其專長，做好本分工作，為國家爭取更多的榮譽，而為了維護太極拳的純潔性，不要再到太極拳比賽中來插手。這才是他們對

提倡太極拳可能做出的最大貢獻。

在開團結大會的時候，我們可以高呼「武術一家」，這是從大處看。在研究武術理論的時候就不得不說，武術並非一家，內家和外家的區別是非常明顯的。

太極拳既和其他任何體育、武術內容上大相徑庭，也就不能將太極拳也籠統地列入體育項目之中，相提並論。與其稱太極拳為體育運動，倒不如稱之為智育運動，或意與氣的運動，更為準確。「意氣君來骨肉臣」，拳譜明明提出骨肉是次要的，意與氣才是太極拳的主要內容。

真要提倡、弘揚太極拳，就應該承認它的特殊性，承認它的與眾不同。應從中小學開始辦專業學校，來繼承、研究它的特殊性。如果到現在還認識不到這一點，那麼我們太極拳的前景，必將日益更加黯淡，推手淪為鬥力頂牛或摔跤，也必將越演越烈！

我不知體育院校現在是否辦了太極拳系專業了？如至今還沒有辦，那就該辦了。

其實，讀四年太極拳系專業出來，成績也不過是個太極拳的小學生而已。而今天從未讀過這專業的，卻能夠推手比賽中得獎！如果說古人創造太極拳算一怪，那麼今天豈不是更怪得不可思議了！

讀了四年太極拳專業出來，雖是小學生，但至少他會相信以柔克剛才是太極拳，不至於像今天這樣蠻不講理，強詞奪理！誤認頂牛或摔跤為太極拳推手的事，到那時候，大約才不會再發生了。

曾經有幾次遇見學外家拳的朋友，和我談起拳理來，

他們都說：「太極拳由鬆入柔，最後積柔成剛；外家拳由剛入手，最後化剛入柔。都是剛柔相濟，武術一家，其實都是一樣的。」

在這種時候，我只笑而不答，誰有精神去辯論？又豈是辯論可以有結果的呢！

「其實都是一樣的」這句話很值得玩味，為什麼學外家拳的人都異口同聲地說「其實都是一樣的」？而學太極拳的人肯定不會同意這句話，更深信絕對不是一樣的。

作為一般的武術愛好者，有這樣的認識不足為怪。

約在七八年前，曾在某刊物上，見到某教授引經據典，好像很費了些氣力的文章，主要的論點不過是說外家拳和內家拳沒有什麼區別，既是同源而應是武術一家云云。

言外之意很明顯，也就是外家拳和內家拳「其實都是一樣的」。

當時，我就思想發岔，後來，在拙著《太極拳理傳真》中，才寫了「內外有別」一節。

在《傳真》的「序」文中，我又才寫了這樣一段話：

太極拳的理論，是一個自成系統的整體、理解拳理如有偏差，牽一發動全身，就會影響拳的品質，甚至脫離內家拳的航向而駛向外家拳。所以作者特別寫了「內外有別」一節，希望學者比較，分清道路。倘若硬要證明內家拳與外家拳沒有區別，這不是實事求是的態度。

　　還是用硬勁、僵柔勁、鬆沉勁、輕靈勁、虛無勁這五級勁道來解釋：

　　外家拳初步是硬勁，功夫較好的，也不過是進入了僵柔勁。所謂由剛入柔，只是從第一級勁道進入了第二級勁道而已。但由於沒有推手聽勁不丟不頂的細緻訓練，未能發揮觸覺的靈敏度，和太極拳的輕靈勁、虛無勁境界就有了很大的差距。

　　太極拳的初步成就是達到鬆沉勁，即進入第三級勁道。要進入輕靈勁，即進入第四級勁道，太極拳的優越性才得以明顯地顯現出來。要進入虛無勁，即第五級勁道，如虛空無物，捕風捉影，才是太極拳的大成就。

　　外家拳和內家拳怎麼可能「其實都是一樣的」呢？僅在勁道上就還有三級之差呢。

　　這幾年，寫了不少短文，主要只闡明了兩點：

　　一、太極拳很好，確是出類拔萃。

　　二、太極拳太難，確是難學難成。

　　對於太極拳很好，報、刊報導已多，大家也都耳熟能詳，有口皆碑。

　　對於太極拳太難這一點，至今很多人認識不足，所謂「事非經過不知難」，主要還是缺乏這方面的實際感受，為眼界所限了。

　　學習太極拳的方法，如鬆、穩、慢、勻等，就不同於任何武術或體育。太極拳中追求的目的，如聽勁、化勁、發勁等，全是一般人生活中所沒有的，而其內容的豐富多彩，境界的層出不窮，更遠非一般人所能想像。因此，太

極拳大大地超出了人們的常識範圍，而成了武術中一門獨特的難學專科。

例如：為什麼要慢練？柔為什麼能克剛？怎樣才能柔軟？柔軟的規格或標準是什麼？鬆是什麼意思？怎樣去達到鬆？能將人打出去很遠的理由是什麼？為什麼不用力能將人打出去很遠？為什麼要求不丟不頂？為什麼要維持太極拳的純潔性？像這樣一大堆問題，如果不遇明師，自己不苦幹十年八年，就很難說會有什麼真正的認識。可是現在的青年，大多認為馬馬虎虎學會了拳架，就是會了太極拳了，還有人自學了簡化太極拳，就出國「講學」，當專家去了！

將極為複雜、深奧的學問看得太簡單了，實際上只看到了皮毛，真所謂皮相之見。這一方面是未遇明師，再者，也確因現在一般人學習素質普遍不高，學識太淺薄了。

前人以專業名家，他們有師友切磋的良好環境，有充分的時間鑽研技藝，遂有所成就，也無怪其然。

近幾十年來，老成凋謝，社會條件不同了，後繼無人的情況十分明顯，於是「蜀中無大將，廖化充先鋒」，很多不是專研太極拳的人，帶著對太極拳極為膚淺的認識，進入了太極拳行列，帶著體育和外家拳的觀點，大編其「太極拳套路」。所以近幾十年來，我們在太極拳上的「成就」，就是有學不完的套路！初學者就成天昏頭昏腦地跟著套路轉，只看見形式，不知其內容。有的人就以編套路而成了「太極拳家」了！捨本逐末，不知伊於胡底！

　　現在又只強調外形的規範化，而不以太極拳內功的內容作為規範化的標準，就只能使太極拳滑向體育和外家拳的軌道，太極拳遂名存實亡。

　　這裏值得擔憂的是，近百年來，歷經了無數代先驅者實踐經驗積累下來的各派傳統套路，經得起目前「規範化」的衝擊而不受冷落不會被打入冷宮嗎？這種不盡合理的新套路，又強行推廣，否則無資格參加比賽，大有取代各派傳統套路的勢頭，可能因冷遇而廢去的是傳統的好的，可惜！提倡的是外行編的未必正確的，堪憂！

　　這種以假代真、以劣充優的做法，如果說並不能影響真正的有識之士，至少對於初學者是一種誤導。一般人哪會明白套路的好壞？

　　新套路中，有「朝天蹬」的類似舊劇中亮相的拳式，在懂太極拳的人看來頗覺好笑，何必用腳去踢對方的頭？這就既不安全也浪費體力，有害無益，所以楊式太極拳一貫主張腳不過腰，腰以上用手去對付，豈不更省力而又安全些？

　　太極拳架並不追求動作上的高難度，它更不是為了嘩眾取寵以求博得外行的掌聲的！

　　這不過隨便舉個例，說明新套路未必合理而已。其他不合拳理處還多呢！

　　推手本是求懂勁。會懂勁了，進攻對方的機會就可以層出不窮，使對方應接不暇。這懂勁的本事，是太極拳在技擊上比很多拳高超的主要原因。

　　在太極拳中，推手本是學習散手的階梯，還不是學習

太極拳的目的。但推手是一種特殊的高尚享受，從中還可以得到健康與智慧。因其觸覺靈敏、思想細緻、變化莫測、境界空靈、驚險環生，如能經常推手，定悠哉遊哉，康樂永年。

懂勁有水準高低的不同，推手可分勝負，也就可以比賽。從過去的比賽看，反而使推手倒退到鬥力頂牛或向摔跤靠近了，這說明比賽規則沒有突出太極拳的特色，大家意見很多。這些年來，太極拳是「秀才遇到兵，有理說不清」。我們現在應該補課，首先要敢於承認它的特殊性。它既然學習的方法與眾不同，推手也就應出現特殊的效果：能將人發勁打出去。

比賽推手，就是比賽懂勁。真懂勁了，就可以化勁、發勁應付裕如了。在學習的時候，是先學化勁，後學發勁。在比賽的時候，化勁與發勁之間就不一定是那麼了了分明，可能是先化後發，也可能化就是發。功夫越高，化發的形跡越小，甚至可能使裁判為難，看不出是怎樣化與發的。

因此只好講發勁的效果，看能將對方發出去多遠，這才是推手成績的標準所在。

一、發勁至少須將對方打出去 2 公尺，才可計分，越遠得分越多。

二、發勁必須乾脆俐落，不會傷人。凡硬拉硬推，拖泥帶水、不乾脆俐落者，不計分。

發勁是彈力，不至於傷人。禁用擊法，一般散手是用擊法，太極拳是整勁，其擊法比外家拳分量重些，極易傷

人。

三、扭纏在一起，扣分。

四、在推手時，可以脫手發勁，不能脫手用擊法。

能脫手，證明聽勁高超，才有脫手發勁的機會。

如能要求上述數項，外行就不易到太極拳中來冒充內行，外行來搶金牌的事，才可望杜絕。今後弘揚的，才會是真正的太極拳。

我們現在的太極拳和推手比賽，只有其名，並無其實，或者說只有太極拳的軀殼，並無太極拳的靈魂。

太極拳啊！魂兮歸來！

—— 三談內外有別 ——

一、兩種方法

武術中取勝，可分別為兩種方法：

一種是不斷加大自己的力量。較技之時，我的力量總比對方大，自己當然就是勝利者。這是常法，比較簡單，也容易理解。

另一種不是常法，即不斷減少自己的力量，使自己變得鬆柔，使對方有力無處用，這不是簡單地逃跑，而是用引進落空的方法，使對方找不到可以進攻的靶子，消除了對立面。凡用拳、腳，如果沒有較硬的物件，就喪失了施展功夫的條件，無用了。這是太極拳以柔克剛、引進落空的方法。

上述兩種方法，大約就是外家拳和太極拳的根本差別。兩者練習的方法，追求的目的，可能達到的境界，都很不相同，本是涇渭分明的。學文不易，學內家拳尤難，其中的道理，很不容易弄清楚。

二、一種誤解

今有人一聽說太極拳要主張鬆柔、柔化，就不以為然，以為鬆柔了，就沒有技擊的作用了。這是誤解。我們說以柔克剛，引進落空，主要是指化勁時的誘敵深入，才說了太極拳技擊的一半。

還有一半，是捨去了硬力，真正鬆柔之後，由沉氣、沉勁，能產生強大的爆發勁，在我獨知人的聽勁條件下，能隨時找準、控制對方之重心，給予殲滅性打擊。如果不願丟力，沒有真正鬆柔，就不會有沉勁，發勁就不會驚人，對於別人能發出更大的爆發勁，就不相信，不知者，不為過，算誤解。

三、太極拳誤在一個拳字上

太極拳的指導思想源於老子《道德經》，如果不明本源，違反了拳譜的教導，很容易進入誤區，將太極拳練成外家拳，甚至變成體操，勞而無功，連繼承都說不上，更不要說趕上或超過前人了！

拳，在常人心目中，就是練就一些手法、腿腳，可以打鬥的一種技術。其取勝的條件，是速度快與氣力大。千百年來，氣力大的人一直被歌頌著，如說某某為大力士，

有神力、有神勇，力能舉鼎，《水滸》裏有倒拔楊柳的魯智深，《史記》上有力拔山兮的楚霸王。

這些都是讚揚的外家拳。

歌頌氣力小的詩文、成語不知有沒有？深望讀者有以教我。比如說：你這個人力氣小得可敬可愛，難能可貴，小得全省、全國第一，等等。

這多麼反常！然而這才是在表揚太極拳。

如果說外家拳追求氣力大，太極拳卻先要學會氣力小。「一舉動，周身俱要輕靈」。輕，就是氣力小。

在一般人心目中，總是相信氣力大才是拳。氣力小算什麼拳呢？所以，不少學太極拳的人，就還是主張要練些氣力，才會有用，才能保險。還說什麼「要想四兩撥千斤，必須練就千斤力」。這兩句話，前後矛盾，後一句就否定了前一句。既然四兩能撥千斤，何必還要辛辛苦苦去練成千斤力之後再來撥，這不是大大地浪費嗎？既承認四兩就能撥千斤，練就千斤力來做被撥的對象嗎？有這個必要嗎？不是多此一舉嗎？骨子裏還是沒有忘記要氣力大才是拳啊！

對太極拳要追求氣力小，對四兩可以撥千斤，很多即使正在學太極拳的人，實際上也是不相信的。

太極拳能做到「引進落空」「人不知我，我獨知人」，正是以柔克剛、以輕制重的四兩撥千斤的具體表現，根本不是要練就千斤力才能做到的事。要人不知我，就更非氣力極輕極小不可，練就千斤力，只能成為被人知的對象和挨打的靶子。

所以，我說太極拳誤在一個拳字上。

如果我們將太極拳稱為太極軟功或太極軟彈功，那就名實相符，目的明確；說明絕非練力鬥力，硬推硬打，爭頂牛冠軍的事，肯定就不會發生，將太極拳練成外家拳或體操的錯誤，也就會大大地減少了。

前人認為太極拳是一種道法，是透過學習太極拳來全面提高人的品質，包括體質的健全、思想水準、審美意識等精神境界的提高，可以說人生該具備的種種優良品德，都可以從中獲得；功夫有了成就，也即自我完善，人的塑造成功。太極拳是一門為人處世幾乎無所不包的大學問，高妙的技擊功夫，僅是其中的很少一部分而已。僅僅稱之為拳，不僅容易與他家拳法相混、相等，使人誤入歧途，也是小看了太極拳的功能。

四、追求「輕靈」的根據

在太極拳經、拳論中，與輕靈、力度有關的內容，今摘錄若干於此，以見太極拳追求輕柔、輕靈、以柔克剛之理論根據。

一舉動，周身俱要輕靈　鼓勁練力，就既不輕，也不靈。

發勁須沉著鬆淨　要鬆得乾乾淨淨，發勁的效果才會精彩。若拙力未捨淨，發勁的速度就慢，不可能產生驚心動魄的效果。

一羽不能加，蠅蟲不能落　形容感覺的高度靈敏。要輕才靈，用力越大越不靈。

本是捨己從人 要捨去硬力和主觀見解，才能粘連。太極拳講按客觀規律辦事，即因人為法。凡有硬力未丟淨，或思想主觀，在高手面前必然被動。

不丟不頂 只有在輕靈、粘連之條件下，才能做到。凡硬力未丟淨，必然聽勁不靈，又丟又頂。

人剛我柔謂之走 是要我柔，不要我剛。是以柔化來克制剛強，決非用力去頂住，去對抗。

察四兩撥千斤之句，顯非力勝 說明以柔克剛，以小勝大，才是太極拳的本質。這「顯非力勝」四字，說得夠清楚明白了。凡以力勝人的，都不是太極拳。

運勁身如百煉鋼，無堅不摧 百煉鋼，是指柔軟，不是指堅硬。古人說「百煉金鋼繞指柔」。名貴的寶劍，可以纏腰一周，可以佐證。「極柔軟，然後極堅剛」。這說明學太極拳先追求的是極柔軟，然後極堅剛，不是說追求了長時期的柔軟之後，再去學堅剛；也不是說極柔軟之後，一夜之間，會突然變成堅剛；更不能自作聰明，跨過追求極柔軟的階段，先就去學堅剛。極堅剛，是指發勁之威力驚人，可以無堅不摧。

從以上所引的內容看，如果我們還有拙力未丟淨，就不合極柔軟的要求；如主張還應保留一些硬力在身上，就不是太極拳了。

我們在推手實踐中，每每發現力大的並不可怕。覺其力大，正說明不如我輕靈，那正是我獨知人的優勢可以充分發揮的時候。在高手面前，力大，只能被動挨打。倒是那比自己更鬆更輕的，才是可怕的對手。

　　執著於有力、練力，就太極拳而言，實在是不應有的現象；不僅枉費功夫，還走向反面去了，很令人惋惜！

　　前面談到，因為太極拳這一個拳字，在很多人意識裏或潛意識裏忘不掉氣力大才是拳這根深蒂固的成見。奈何奈何！

　　那麼，既然不主張練力，太極拳發勁的威力，能量巨大，令人驚心動魄，能將人迅速彈出或擲出3公尺之外，這能量從何而來呢？

　　這是常人不易理解之處，也正是太極拳的精彩之處。

　　太極拳是在硬力捨去之後，培養出完整的軟彈勁來。硬力丟不掉，軟彈勁就無法產生，這就是為什麼要從輕、慢、勻入手而明確提出要捨己的原因。

　　楊式提出有練體、練氣、練神三個步驟，第一步練體，就是練肢體的柔軟。學習柔軟的過程，其實質就是丟掉自身硬力的過程。丟得越徹底越好。

　　發勁須沉著鬆淨　要鬆得乾淨，軟彈力才能速度最快，能量最大，也才能使人感到震恐，思想上解除武裝。一般硬力未丟淨或專門打過沙袋的人，不可能產生出這種高速度。這一點是常識範圍以外的理，一般人不易理解。

　　我明確告訴讀者，太極拳發勁的驚人能量，是由高速度產生的。速度轉化成了能量。絕對不是本身氣力比別人大。氣力大，在太極拳中只是笨，不是巧。

　　例如：步槍子彈之彈頭，論重量，微不足道。然而射擊之時，因火藥之爆發力產生了高速度，其能量，就不可小看，直徑30公分的松樹，可以穿心而過。這不是小小

的彈頭本身有什麼威力，是因火藥的爆發力產生高速度的緣故。

主張練力的人，是在力圖加大彈頭的重量，而不是去增加火藥的爆發力，效果會適得其反。太極拳的追求柔軟，就是天天在增加火藥的爆發力。

五、求鬆柔比練力難

經驗告訴我們，練力雖然辛苦，但比較簡單；求鬆柔更為艱難，細緻複雜得多，除了身體本身受著強大而又錯誤的習慣用力方法支配之外，這種柔能克剛的理論，實際上是很多人都不能或不願接受的，或者只是貌合神離，口頭上接受，但不能兌現。

如果不信，只要有緣，可與很多所謂名家推推手，試試，你將會驚奇地發現，真正鬆柔的不多，而硬的不少。這種現象，值得深思。

對於這種硬拳，禮貌的說法，是拳味不好或不對。實際是只學到了形式、外殼，內容還有待改進、填充，和「人不知我」的高妙境界還隔雲山一萬重呢！

至於說練拳時要神宜內斂，要表現出動中的靜態來，這就更不是一般參加比賽的太極拳運動員所具有的了。金牌又代表了什麼呢？

六、化勁與發勁的誤區

從楊、吳式的經驗看，學習推手要不走錯路，必須先學習化勁，化勁有了基礎，然後才學習發勁，這是必由之

路，也是捷徑。

由於對拳的認識不同，並非學推手的都在遵守這先學化勁的規則，因為好勝心太切，很多人初學推手，還不會化，遠遠說不上學會了引進落空，就好勝之心勃發，喜歡進攻，而且美其名為「有化有發」，「全面」得很了。對著一貫主張堅持先學化勁的人，則斥之曰：「老是化呀，化呀，沒有進攻！」還有人說，主張柔化的，只能叫太陰拳，不能叫太極拳云云。

主張先學柔化，是太極拳的正路。如果不經過長時間的柔化訓練，就根本不可能使全身鬆柔下來，只有全身鬆柔了，才說得上以柔克剛、引進落空；否則，一身硬力，必然與對方無法粘連，勢必不丟就頂，不丟不頂，就成了一句空話了。現在的推手，常常出現拉拉扯扯的局面，也就是不會柔化的緣故。

化勁與發勁，有個先決條件，那就是必須全身鬆柔以後，才能做到。如果初學推手，就主張有化有發，是犯了急性病，倒果為因。因為全身還未鬆柔，不可能有完整的軟彈勁產生，所謂有化有發，必然產生了假劣的質變，成了硬打硬鬥，結果是大家都不長進。因為脫離了求鬆柔的正道，與太極拳理南轅北轍，也就只能走向鬥力、頂牛的途徑了。

有的人不明此理，認為推手就是爭勝利，自己還沒有將僵硬之軀改造成鬆柔之體，而好勝的慾望，早將以柔克剛的原則打鬥得煙消雲散了！

七、今天只應有兩派

由於歷代傳承關係的不同和各人體會的差異，太極拳形成了很多流派。這是客觀事實。又因為太極拳的理論深邃，在同一門派中，也還是千差萬別的，也可以說是人各一派。

我們今天有了科學頭腦，就應該用科學的態度總結前人的經驗，看到自己的不是與不足，更應看到太極拳的本質。

太極拳善於保存自己，主張柔化，並以柔克剛，亦即實踐拳論上的四兩撥千斤；更能以全身柔軟後產生的爆發力攻擊對方，威力驚人。而接觸對方時，總比對方輕，達到了人不知我、我獨知人的境界。這是太極拳的特異處。

因此，我們可以說，到今天，太極拳實際上只有兩派，一派正確，一派錯了。主張丟盡硬力的正確，還未丟盡或不想丟盡的，錯了。也就是能捨己從人的正確，不能捨己從人的錯了；力求人不知我的正確，不求人不知我的錯了。

內家拳有一些共同規律，如求鬆柔、完整、爆發力等等。而鬆柔、完整又沒有止境，鬆柔、完整的品質、程度越高，爆發勁的能量就越大。

太極拳更是如此。只要我們辛勤耕耘，精益求精，成就可以沒有限量。太極拳能引人入勝，這是很多人樂而忘倦的主因。這也是遇到高手時，使我們非常驚喜、讚歎、佩服而又非常嚮往的原因。

我們反對用力，因為力的潛藏有限，儘管我們努力發掘、天天開拓，到一定時候，就會停滯不前，勞而無功；更壞的是，練太極拳的人，一旦誤入了用力的歧途，通向鬆柔的道路就被堵死，悟性、智慧、靈感就無從開發，這無異于丟棄一塊金磚，只拾回土磚一塊！

── 太極拳的性格 ──

一、加法與減法

這個題目，是從魯迅先生的「捧與挖」想起的。

汛期到了，大家都關心河堤的安全。為了加固堤防，不知耗費了多少錢財。築堤，原是大河沿岸的人保護自己的一種本能，所謂兵來將擋，水來土掩。堤，是捧出來的。河水年年漲，河堤就越捧越高，到河床比城市高幾公尺，甚至十幾二十公尺，成了懸在半空中的河了，終致成為一種隱患與禍害。這是我們祖先留下的捧出來的「寶貝」，給我們心理上的壓力，也實在不小。

如果當初不用捧而用挖，將河床越挖越深，就不會留下今天的禍患。其實捧與挖付出的勞力是差不多的。捧，是夏天水來了，手忙腳亂，臨時抱佛腳；挖，是冬天就未雨綢繆，顯得從容大度。不過頭腦簡單的人，大約還是覺得捧比挖省事些。

如果說捧是對水患的本能反應，挖則意味著從本能上升到智慧，是富於哲理思考了。

捧，後患無窮；挖，造福後代。

為了自求多福，我們該多挖少捧，甚至只挖不捧。

捧是加法，挖是減法。

舉重要越舉越重，跳遠要越跳越遠，以及頂牛式推手，都是在做加法，屬於本能反應的例子，離智慧還有一大段距離。

要學好太極拳，首先要丟掉更多的東西，例如：主觀固執、好勝粗野、一身僵勁等，要做減法，屬於挖。頭腦簡單，習慣於做加法、只好捧的人學不好太極拳。心思細緻、性格沉靜、愛好反躬自省、肯做減法的人，才有學好太極拳的希望。

二、該重視的數字

在先師李雅軒的「書信摘錄」中這樣一段話：「近來之練太極拳功夫者，百分之九十九弄不對。所以有太極十年不出門之說。漫說十年，如無真傳，就算一輩子，也是瞎搞鬼，就不止十年而已。以上是我天理良心之話，非是故意深玄其說耳。」

這一段話裏有兩個數字，值得我們三思。

其他的拳術，好像還沒有十年不出門之說，可見太極拳確實是難於出成績，不容易到「可以拜客」的程度。

對於弄不對太極拳的百分比，他不說百分之八十、九十，也不說百分之九十五，竟說到百分之九十九！

「書信摘錄」發表之後，有人曾向我談到：「你該將百分之九十九這個數字寫得少一點，顯得更為謙遜些。」

我的想法是：「先師對學術一向嚴肅認真，他已聲明這是他天理良心之話。如果老師還健在，可以和他商量，他既已謝世，這個數字當然只好存真，我怎能隨便改動他的話呢？」

關於太極拳難學難成的論述，拳譜上就有，如「歌兮歌兮百四十，字字真切義無遺，若不向此推求去，枉費工夫貽歎息」。這是在給那些自作聰明的人打防疫針。說明如果違背了「十三勢歌」指明的道路，就會枉費工夫，如現在主張推手用頂勁的，就是近例。再如「非有夙慧，不能悟也」。又如「先師不肯妄傳，非獨擇人，亦恐枉費工夫耳」。這幾句在強調學者應特別聰慧，不是只講氣力大就可以了事的。

在《道德經》四十三章中，就說：「無為之益，天下希（稀）及之（天下很少有人做得到）。」太極拳是道法，講無為，然後無不為。

歷代都認為，學太極拳有成就的「代不數人」。

可見先師的意思，和前賢的觀點是一致的。

知道了上述的兩個數字和太極拳難學難成的記述，這就有利於我們今後的學習。太極拳為什麼會那樣難？如果我們從理論上明白了什麼才是太極拳，它和其他拳的區別究竟在哪裡？為什麼百分之九十九的人都會弄不對？根本原因還是認識上的錯誤，未能認識到太極拳是潛意識和經絡的運動，或者說和潛意識僅一紙之隔。

譬如學習射箭的人，靶子在哪一方都還沒看見，就糊裏糊塗亂射一氣，說有百分之九十九都沒有射中靶子，

又有什麼值得奇怪的呢?!

　　拳譜提出「默識揣摩」「神宜內斂」，都是收心法門，都是進入潛意識的前行次第。又如「凡此皆是意，不在外面」。又說「以心行氣，以氣運身」。種種說法，都明確指出了太極拳的別具一格，是在身內做功夫，要內省、要體悟。這與一般人習慣於在身外做功夫，向身外追求，神氣活現、鼓勁鬥力，相去已十萬八千里了。

　　有趣的是，拳譜上只說「以氣運身」，未說以力運身，可見太極拳不練力，不知推手要主張頂抗鬥力的人，力是從哪裡來的？

三、太極拳的本質是自動功

　　練過自動功的就知道，只要全身放鬆了，思想不對全身進行控制，自己就會花樣百出、稀奇古怪地動起來，很多姿勢從未見過，這就是潛意識和經絡在發揮作用，目的是給自己醫病，在實行虛補實瀉，使偏勝偏衰的地方，重新得到平衡。

　　如果你用思想來控制、干預，自動功立刻就停止了。

　　自動功很合於道法自然的原則，所以治病強身的效果極為明顯。

　　太極拳到高度熟練的時候，和自動功運動的方法非常相似。所以也有人認為，太極拳最初只是一種自動功，它的真正創始人，不是某某名人，而是創自我們的潛意識和經絡。武術家基於武術的需要，只是後來對它進行了某些添枝加葉的改造而已。

這個太極拳創自自己的論點，名家可能覺得新奇、新怪（這個詞是我生造的，因為不是古怪）。姑且記述於此，以備名家棒喝。

四、太極拳是道法

所謂兩虎相鬥，必有一傷，道家主張「天下之至柔，馳騁天下之至堅」（《道德經》四十三章）。拳譜上提出的「極柔軟然後極堅剛」，就是根據這「至柔」的理論而來。

從用力的方法上說，一般人在日常生活中，都是主觀地用肌肉在運動，這肌肉運動產生的力量，在太極拳中稱之為拙力（貶詞，笨力之謂也），正是該克服、丟掉的毛病，是「捨己」的主要內容。捨己是減法，只有笨力漸漸捨去了，才有可能進入太極拳領域，因為太極拳根本不是肌肉在運動。

拳譜上說：「一舉動周身俱要輕靈。」要不斷追求最輕，到最輕就是肌肉已不用力，而是經絡在運動了。「以心行氣，以氣運身」指的就正是經絡運動。

我們強調要以腰帶動四肢，儘量減少四肢的主動，除了培養全身的完整勁以外，還有一條更主要的理由，如果四肢主動，就會將日常生活中肌肉用力的拉拉扯扯、擒拿摔扭、摟抱頂抗等等劣根性，全都帶到太極拳中來，使太極拳面目全非。以腰帶動四肢，使四肢儘量被動，這正是我們捨棄拙力的好法子，從而才可能漸漸進入經絡運動。

有人說，學太極拳要後天返回先天，指的就正是要捨

去這後天的拙力而進入本來具有的經絡運動境界。

一切妄用拙力、鼓勁鬥力的做法，都是對太極拳的曲解、作賤、糟踏。

嚴格說，用力就不是太極拳。

隨著我們輕靈、聽勁功夫的進步，主觀思想必然越來越少，最後到因人為法，純任自然的境界。從捨己開始，到能自然地從人，就是學習按照客觀規律辦事的過程，也就是道法自然了。

這道理說來簡單，就是對自己挖，在自身做減法的結果。

如果一腦袋主觀，到處頂抗，還談什麼道法自然？那些主張鬥力、頂抗的人，由於認識上的錯誤，不管怎樣巧舌如簧，最後總是被關在「因人為法」的大門之外，「枉費工夫貽歎息」的！

五、什麼人最不宜學太極拳？

一般人的拙力不過是長期在生活中習慣用力的結果，所謂積習難改，要丟掉這習慣勢力，已極為艱辛。學體育和外家拳的人，更是用拙力的行家，他們長期走的正是和太極拳全然相反的道路。或者說，他們除了在生活中培養的拙力以外，還專門訓練了一種超級拙力。所以在他們的本行中越有成就的人，和太極拳越無緣分，或者說只有與太極拳相頂抗的緣分。

這種費力而不討好的事，智者不為，既浪擲了自己精力，也污染了太極拳。

六、太極拳的秘密在哪裡？

有不少人問我：「太極拳的秘密，究竟在哪裡？」

自從前輩大量出版拳書以來，如《太極拳論》《十三勢歌》等經典性著作，早已公開出來，時至今日，哪裡還有什麼秘密！但竅門或重點總是該有的吧！先師李雅軒提出要大鬆大軟，認清這大鬆大軟的內涵，作為練拳的重點，能使人目的明確，不至於走錯路。

一般人說的鬆，指的鬆柔、柔軟。其實，鬆有二義，一是鬆柔、柔軟，二是鬆開，即在意念指揮下，使肢體自然地放鬆、放長。如頂頭與沉氣，即為身軀的放鬆放長；節節貫串與圓滿，即為四肢的放鬆放長。鬆開是以意念為之，不是用力去拉長，一拉必然僵硬。須知鬆柔與鬆開是矛盾的，二者又不可缺一，我們追求的是這兩者的和諧統一。

大鬆大軟，就是拳譜上要求的極柔軟，《道德經》上主張的「天下之至柔」。可惜，今日世情大變，文化素質低落、逞強好鬥者多，虛心向道者少，相信太極拳要極柔軟的，反而難找了！

七、極柔軟才是太極拳的正路

今天學太極拳的人中，不少人對「極柔軟」三字很瞧不上眼，一方面說「太極拳主張以柔克剛」，但馬上又說「太柔軟了就沒有掤勁，抵擋不住對方的進攻」，不能自圓其說。就是這兩句話，在全國有相當大的普遍性，這至

少說明：

1. 以柔克剛，不易為人所接受。

2. 半軟半硬的想法，很容易產生。

3. 絕大多數人，不理解什麼叫掤勁。

4. 明師的確不多，多屬以盲引盲。

5. 拳理抽象難懂，今後應大力加強拳理的普及教育。

今天的太極拳，其所以遍地多是野狐禪，就是很多人掛著太極拳的招牌，其實認識不到這「極柔軟」三個字的好處，不相信功夫就出自這極柔軟中。

追求極柔軟，是太極拳的全部工程，是捨己，做減法。

今之學者，大多只會做加法，甚至公開主張鬥力、頂抗。

太極拳啊，您在哪裡？

八、妙處全在能借力

太極拳講究發勁精彩，乾淨俐落，化勁使人難覺，不僅引人上鉤，且常常化即是打，有化有打，令人如墜五里霧中，如作詩文，佳句妙語，層出不窮。凡此種種妙處，都是從全在能借力而來。

可見太極拳除此借力之妙處外，並無其他鬥力頂牛或摟抱成團還要冒充為太極拳的什麼東西。

古人窮畢生的精力，研究的也只是如何借力更為巧妙而已。

九、送給你健康

由於太極拳的「性格」違反常識、常規、常態，她既不愛有力氣的蠻漢，也討厭別人固執、主觀，因而落落寡合，成了武藝中的陽春白雪，常免不了孤芳自賞的命運。所以想學她那風流高格調的，每每百分之九十九都弄不對，大多成了效顰的東施。

但是，她心腸好，像天女散花一樣，大把大把地將健康撒向人間，所以去向她尋找健康長壽的人越來越多了。

十、還是會「代不數人」？

太極拳是道法，的確是養生與武藝中的精品。如與其他拳術相比，和常人的距離是大了一些，不是主觀上想學好就一定能學好的，因為一般人的思想、認識水準與太極拳的本質相差太遠了。學太極拳就是學道，它要求我們改變對待生活中很多事物的態度。

實際上，誠實的行道之士向來也就不多，加以種種內外條件的限制，真正學到太極拳的人，數目就更加少了，欲取得成就，並不是想像中那麼容易啊！

從這十幾年對太極拳的研究、提倡，及種種大幫倒忙的情況來看，如想達到太極拳的高妙境界，嘗到全在能借力的妙處與樂趣，真正掌握因人為法、無為無不為的大法，在今後，也還是會「代不數人」的吧？

太
極
拳
推
手

—— 推手漫談（一）——

推手是太極拳中學習技擊的方法，是練習競技功夫的手段，但不是學習太極拳的目的。目的是什麼呢？一是健康的目的——祛病延年；二是技擊的目的——散手（兩人不拘形式的對打）。

推手是學習懂勁的妙法，也是從學會拳架子到學習散手的階梯。

學外家拳的有一句老行話，叫做「學打先學挨」。因此，在學拳的同時，必須練氣功，使自己能經受得住重力的打擊。太極拳的理論不同，講究的是「引進落空，以柔克剛」。就是要學會不受對方的力量，也就是要「學打先學不挨」。於是，就主張先學粘勁、化勁，能粘能化之後，再進一步學習拿勁和發勁。

在研究太極拳如何學以致用時，我們的先輩們創造了推手的方法，在兩人互相進行的掤、捋、擠、按中，學習運用太極拳的原理，互相找對方的缺點，進行攻守，亦即發勁和化勁。既然要使自己立於不敗之地，就必須先學會化勁。引其力量落空，使自己能夠不受對方的來力。由兩手接觸中的不丟不頂，學習粘勁，學習懂勁。先學會化勁了，自己不敗了，剩下的才是學習怎樣去取勝對方的法子（即拿勁和發勁）。

所以，初學推手，千萬不可有好勝心，要一心一意地聽著對方的勁走化。只有由較長時期的推手（當然還得有

明師指點），使自己能懂勁、能化勁了，進一步學習拿勁、發勁，也就容易了。也可以說，真能化勁時，發勁也就在其中了。

但因為推手可以有勝負，事關我們中國人特別重視的面子，初學推手者，每每容易只想贏而不願輸，推起手來，什麼以柔克剛、引進落空，就忘得乾乾淨淨，要先學化勁的道理，也全然不顧，一心一意想的只是要贏，於是將吃奶的力都全用出來，企圖以大力造成壓倒的優勢，去勝過對方，這就是越理爭勝，犯了「頂」的毛病。這是絕大多數學習推手者的通病，學的是太極拳，講的是以柔克剛，用起來是憑力大，以力勝人。這真是可笑，可歎！這是對太極拳認識太差，或者是以盲引盲的必然結果。

主觀的人、粗心的人、自以為是和好勝心太強的人，以及學外家拳而又有一定成績的，都不容易學好太極拳推手。只有不具備上述氣質和情況的人，才有希望窺探推手功夫的奧妙。

徐震在《太極拳發微》中說：「寧循理以求精，莫越理以爭勝。」實在是很有見地、極為對症的良藥。憑了這兩句箴言，使我在學習中時時警醒，推手時少犯錯誤，得益不少。

推手是內勁的互相探索，是以觸覺為主，去尋找對方的重心和缺點，決不同於外家拳的手法，更不是所謂的「橫破直」。初學定步推手，一定要講究「掤、捋、擠、按須認真」，不可流於形式，養成細心聽勁，完整地走化，不亂動等好習慣，進一步學習大掤，用採、挒、肘、

靠，也一樣重視聽勁。功夫深的人推手，只互相找勁，無一定形式，也稱之為散推。

推手可以說是一種文鬥，形式比較斯文，內容豐富，講究細緻，反對粗糙，因之主張鬥智鬥巧，鄙棄鬥力。雖然發勁的效果相當驚人，打人出一丈以外是很尋常的事，但一般不至於和外家拳搶手一樣，打得鼻青臉腫。既可以從中提高攻守的技術，也可以是友誼比賽，既生動活潑，還曲折纏綿。倘遇高手發勁，還可享受到驚心動魄、像觸電一樣的打擊效果。很多學太極拳的人相逢就愛推手，甚至成了推手迷，就因為其中另有一番情趣，為局外人所不知。在推手的樂趣中，促進了友誼，增進了健康，提高了技巧和思想水準，一舉數得，何樂不為！

在吳志青的《太極正宗》一書中，有向愷然先生練太極拳之經驗一文，其中有一部分談到推手的作用，談得很細緻，轉錄在這裏：

我們練拳術的人，無論是太極拳或其他之拳術，都應該知道這個快字意義，不是兩手伸縮迅速謂之快，也不是兩腳進退迅速謂之快，同具一樣手腳，伸縮進退迅速的程度，除卻老邁龍鍾及疲弱殘疾之人，大概都相差不遠。須知快慢的分別，重在兩隻眼睛。但是同具一樣的兩隻眼睛，卻又有什麼分別，就在看機會能迅速與否。敵人沒有露出可乘的機會，手腳儘管打到了他身上，不僅不發生效力，每每反而予敵人進手的機會。兩人對打時，如何謂之機會呢？在敵人失卻重心的須臾之間，便是機會。兩眼

看到了機會，趁這機會進攻，便能將敵人打倒嗎？仍不一定。還得不失地位，不失方向，才能有效。因敵人的重心雖失，然須審其偏差所在，從何地進攻，向何方衝擊，方能用力少而成功多。若方向、地位未審度停當，敵人原來已失之重心，有時轉因受攻擊而得回復。兩人相打之際，可以進攻之機會，彼此皆時時可以發生，只苦以兩眼不能發現，有時發現稍遲，則機會已過；有時因攻擊之地位及方向錯誤，雖進攻不能發生效力，也是錯過了機會。

練推手聽勁，就是重在尋機會，及練習何種機會應何方面進攻。兩眼能不失機會，進攻又能不失地位與方向，便是武藝高超，全不在手腳如何迅速。分別功夫的深淺，武藝的高下，完全在此。若不待機會，不明方向地位，只算是蠻打蠻揪……（下略）。

在這裏，向愷然先生突出地提到兩眼（視覺）在推手中的作用，自然是重要的。但應補充說明，在推手時聽勁（觸覺）尤其重要，決不在視覺之下。在打散手時，還得加上聽覺和理覺（思想判斷），四覺並用。雅軒老師就非常強調這「臨敵四覺」在競技中的應用。

除練拳架之外，推手是太極拳的另一種內容，和拳架是互相促進、相輔相成的。

推手按其性質不同，可以分為學習性質的推手與競技性質的推手兩種。兩種推手在形式上沒有什麼差別，但主導思想完全不一樣。學習性質的推手，是研究拳理如何付之於實踐，以提高自己的技術為目的，勝負均置之度外。

競技性質的推手，是以取得勝利為目的，兩兵相交，兵不厭詐，虛虛實實，變化萬端，鬥智鬥巧的內容就更多了。

如只以健身為目的，只練拳架，不學推手，也關係不大，如想探索太極拳技擊功夫的奧妙，則非認真學習推手不可。與高手推，能發現自己的不是與不足，學習對方的優點；與比自己功夫差的推，又可以明白自己的優點和對方的缺點，從而可以糾正自己拳架中的偏差，並繼續發揚自己的優點。拳架中的缺點，在推手中必然會反映出來，想隱藏也是不可能的。因此，不練推手，只能自以為自己的拳架正確，得不到客觀驗證；不練推手，也不知道太極二字在拳中的意義，拳理的內容，也不可能明白。只練拳架，頂多只學會了一半的太極拳。事實上，不學推手，學不好太極拳。

推手雖以拳架為基本功，是鬆柔功夫的運用，但其中又另有一些方法，非師指不明。特別是初學推手，有一些規則非遵守不可，不遇明師，總是瞎胡鬧一氣，從鬥力開始，以賭氣收場，是無法入門的。

懂得推手之後，兩手觸覺異常靈敏，無異兩眼之外另生了兩眼。與人推手時，如對方功夫稍差，我在手上憑觸覺就能知道對方之一切情況，如力量之大小、方向、意圖等等，覺得對方到處都是缺點、弱點，可以隨時隨處進擊，對於對方之來力，也是在極端輕鬆自然的情況下，就引進落空，化之於無形了的。沒有經過長期推手訓練的人，手上絕對不可能有這種「我獨知人」的能力。這就是拳譜上說的「由著熟而漸悟懂勁」的「懂勁」兩字的含義

了。

　　只有懂勁了，推手時才可以隨時取得主動的地位，才能達到對方不動則已，只要一動就總是被我借力，總是受我指揮的高妙境界。懂勁也沒有止境。你懂勁了，如果對方比你功夫高，他就比你更懂勁，懂得更細緻、更精確，他就取得了「我獨知人」的能力，兩相比較，你就成了糊塗蟲，什麼也不知，只有被動挨打的份兒了。

　　練太極拳特別強調緩慢、寧靜，目的之一就是為了爭取到充分的時間，好耐心細緻地去做默識揣摩的功夫，去培養並不斷提高靈敏的觸覺。觸覺越靈敏，懂勁的水準就越高，取勝的把握就越大。拳譜上說，「由懂勁而階及神明」，就是這個意思。主張快慢相間地練太極拳的人，大約就是還沒有真正懂得這個慢字的道理。

　　快了，就輸掉了時間，聰明就用不出來，也就無法去做細緻的默識揣摩的功夫。不論鬆、靜、圓、勻，上下相隨，節節貫串等等太極拳的原理，都是要很慢才能貫徹到實踐中去的。不慢，也就沒有了太極拳了。既要快練，又還要叫太極拳，別人也不相信了。因為在道理上通不過。

　　我們說太極拳可愛，也正是在這慢的條件下，做了很多為一般拳術所想像不到的、影響形質的工作。太極拳比外家拳難，不容易在短期內取得什麼成績，也就正因為要做大量的運用想像力的基本功，且又全是在抽象的體內，不在有形的體外，所以歧途極多。因其不易捉摸，多勞多得，真要肯苦練、有真傳、有悟性，總會培養出絢麗的花朵，結出碩大的果實。所以，一旦練太極拳的取得了某

些成就的時候，那成就也就會異常令人驚異，令人讚歎不已，真如鶴立雞群，顯得特別可愛了。

我認識幾個練某式太極拳的，由於他們強調一趟拳架要在一個高度下練完，推起手來，不考慮對方功夫的高低，一個勁兒地向前衝，後腳向前蹬的橫力確實很大。他們的發勁，就是將對方捉住了然後推出去，全靠以力勝人。即使對方功夫差，化不開、走不了，但總是事先就知道大力來了。這就明顯地與拳譜上要求的「人不知我」相矛盾，而成了人盡知我。不論對方功夫高低，一個勁兒向前衝，這不是主觀又是什麼呢？

我們重視定步推手，是因為在定步的條件下，可以使腰部得到更為充分的鍛鍊，不能偷巧。不論練拳架與推手，在運用腰這一點上要求一致。但練拳架時，純由自己主動，腰動多動少也較自由。定步推手時，增加了外來的力量，不會用腰去走化，就很難收到化勁的預期效果，這就強使你學會正確地用腰來走化，腰得到的鍛鍊就更多一些。因之，會不會用腰，可以說也是分別太極拳優劣的一條重要標準。對腰善巧利用的程度，可以判斷一個人拳藝水準的高低。至於活步、行步、大捋等推手形式，雖也同樣重視腰的主導作用，但畢竟因為動了步，擴大了進退的活動範圍，腰受到的鍛鍊反而少一些。

學習性質的推手，是學習將拳理落實在實踐中，是提高品質的好法子。

一般常見的缺點，是推手的速度太快，容易式式滑過。動作快了，思想跟不上，聰明用不出來，不利於拳理

的正確貫徹，不利於發展觸覺，就事與願違了。成了徒有推手的形式，並不能從中達到提高技巧的目的。正如學習書法一樣，非一絲不苟不可。推手速度快了，還容易發展到互相鬥力的歧途上去，那就不是太極拳了。

因此，學習性質的推手，還是慢一些好，最好慢到大約與練拳的速度相當。太極拳是以訓練思想為主的拳，快了，不能周密思考，所以，拳譜上才提出「掤捋擠按須認真」，快了，想認真，做不到了。

至於競技性質的推手，當慢當快，全按客觀情況而定，不必自定框框。

我們天天練拳架，是為了練出雄厚的基本功。即鬆、靜、穩、勻、圓等等。推手是運用這些基本功去作競技的手段，一般說，基本功越雄厚，取得勝利的可能性越大。

但臨敵的時候，還得加上勇敢與客觀。頭腦冷靜，你的基本功才可能充分發揮效力。膽小的人，上陣之前先就輸了。尤其是平日思想方法主觀的人，練一輩子拳，只可能練好身體，很可能完全學不好推手。因為太極拳在應用上是「因敵變化示神奇」，講究按客觀規律辦事，必須在掃清了主觀思想之後，才看得見太極拳的真容。思想主觀，就易片面執著，就已經不是太極拳。

有的人在推手時，老是想去捉住對方的手，或者只會一拉一推，再無其他的辦法了。將變化無窮的競技手段，主觀限制在一兩個手法中，就都是自定框框的表現，是典型的主觀主義。屬於他們的，就只有失敗一途了。

如果思想方法不如別人，是人的品質差了。基本功即

使更雄厚些，也無用，還是會輸給基本功不如自己的。實際上，拳齡的長短，並不能完全說明功夫的好壞。因此，「老拳師」這一稱呼，有尊敬的意思，這說明他老，拳齡長，並不一定是功夫高。青年人肯老實用功，莫驕傲，學好辯證法，就能後人勝過前人，常可以打敗老拳師。

自然也還有即使青年人努力追趕，也始終打不敗的老拳師在。

俗話說「先下手為強」，這話並不一定正確。先下手是主觀的，如果對方比自己功夫高，豈不是自找沒趣？太極拳相反，常以靜制動，能後發先至。這是一般人不容易理解的內容之一，因為按常理總是要先發才能先至的。但太極拳的後發先至和外家拳的不同。

能後發先至的理由，大約有下列幾種：

一、太極拳主張「勁以曲蓄而有餘」，隨時都是蓄勢待發，意到即可發勁，不是臨用之時，才先蓄勢後發勁。此即是比一般的打法少一個準備動作，這至少節省了一半的時間，或者說，至少快了一倍。

二、在化勁之時，自己處於圓心，使對方在圓弧上成切線滑過，對方之戰線拉長，易失重心或生斷勁，半徑之距離短，發勁可極快而先到。雅軒老師常說，「推手時對方自會送上手來」，就是這意思。

三、學會了放鬆的本領，而且鬆得乾淨、鬆得徹底、沒有牽扯，速度可極快，快到出手不見手的程度。

發勁的體會

發勁是運用從拳架中培養出來的軟彈力。發長勁和發

短勁的方法並不相同。一般是先會發長勁，功力深一些，才會發短勁。但也有個別人，腳上的彈性好，先會發短勁，稍後才會發長勁。

初學推手時，自以為會發勁，其實大多只是用手上局部的力去推對方一下而已，每每手上還帶著明顯的硬力。這不是太極拳的發勁。

進一步，會發長勁，這是全身完整的合力。這種發勁，只有在對方功力不高，還不很會化勁的條件下，才有這種機會。

再進一步，才會發短勁，只要身勢一沉，即可產生強大的爆發力。用之於競技，這種發勁容易取得成效，可以令對方防不勝防，造成思想上的震恐，易收口服心服之效。

我個人的經驗，凡是產生了要將對方打出去的想法時，手上就會不自覺地產生硬力，這就給了對方聽勁的機會。對方知道了，有了防備，發勁的效果當然就不會好。

聽勁真正靈敏的時候，常常是在無意之間，在注意力集中到腰胯一帶的時候，手上靈敏地探知了對方的弱點，在若干分之一秒內，身勢一沉，順勢發出完整而冷脆的勁來。我特別強調順勢這兩個字，是說發勁之前，沒有用主觀意識去捉住、卡住、壓住對方，然後用力推出去，而是一種迅雷不及掩耳的靈敏反應。

這樣，對方事先才不知不覺，符合「人不知我，我獨知人」的原則。對方無法化解、招架，這才是我們應當追求的發勁效果。這個「靈敏」，是高度熟練的結果。但

是，也有個思想方法在內，一有好勝心，主觀主義就出來了，手上就必然有做作，意念重了，違反了自然的原則，聽勁當即失靈，反易被對方聽勁。每每從想勝利開始，而以失敗告終。所以說好勝心太強的人，學不好太極拳推手。

練拳架時的慢，正是為了發勁時能快；練拳架時的輕，正是為了發勁時能重；練拳架時的柔，正是為了發勁時能剛。

慢就是快，輕就是重，柔就是剛。這就是太極拳中的辯證法。

誰說慢了、輕了、柔了沒有用處呢？

——推手漫談（二）——

學習推手，是學習按照客觀規律辦事，克服主觀主義的好法子。

它強調「因敵變化」，反對主觀盲動，反對講手法。它是運用一套完整的太極拳理論來應敵，以一法應萬法。說來有些玄，做來又有些難，但樂趣由此而生，健康由此而得，靈妙無比的功夫，又確實是從中誕生的。

推手是培養觸覺的靈敏度，提高「我獨知人」的能力，是太極拳中研究戰略戰術的「士官學校」。

如將推手比為戰爭，那麼，粘是遭遇；化是戰略性的誘敵深入，也是儲備反攻的力量；拿是找準了殲敵最有利的地形和時機；發是以優勢兵力，一舉而殲滅之。

　　為了保存自己，摧毀敵人，在推手實踐中，得隨時使自己保持靈活而穩定，又隨時給對方添麻煩，使他不穩，這就非要有靈敏的聽勁不可。

　　如果出手比對方輕柔，就容易聽對方的勁。只有輕柔才神經反應靈敏，反之，就被動了。這點道理，是初學推手的人，該首先認識到的。

　　聽勁，在思想上不能被動，一定要處處意在敵先，既要善於敏銳地發現進攻的機會，還要善於製造機會，在粘中拿勁。

　　更為重要的是要解放思想，避即時兼擊其虛。古人形容為如常山之蛇，擊首則尾應，擊尾則首應，擊身則首尾皆應。思想千萬不可執著在一點上，要全面地聽勁，從容應敵，高手應敵是自然而又輕鬆的事，可以說在談笑自若中就取得了勝利。

　　在臨敵鬥爭之際能毫不緊張，「外示安逸」，這是太極拳的一大特色。

一、粘勁之妙在於靈

　　拳譜上提出，太極拳的「妙處全在能借力」，還能夠做到「人不知我，我獨知人」。其所以能借力和我獨知人的原因，就因為我們練出了一種靈敏的粘勁，充分地發展了觸覺。

　　粘勁，在拳譜上有「粘隨」的粘，和「我順人背謂之粘」的粘兩種內容。後一種粘，在楊式太極拳中稱為拿，即在粘隨時迫使對方走向被動挨打的境地，是粘的應用。

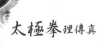
我們一般說的粘，是前一種，即粘隨的粘，它如膠粘物，不丟不頂，使對方進攻不得逞，欲逃不能脫。因而能由粘這一特殊手段，瞭解對方，進而支配對方，打擊對方。

推手要全面研究的，正是粘的靈活運用的妙法。

說來只一個粘字，它實際是一整套太極拳拳理正確貫徹的結果，與鬆柔、完整的關係尤為密切。因而想在技擊上探索的人，就非走鬆柔的道路不可。

這是太極拳以柔克剛的正路，只有如此，才能學到借力的本領與達到我獨知人的境界，否則難免不入主觀主義鬥力的途徑。

由於妄動後天拙力的惡習難除，達到全身完整的鬆柔並非易事，這是太極拳推手不易產生出高手的主要原因。

二、化勁之妙在於變

要想取得勝利，先要學會不輸的本領。要求得自身的安全，必須學會化勁。

化勁以沉轉為主，合乎內氣下沉丹田、勁落湧泉的自然法則。以攬雀尾的捋式為例，設對方來力，我即鬆腰坐胯，下沉中配以轉腰，退是次要的，則來力自然就化到身外去了，不僅不會因受到對方的進攻而失去平衡，自身因為下沉之故，重心降低，反而使身勢更穩，更為安全了。這是引進落空的一例。

如平時只在一個高度下練拳，腰胯只習慣於前進後退，這坐胯下沉的功夫從何而來？

在化勁之時，你必然只會退和轉，沒有沉勁的動作，

將渾圓的立體動作變成平面上的動作，這就將來力向三個方向分化，減為只向兩個方向分化，那化掉來力的效果就小得多。且不懂沉勁，重心極易上浮，如對方略施小技，很容易連根拔起。

而如果只會退、不會轉，則將向兩個方面分化來力減為只向一個方面撤退，你只會退，對方則將在「不丟」的原則下，跟蹤追擊，你就會立即被打出去。

初學推手，不會化勁，對方來力了，只會直線退卻，只有一個方向，所以化不掉對方的來力。認識稍進一步，腰胯可以退中帶轉，則將來力分化為二，由直線變為平面上的曲線，如對方功夫不高，也可能有效。再進一步，腰胯沉中帶轉，輔之以少許的退，將來力分化為三，由平面變為「渾圓的立體」，則來力對你已不能造成損害，這才符合太極拳的原理了。化勁時一般都可以收效。

化勁的運用，在於向多方向分化其來力。

從上述的分析，說明太極拳是複合力，是三個方向的力的綜合運用，是渾圓的立體的。只有在功夫的實踐中，有了親切的感受，明白了這個道理，你才真正地懂了太極拳推手了。

凡講手法、講著數的，對力的認識大多停留線上與面的認識上，無轉圓之趣，所以辛苦多，樂趣少。很多學太極拳的，只要一進入推手以後，就進入了一個廣闊的立體空間，它的變化多樣，無窮無盡，樂趣也沒有窮盡，所以琳琅滿目，容易入迷，沉醉在拳裏，樂而忘返，這可能正是很多人「但願長醉不願醒」的原因。

三、拿勁之妙在於控制

這裏談的拿，不是擒拿，擒拿是外家拳的手法，手法是顯而易見的。更不是將對方用大力捉住、卡住、壓住。有的人就正是這樣先將對方捉住，然後推出去，這不是真正的太極拳。因為拳譜告訴我們要「人不知我」，哪有先去捉、卡、壓，對方還不知道的？何況真正有功夫的人，不可能被你捉住，你去一捉，倒是自己送上門去，反給人以發勁的機會。楊式、吳式太極拳就沒有此法，也反對這種拙劣的手法。

推手中的拿，是指的拿對方的勁道。從外形上不易看出來，甚至是看不出來的。妙就妙在這種拿，可以拿對方的勁道於不知不覺之中。勁道被拿，是毫無反抗餘地的。其所以能如此巧妙，靠的是粘勁，即高度靈敏的觸覺。

明白了化勁的道理，要說清楚拿勁，也就容易了。

前面談到化勁之妙，在善於分化來力。拿勁就是反其道而行之。我們有了靈敏的聽勁，就能在粘隨中隨時控制住對方勁路的轉化，不讓他組成複合力。他想由一力的直線轉換為平面中的曲線時，就由其側面控制住他勁路轉換的方向，不讓他走曲線。如他想由兩力的曲線變為三個方向的力組成的立體時，我又控制住他的一力或兩力，不准他組成立體。

高手之所以高，就在於聽勁靈敏，不論對方想如何化解，總能破壞他的美夢，從而迫使他處於化不了、走不脫的絕路，再順勢陡然擊之，就是發勁了。

四、發勁之妙在於隨

拳譜上說：「發勁須沉著鬆淨，專主一方。」專主哪一方？作者沒有說。這裏就得用另一句「妙處全在能借力」了。要想打得妙，必須借力打，跟隨其進或退的方向打，每每能出現精彩鏡頭。

發勁通常有兩種情況：一種是在對方身勢不順的時候，雖能擊敗對方，但以對方根力還未動搖，仍有反抗餘地，即使能將其打出去，每每不會乾淨俐落。打的一方，也因有頂撞，顯得拖泥帶水，挨的一方也「不痛快」「費力不討好」。另一種是拿準了勁道，找準了重心，動搖了根力的時候。這時對方毫無反抗、化解的餘地，隨其進或退的方向發勁，將身勢一沉，順勢一擲，對方一飛就出去了，不僅發得遠，挨的人既驚心動魄，還覺得乾脆痛快。打的人因為聽準了勁，借好了力，覺得毫不費力，打得輕鬆自在。由於全身鬆柔自然，還會出現瀟灑的優美姿態。挨的人可能嚇出冷汗，六神無主；但發勁的人卻實實在在是一種藝術享受，稱心如意極了。

五、找明師去

對於太極拳推手聽勁的靈敏、化勁的巧妙、拿勁的準確和發勁的神速而效果精彩等等，都很令人驚奇、讚歎、羨慕而且神往，但又無法理解。其實這也並不神奇。按上述粘、化、拿、發的順序倒說轉去，精彩的發勁，是因為有準確的拿勁；其所以有拿勁的機會，是因有使我們自身

安全不至於輸的化勁；巧妙的化勁又是從靈敏的觸覺，即粘勁中來；粘勁從全身的鬆柔中來；鬆柔從拳架中來；高品質的拳架從明師來，明師從優良的傳統中繼承而來。

一步錯，步步錯。這就是我們為什麼要尊重傳統和找明師的理由。

—— 推手漫談（三）——

> 「夫為不爭，故天下莫能與之爭」
> ——《道德經》二十二章

內家拳都深奧莫測，如果不虛心探討，持之以恆，短期內決不可能有什麼成就。前人凡稍有成就者，大都付出了畢生的精力。

太極拳研究勁道，講究聽勁細緻、準確，確是大有奧妙。如果認識不足，很易誤入歧途，有不少難以逾越的障礙。

太極拳比很多拳都好，但比很多拳都難，好處和難處同樣都多到一時難以說盡。正因為好，學的人特別多；也因為難，有成就的特別少。

正規練過幾年太極拳的人，相逢都說：「太極拳實在可愛！」對它的好處，讚不絕口；心知其難，但很少將難處掛在嘴邊。接著是說「來！來！來！推手！推手！」在一片祥和氣氛中，就去交流技藝去了。

自從外行搶走了推手的金牌以來，太極拳界一片譁

然。這裏對學術風氣之不正、比賽規則之不盡合理都暫可置之不論，剩下的就是：太極拳的確是一門難學專科，它難學，更難成。望大家都來認真地研討，正確地對待這一特殊的文化遺產。不是搶走了金牌，就可以改變太極拳的學術性質的。得到的是噓聲，太極拳卻什麼也沒有失掉。如果王宗岳、楊露禪九泉有知，定會為我們這些不肖子孫而痛哭流涕的吧?!

在太極拳推手中，究竟要追求一種什麼樣的風格？或者說真正的推手該是什麼味道？什麼感覺？怎樣的內容才是合格的推手？

在陳微明的《太極長拳》一書中，有「太極拳名人軼事」一則，末尾有這樣一段話：

「余從澄甫先生學習數年，澄甫先生曰：『世間練太極拳者，亦不在少數，宜知分別純雜，以其味不同也。純粹太極，其臂如綿裹鐵，柔軟沉重，推手之時可以分辨；其拿人之時，手極輕而人不能過；其放人之時，如脫彈丸，迅疾乾脆，毫不費力；被跌出者，但覺一動，而並不覺痛，已跌丈餘外矣。其粘人之時，並不抓擒，輕輕粘住，即如膠而不能脫，使人兩臂酸麻不可耐。此乃真太極拳也。若用大力按人推人，雖亦可以制人，將人打出，然自己終未免吃力，受者亦覺得甚痛？雖打出亦不乾脆。反之，吾欲以力擒制太極拳能手，則如捕風捉影，處處落空；又如水上踩葫蘆，終不得力。此乃真太極意也。』其言之精如此，余試之誠然，不能不令人佩服矣。」

先師李雅軒在書信中曾一再提醒我：「練功夫第一要

緊是要聽話，如憑自己的想法，練不好。所以成千上萬的練太極拳功夫的人，大多走錯了路也。」又說：「鬆這個要領，本應太極拳中常見，就因為他未真鬆，未鬆到家，所以十年八年找不到真太極拳味來。」

他還明確指出：「某家的功夫，還是有形的東西，筋骨肌肉上的力氣也。楊家拳是無形的東西，是神氣意念上的功夫，也是玲瓏透體的功夫，這才是最上乘。不過一般人無此智慧，學不到手。」

「我以為大鬆大軟，神明感應，莫測變化，妙用無窮。我不認為大鬆大軟了，就不能對付對方之來手。」

上述前輩對太極拳的見解，對我們今天的太極拳愛好者而言，具有方向性的指導意義。特別是那些外行而又來太極拳推手中胡搞的先生們，更望能虛心聽聽前賢的意見。

以上述理論作明鏡，來照照現在的太極拳，就難免不使人汗顏。究竟是什麼變了？是拳的品質差了？還是人的品質差了？是進步了還是倒退了？聰明的讀者：你能回答嗎？

煮酒熬糖，各是一行。還是各安其業為好！

在眾多的拳術中，太極拳理論特殊，別具一格。

凡拳，無不以力量勝對方，而太極拳卻以智慧勝之。而這智慧，突出表現在打法上的棄著尚勁，將簡單的「打」，深化為聽勁指揮下的「粘、化、拿、發」，將武術由粗獷變為細緻了，由簡單變為複雜了，由膚淺變為深奧了。不僅使「以柔克剛」「無為無不為」的道家理論，

成了生活中可以見到的現實，而效果更驚奇，自身也更安全了。

由於對聽勁的研究深化，反過來又使只講著與尚力的拳在理論上顯得淺薄乏味了，這就是很多學外家拳的人，後來轉向學太極拳的原因之一。

既然太極拳主張以柔克剛，要使對方的力量無用，它本身就一定要丟掉一切硬力，這樣鬆、柔、聽勁等功夫才能慢慢增長。硬力不去，柔勁不生。硬力與聽勁是矛盾的，既有硬力，又說自己會聽勁、會推手。誰信？

我們在生活中，用大力成了習慣，丟不掉硬力，而主觀主義又難以克服，學了兩年太極拳，就認為自己已經很鬆柔了，實際上經不起檢驗，遠遠沒有鬆柔，不是知道了就做到了。

太極拳難學，突出表現在推手上，以柔克剛、以弱勝強，本就違反常理。要使這反常的理論，在實踐上成為現實，就非有超乎常人的大智慧不可！要達到「妙處全在能借力」，要「一羽不能加，蠅蟲不能落」，要「人不知我」，要使對方有力無處用，沒有大智慧，僅靠氣力大，行嗎？

要練到全身鬆柔，已經不易；要鬆柔得均勻，尤其困難。我們在觀看別人推手時，會見到功夫高的人，動作很小，輕易就化去了對方的來手；而功夫差的，動作很大，還是化不開、走不了，這其中的奧妙，就在於鬆柔得均勻與否，亦即全身鬆柔的完整程度有差距的緣故。還要熟練到使鬆柔在推手之時，成為一種條件反射，或成為某種潛

意識，只要一與對方接觸，立刻就能不丟不頂，因勢利導，既客觀而又處處意在敵先，充分發揮聽勁的優勢，在思想上控制對方的勁道，但絕對不是用大力去控制。這些都不是重視力氣的人所能想像其奧妙於萬一的。

但我們也要看到，太極拳雖有高深的理論，是高級的武藝，但凡是越好的技藝，學起來也就越困難。世間的事，總是沒有什麼便宜可討的，既要有明師引路，還得有一定的學習環境，至少也得十個、八個志同道合的拳友成為朝夕切磋琢磨的夥伴，在老師的言傳身教下，在拳理的正確指導下，細心研討以柔克剛的巧妙，隨著拳理的逐漸落實，對拳的認識日新月異，功夫自然會日漸增長。一進入巧妙的藝術領域，學了武，健了身，修了德，受用一生，其樂無窮了。

學太極拳是學習和掌握那一大套特殊的用柔勁的方法；推手是那一大套方法的運用。沒有前者，就沒有後者。沒有拳架的功夫，就學推手，頂多也只能勉強像推手的形式，不可能有推手的內容。

推手比賽，是功夫層次上的較量，較量的是掌握拳理的多少，絕不是氣力。由於這一大套方法掌握不易，不是短時期內就能以柔克剛，也就是說，用大力在一個相當長的時期內都還能打敗學太極拳者。

太極拳是一種大器晚成的拳。從拳論上、從道家的立場上看，是為了「欲天下豪傑延年益壽，不徒作技藝之末也」。對延年益壽之外的武術那一面，是有點鄙薄的意思的。事實上，很多人（包括作者）練拳就的確是為了延

年益壽，研究推手，不過是為了提高興趣，加深對拳的認識。如有了爭強鬥狠之心，先就喪了德，於養生不利。但太極拳這一大套特殊理論，以柔克剛，粘連綿隨，鬆沉軟彈，又的確寓有高深的功夫在內。儘管不是輕易、短時就能得到，但以其中樂趣極多，很是好玩，所以很多人愛拳如命。只可惜世間聰明人、不怕吃苦的人畢竟不多，明師又實在太少，如陽春白雪的太極拳這一名山，登上山頂者終究還是寥寥可數！

不過，有一點值得重視：當我們在與功夫比自己低者推手時，常會發現自己不過是在按拳理走、化，不知怎的，對方就站立不穩了；自己並未用力去壓、去逼對方，對方就常常無法走化，顯出明顯的敗勢來。

這就是道法自然的勝利。勝人於不知不覺之中，這就是太極拳之所以勝過很多拳的地方。它不需要用力。由此可以推論：有力的、主觀去卡住、壓住對方的，就不是真正的太極拳。

化勁，是曲線的勝利，是以柔克剛的勝利。

發勁，是鬆、沉、軟、彈的勝利。

但，都屬於聽勁的勝利、智慧的勝利。

外行來搶金牌的事，我們可以仿「只見金，不見人」的古例，是只見金，不見拳。

為什麼反對鬥力？鬥力就喘氣，不利於養生，違背了太極拳要使人長壽的目的；鬥力就觸覺不靈，不利於聽勁功能的發揮。太極拳中一切克敵制勝的技巧，如粘、化、拿、發，都只有在極輕靈的條件下，才可能得到最好的發

揮。用力越大，聽勁越不靈，動作也不靈。「一舉動，周身俱要輕靈。」輕才靈。「發勁須沉著鬆淨」，鬆得不乾淨尚且不可，更何況有意鼓勁、鬥力！

今天很多人就是不相信，說什麼「發勁之時不用力，怎麼能打出人去？行嗎？」

我可以明確地回答：「行！不是用蠻力打出去的，而是用極快的速度打出去的。速度越快，能量越大，打得越遠。」

用大力才能打出人去，是一般人的常識。太極拳是超越常識以上的大智慧。沒有經過長期輕靈、鬆柔、沉穩地盤架子，認識就只能停留在一般人的常識上。這就是學體育和外家拳的人推手只會鬥力的原因。

太極拳是中華民族智慧領域裏一片錦繡成堆的花園。目前未受到應有的珍惜，且被扣以「趕不上時代」又還「沒有進入對抗行列」的帽子，看來，大有不將太極拳改造成西洋體育不會歇手的樣子。

太極拳中充滿了我們古老文化中無窮無盡的智慧，這智慧的光環，正擴大到世界上很多國家，作為中國文化的一種形式或象徵，可以說有了全球性的群眾基礎。它不像柳絮，更不是楊花，不是一陣風就會刮得不見蹤影了的。

從太極拳的角度看「內練一口氣」這一諺語，不如「意氣君來骨肉臣」更為準確。內家拳都是意氣並重的拳，太極拳更是如此，肢體是從屬地位的。凡推手有點修養的人，就知道太極拳確是重視了意氣的含蓄性、抽象性、空靈性、全面性，拳的功夫越高，精神上的修養也就

越高。思想上對拳的領悟正確了，功夫才會跟上去。力大的人，其慣於用力的習慣就成了功夫進步的絆腳石。所以，凡學內家拳，都強調要悟性好，因為它是漸悟法門，都是開發智慧，而智慧的開發，又沒有止境。

這就是內家拳令人神往的原因吧！

很多學體育和外家拳的人到了一定程度，年紀輕輕，功夫就很難再有進步；有的已弄得一身是傷，吃不消了……罩在科學訓練的帽子下，其實有並不那麼科學的一面。有的人，不滿足於他的不健康的現狀，要到太極拳中來探索，來醫傷，本是正常的事，但治病必求其本，先要端正對太極拳的認識；不能認為太極拳只是拳術或體育，要看到它是內家拳，要看到它們之間的根本差別；用的是不同的方法，走的是相反的道路，追求的更是超出常識範圍的結果。

如果帶著一腦袋外家拳和西洋體育的觀點，想來順便揀點太極拳便宜，揀去的肯定只是太極拳中應揚棄的垃圾。

高明的軍事家，能指揮、調度對方的軍隊，使其被動挨打。對方的軍隊能受我指揮、調度嗎？孫子兵法上不是有「攻其所必救，救其所必攻」嗎？太極拳的「妙處全在能借力」以及「因人為法」的戰術，就是孫子兵法的具體運用。

今有人見不及此，看不見太極拳中蘊藏的無限智慧，反而提倡鬥力。人的力量不如獅、虎，更不如大象，但站在獸籠外面欣賞的，終於是力量遠不如它們的人。可見力

大之不足恃，不可取，更不足為法。人，該珍視、發展自己的智慧，才是真正大寫的人。

太極拳的特別可愛，就在於它創造了一條鄙棄鬥力、而靠開發智慧來取勝的道路。

鬥力，只能通向獸籠的窄門。

而「因人為法」「一羽不能加，蠅蟲不能落」「人不知我，我獨知人」的推手，才是上升到智慧天堂的樓梯。

「欲窮千里目，更上一層樓！」

—— 致 讀 者 ——

在《太極拳理傳真》再版的時候，還有一些與拳有關的想法，想與讀者聊聊。

大家知道，太極拳難學，難在不易放鬆。其實，如得真傳，有明師指點，有個兩三年，也就可望對放鬆有一定程度的理解，得到正確的拳味，也即初步掌握太極拳的特殊風格，能如此，進步也就快了。但不如意事常八九，偏偏明師不多，歧途不少，初學者在某些錯誤理論指導下，又有幾個能不墜入五里霧中！

自某名家大肆宣揚太極拳也可稱為「掤勁拳」以來，對掤勁又作了不準確的解釋，這就一錯再錯：導致全國推手頂牛成風，好像從不知太極拳中有一條規則叫做不頂（不丟不頂）。推手本來就不易入門，自太極拳也可稱為「掤勁拳」之論一出，遂使本來就很難入門的太極拳推手更為難上加難矣！

　　太極拳源於老子《道德經》「以天下之至柔，馳騁天下之至堅」。前賢陳微明弘揚太極拳時，取名「至柔拳社」，就十分準確得體。

　　太極拳中還有一條重要規則，叫「引進落空」。這「引進落空」四字，就是「以天下之至柔，馳騁天下之至堅」的最好注腳。如果將太極拳稱為至柔拳，也無不可的。如按先師五級勁道之說，「硬勁不如僵柔勁，僵柔勁不如鬆沉勁，鬆沉勁不如輕靈勁，輕靈勁不如虛無勁」，這五種勁道，是一級高過一級的。太極拳的最高境界，應有虛空無物的感覺，即「粘其皮毛，聽其勁路」（先師李雅軒語），因此，如稱太極拳為虛無拳，才最合乎「至柔之旨」。但虛無兩字太抽象，太玄，只可與智者道，難與俗人言也，退而求其次，叫「輕靈拳」也可以，都與「至柔」相關，唯獨不可以稱為「掤勁拳」。掤勁在拳中，只是圓象、弧形；推手時，也只是在與對方一接觸，就立刻引進落空，在至柔的原則下走化了，並不存在用掤勁去頂住、抗住的事實。

　　頂抗是人的本能，是該堅決克服的毛病。有人公然為文提倡頂抗，說是要在推手中發揚時代的鬥爭精神云云！以對太極拳如此無知的程度，竟然想隨意就改變太極拳這一門學術的性質，我們對於瞎指揮的苦頭還沒吃夠嗎？其輕率的程度，其冒失大膽的程度，都令人震驚。

　　初學拳者，一身硬勁，本應練一兩年拳架，待其有了一些柔軟的感覺，才能學習推手。今人學不幾天，就推起手來，推手就只有鬥力一途，掤勁就只能是頂抗而已。這

哪裡叫推手呢？

推手是求懂勁，是訓練並發展我們輕靈的觸覺和智慧。而觸覺要越輕才能越靈。這正是拳譜昭示我們「一舉動，周身俱要輕靈」的道理。無奈不少人對此視而不見，或學而不思，一味以太極拳就是掤勁拳為由，又以初學時的硬勁為掤勁，一誤自己，再誤他人。今日流毒之廣，為害之烈，無異於拳中之海洛因與鴉片也！

或者也可以說，拳中的層次極多，可以稱之為掤勁拳的太極拳，不過是五級勁道中的第一、二級，還在硬勁和僵柔勁階段，也即是太極拳的小學生階段。正如小學生不能代表知識份子一樣，可以稱為掤勁拳的太極拳，還遠遠不是真正的太極拳。

說太極拳也可以稱之為掤勁拳，對學者是一種誤導。讀者不可不反覆思之。

太極拳對肢體有鬆柔與鬆開兩種要求。鬆柔是肢體，尤其是關節的柔軟和高度靈活。鬆開是指各關節在自然舒適中，適當放長。節節貫串和圓滿（即掤勁），即屬放長鬆開的內容。如果說鬆柔屬陰，鬆開就屬陽。強調一面，不懈即硬，都不是太極的本義。我們追求的是鬆柔與鬆開的巧妙結合。不得真傳者，每每長期在這兩者之中徘徊，不是硬而不柔，就是懈而不整。只有少數人最後達到了既是高度圓滿，又是高度輕靈虛無的境界。不深入鑽研推手的人和那些強調外形規範化，不深入到內家拳實質的人，都是入寶山而空回，只能對太極拳望洋興嘆。

至於那些只會頂牛式推手的人，不客氣地說，離真正

的太極拳還隔十萬八千里！

粘連是推手的靈魂。要柔軟才能粘連，由粘連才能聽勁，這是太極拳精妙之所在。

由於功夫深淺不一，聽勁的層次也極多。初學推手，必然是兩力相抗（即頂），說不上聽勁；高功夫的推手，是只接觸皮毛，有虛空無物的感覺，到這種水準，才能以小力勝大力，才是真正的以柔克剛了。

推手是以人不知我的聽勁為前導，以因人為法為戰略。變化可以沒有窮盡。化勁與發勁，都不是可以用規則限制的，一限制就不成其為太極拳。何況內勁變化無形，而規則只能是有形的，哪可能有無形的規則？以有形的規則去限制無形的內勁變化，有多大的準確性呢？如此推手，太極拳的優點，怎能得到淋漓盡致的發揮？這無異於將楊麗萍的手腳捆綁起來，然後說：「您可以上臺做精彩表演了！」那還會是真正的舞蹈家楊麗萍嗎！

我無意於反對推手比賽，只不過是想說明推手比賽並比不出真正的太極拳成績來，甚至對太極拳的健康發展還可能有害。

我們千萬不要忘記，求得鬆柔並非易事，以柔克剛更是極為艱難。為了奪金牌，很容易助長歪門邪道，不是循理求精，而是越理爭勝了。

借力的先決條件是懂勁，而懂勁是從大鬆大軟中、默識揣摩中培養出來的，只有越輕靈，懂勁的水準才越高。真懂勁了，就可以化勁、發勁，隨心所欲，在競技中達到高度自由。

借力是利用對方的力，因勢利導，順而制之，既防衛，也攻擊。攻、防本是兩件事，一般是分先後進行，但高手每每是同時完成的，即攻與守變成一件事了。這也是太極拳與他家拳法的差別之一。

在借力的初級階段，對借力的運用，不外乎對方在退卻時，即順其方向以擠、按二式發勁，對方在進攻時，我即以採、挒制之，即常人說的順手牽羊之類，效果都能很精彩，能如此，也算有相當功夫。但高功夫者，每每不以此為滿足，而愛用更為含蓄、細緻的借力方法，即在接手時，就能在化勁中同時拿勁，使對方站立不穩、東倒西歪、兩腳無根、形同酒醉；也可將對方雙手軟軟封住（不是用力捉著、卡著、壓著），完全伸不出來，如同被一張網網住，全身都不得勁了，完全被我控制，受我指揮了。這比借力打出去更為高級，是只運用推手粘、化、拿、發四個過程中的前三項，沒有發勁。

這不是不會發勁，是不願發勁，很有點像貓抓住老鼠之後，並不立刻吃掉，反而從容地玩起遊戲來，盡情地戲耍一番。這有兩種好處，一是自己省事省力，二是免使對方被打出去難堪。有些人是輸不起的，尤其是自以為有名的人。

不知這種貓戲老鼠式的勝利是否能得到金牌？照理，更該得到金牌，因為將對方打出去，只需一次化勁即可，而要使對方兩腳無根、形同酒醉，則必須聽任對方接二連三地發勁，我則不斷地化勁，使其每次發勁都受我化勁之牽制、指揮，使其無所施其技，就如被蛛網纏縛，無所措

手足了。在化勁一次與連續不斷化勁兩者之間，自然是後者更為艱難。這才是以柔克剛的最為典型的範例，只有極少數人才能達到這種境界。主觀、好勝以及未能真正鬆柔的學者，都是不能望其項背的。

從道法的本質上看，太極拳不過是探求思想及肉體上的高度自由，從而破除我們對事物的執著，從認識上的主觀片面進而達到客觀、全面。這是一種很好的漸悟法門，最後到物來即應隨遇而安，不論精神、肉體都達到高度的自由。這是一般人很不容易理解的境界。所以說：「道，可道，非常道。」實際上，太極拳是說不明白的，只有在明師指引下，去辛辛苦苦、也快快樂樂地實踐，逐漸去探索太極之理，自然之理。在日常生活中，一般人都是與這自然之旨相悖而馳的，不論從精神到肉體，都是如此。所以我提出「太極拳不是常識，而是常識以外的一門難學專科」。只有等你功夫練到某種程度了，你才能對太極拳懂到某種程度，超過了你的程度的，也還是不懂的。這就是「功夫一步不到一步迷」。

由於明師不多，得真傳不易，所以在學拳過程中要不走彎路，幾乎是不大可能的事。能夠大方向不錯，也算幸運兒。俄羅斯有一諺語：「誰笑在最後，誰才笑得最好。」太極拳求柔軟的工程太大、太艱巨了，不可能早成，更不可能速成，是笑在最後的拳。到你真正明白太極拳奧妙的時候，大多是鬍子已相當長了或者白了。

我們起步太晚，讓下一代早些起步吧！

從推手的目的說，主要是求懂勁，即不斷提高聽勁的

能力，不過是高度發揮我們觸覺的靈敏度而已。所謂四兩撥千斤，也正是我們觸覺靈敏度的巧妙運用。正因為在日常生活、工作中只用腦力和體力，沒有專門研究觸覺這一項目，只有在太極拳中，才對訓練、發展我們的觸覺進行了長期不懈的研究。

從懂推手的人看來，一般人對觸覺的認識可以說是極為膚淺，頂多也不過停留在本能上，能辨別物體表面的冷、熱、粗、細而已；而且這種辨別，還大多是在靜態的條件下進行的，可以有充分的時間，慢慢地去辨別。

推手是在動態中進行，要在極短促的瞬間就辨別對方的善惡意圖、力量大小、動作方向、速度快慢，不僅要化開對方進攻、保護自己，還得同時控制對方、反擊對方。倘與常人的觸覺比較，一是在瞭解事物的表面，一是在動態中研究人物的內心世界與制敵妙法，相去是不可以道里計的。這就是為什麼太極拳能達到「人不知我，我獨知人」的原因。高功夫的人，推手時能使對方莫名其妙，原因也就在這裏。

聽勁能力從拳架的鬆柔穩靜中、自然舒適中練來，也從推手實踐中來；聽勁能力只有在鬆柔、輕勻中，客觀、細緻中，才會增長。

一切鼓勁、鬥力、快慢不勻、主觀隨意發勁等惡習，都與旨在增長觸覺靈敏度的聽勁南轅北轍。什麼是太極拳，什麼不是，學者可以於此辨之。

拳架練熟了，鬆柔了，慢慢就會產生聽勁的能力，或曰懂勁。懂勁水準的提高，正是推手的主要目的。前人早

已明言，要在不丟不頂中探求。要不丟不頂，就必須先做到極輕，才可能靈，一心一意地先學化勁，不准發勁，連發勁的想法都不能產生。這種在推手中只學化勁的方法，我稱之為客觀聽勁或被動聽勁。只有在被動聽勁的條件下，主觀意識才能克服，才能真正提高懂勁的程度。

但人是主觀的動物，要克服主觀、好勝的思想並非易事。從學太極拳的角度看，主觀、好勝，都是惡劣行徑，是劣根性，是學習推手的極大障礙。必須在師、友之間，先求得同一的認識，大家都只化不發，堅持至少兩三年，就會驚奇地發現，化勁、懂勁、發勁的功夫都有很大的提高。化勁好了，說明整體鬆柔了，整體鬆柔，也正是發勁的必要條件。我們只認真先學化勁，結果發勁也會了。學化勁，也就是學了發勁，是一舉兩得的事。

但在認識上千萬不可本末倒置，不能認為先學發勁，也就可以學好化勁，或者化勁、發勁可以同時學習，都極為錯誤。很多人學了很多年，推手功夫依然不長進，根本原因就是沒有弄明白這先要客觀、被動聽勁的道理。

太極拳取勝之道在於「人不知我」和「因人為法」，也即是在輕靈、客觀中取勝的拳。

拿勁、發勁，思想上主觀的成分多些，而化勁則是要求儘量客觀。好勝心太強的人，學不好太極拳，就因為主觀思想太多，不適應客觀情況，成了「因人為法」的障礙的緣故。

競技性質的推手，以取勝為目的，發勁的機會多。發勁當然離不了主觀判斷，但主觀判斷仍從客觀的聽勁而

來，絕非盲目的主觀。但思想上必須意在敵先，這也可稱為主動聽勁了。

高水準的推手，也就無所謂主觀、客觀，一切都是物來即應，當化當發自然而然，一點也不做作，不勉強，所謂「道法自然」，這才是理想中的推手境界。

── 發勁及其味道 ──

太極拳的發勁精彩，不同凡響，有令人格外驚奇的效果，將對方打出一丈以外，是很為常見的事；高手則可能打出三丈以外去。倘非親歷，或許要疑心我又在「假、大、空」了。正是這精彩而又令人驚奇的發勁，成了很多人，特別是青年人學拳的動力，使太極拳的後代日漸繁衍昌盛起來。面對如此精妙的技藝，自己還未能掌握，於心於手，豈有不癢癢的！

如將學拳比為種果樹，發勁則是到了豐收季節，該吃到果實了。因此，會不會發勁，就成了學拳是否已取得成績的標準。發勁是否精彩（如打出的遠近、打得是否乾脆俐落等），則意味著學拳成就的高低。

拳譜上說：「發勁須沉著鬆淨，專主一方」「極柔軟然後極堅剛。」又說：「人不知我，我獨知人，英雄所向無敵，蓋皆由此而及也。」這些都是與發勁極為有關的名句。發勁的極堅剛，正是從極柔軟中轉化出來的；要鬆得乾淨，能量不內耗，發勁的速度才會極快。只有如此，才能取得太極拳所獨具的發勁效果。

　　發勁的味道，每人不盡相同，這不僅和功夫的深淺有關，更和對拳理的理解和各人對發勁的追求有關，也關係到人的性格。大體說來，發勁的味道，可分重、輕、脆、木四種。這是從被打一方的感覺來說的。因為發勁者和被打者感覺並非全然一致。

　　一、如果發勁者身體壯、沉勁好、能量大，就能發出分量極為沉重的勁來。但重決不是硬，當細辨。硬是局部的拳腳動作，全身未能完整一氣，或用力過多用意不足所致。

　　二、如果時機、方向掌握精確，而又在借力特別好的條件下發勁，就很可能感到不是被重力打出去的，而會出現輕感，如秋風掃落葉，輕輕一飄就飛出去了，而且還可能飄飛得相當遠，就不是一兩丈，很可能超出三丈以外。

　　三、性格開朗、聰慧過人、做事乾脆、效率敏捷的人發勁，常易發出特別清脆的勁來，如夏天暴風雨時特別脆響震耳的雷聲一般。驚奇感與極快速是其特色。這種勁最易解除對方思想上的武裝，使人瞠目結舌，嚇出冷汗來，有令人不可思議的效果。

　　四、功夫不純，智慧、功夫、鬆柔均不足者，只能發出一種沉木不靈的勁來。大多是動作遲滯、速度緩慢，或者先就用大力捉著、卡著、壓著，然後鼓起一股硬力，將對方推出去。對方事先就知道大力來了。這種發勁，違反了「人不知我」的原則，不能使人口服心服，是最下等的發勁，是學太極拳沒有學到真本領而又急於求成、用主觀制敵的發勁。

　　必須強調，不論被打者挨得重、輕或脆，都必須是事先不知道，糊裡糊塗就被打出去的，才算合格。前三種發勁味道之所以被肯定，是因為合乎拳譜上要求的「人不知我」「妙處全在能借力」以及「沉著鬆淨」等原則。但真要想掌握、運用這些原則，則非走極柔軟、極輕靈的道路不可。拳譜上第一句不就說「一舉動，周身俱要輕靈」嗎？凡是帶了剛勁練拳的，從理論上說，必然難以獲得「我獨知人」的能力。既然不能知人，就必然將太極拳從「因人為法」的高級境界降低到主觀制敵、蠻打蠻揪的水準上，與一般拳法無異了。

　　儘管前三種發勁都合乎太極拳原理，是理想的發勁。可惜，在整個太極拳界，真正掌握了這幾種技法的為數還是不多，不少人和我一樣，還是瞎子踢毽，偶爾碰上而已。

　　第四種發勁，沉木不靈，應當否定。儘管發這種勁的人很不少，但不能因其人數多，道理就正確。學術上的是非，是不能以投票方式來表決的。這就從反面證明了太極拳非常好，但又非常難的道理。它畢竟超出了一般人的常識，太抽象了，其中歧途極多，辛苦練拳一生，誤入歧途，或還在門外徘徊的，大有人在。

── 捨己從人 ──

　　在拳譜上，捨己從人原文是「本是捨己從人，多誤捨近求遠」。

　　倘前後連貫起來看，意思還是明白的。但古人寫拳譜是有了功夫以後對自己的功夫作的記錄，今人理解起來，難免存在費解的地方。他並未指明捨去自己的什麼，近、遠又指的是什麼，遂使後人作了不少的猜測。猜中了的，學拳有了成績，猜錯了的，就入了歧途。對拳譜上「剛柔相濟」的解釋，也是這樣。

　　徐震在《太極拳發微》中，對「捨己從人，捨近求遠」，作了四種解釋：

　　「一為既不捨己從人，又復捨近求遠。世俗拳師，但練花拳，或專練硬功，不識門徑，不通勢法，大都如此，此最下也。

　　二為雖知捨己從人，未免捨近求遠。習太極拳功夫淺者，易犯此失。

　　三為不能捨己從人，尚非捨近求遠，內功之粗者，外功之精者，往往如此。其用法未嘗不簡切，特非變化圓融，隨觸即轉，未免有起有落，雖就勢法言，己不見捨近求遠之失，究極論之，尚未盡切近之能事也。

　　四為太極拳功夫之歸究，必於捨己從人中，求其至切近之運用，所爭只在毫釐。功夫若此，方為造微也。故結語云，差之毫釐，謬以千里。意謂太極之所以卓絕，正以有此精微之境，不到此境，不足以識其特異，學者於此，小有差忒，即不得太極拳之真諦，故辨之不可不審也。」

　　他的解釋，如撒下攔河網一般，不論大魚、小魚，一

律網住，可謂詳細了。但他丟掉了「本是」和「多誤」兩詞，只是就「捨己從人」和「捨近求遠」撒網，不免稍有離題之感。

人人都很重視一個「我」字，一切以「我」為核心。有的人甚至只知有我，不知有人，經常幹些損人利己的事。對於「我」的執著，如此堅牢，自高自大、自私自利、自吹自擂、主觀主義等等惡名由此而生，很多禍端也因此而起。

現在學太極拳了，卻要講什麼捨己從人，這無異要他脫胎換骨。難哪！

一說功夫，主觀主義就來了，首先想到氣力大。要捨去力量學習柔勁，柔勁還一時長不出來，捨了力量他就什麼都沒有了。說「捨」又談何容易！

推手有勝負，立刻想到事關面子，要贏了才有光彩。要學若干年，輸了幾百、幾千次，才有轉敗為勝的希望。希望還很渺茫，面子早輸得乾乾淨淨。那又怎麼行?!

太極拳是講以小勝大、以柔克剛的。以小勝大，首先就不好理解；以柔克剛，雖然大家都這樣說，但柔勁並非天生，不是想有就有，真要用柔勁克敵制勝，用功夫去說服對方，又並非易事。正如有的人做思想工作一樣，要說服，既要費功夫，還得有本事，遠不如壓服簡單。如果有了點年紀、名氣，或其他自以為了不得的什麼東西，面子更大，就更難捨了。推手時就如皇帝下棋一般，只能贏，不能輸。如果贏了皇帝，是欺君之罪，那還了得！大約是該殺頭了吧？一句話，面子不能捨。

　　無奈太極拳自有它的特殊規律，它不以我們的意志為轉移。要想學好它，只得按它的規律辦事，就該：

　　一要捨氣力；

　　二要捨面子；

　　三要捨主觀主義。

　　這就是「捨己」的內容。我這樣一解釋，明白倒是明白了，有的人要不高興了，特別是有的口上講以柔克剛、推手憑氣力大的老師。

　　太極拳在技擊的應用上，捨己從人是一條主要原則，也可以說是學習太極拳的人所長期追求的目標。能捨己，才能從人，捨是因，從是果。能捨才能引進落空；能捨才不犯主觀主義，不盲目進攻；能捨才能因人為法、避實擊虛。倘真能捨己從人，定是一位太極拳的高手了。

　　捨己從人，從練體上說，必須在周身鬆柔之後才可能做到。於拳理上講，也必須圓融貫通、見地明徹才行。

　　推手是學習捨己從人的重要手段，捨己從人又是學習推手必遵的方法。兩者是互為因果，互相促進的。

　　像這樣提法，至少可以有利於杜絕在推手中主觀蠻幹、憑氣力大的錯誤認識。

　　一身大力捨不得丟，豈能叫捨己！但事實上，推手鬥力的遍地皆是，遠遠不是幾篇文章所能改變得了的。一味顢頇，又不讀書，從何明理？！這是絕症，無法的。

　　捨己從人引申開去，還有一層意義，就是不論練拳推手，都要聽老師的話，不可自作主張。名師在認識上尚且不一定過關，只有明師，認識才能徹底。如果自以為是、

自作主張，認為自己有文化，就看得懂拳譜，就可找一本書自修太極拳，這是大錯。還是虛心一些，把主觀主義捨了，找明師去吧。

至於「多誤捨近求遠」中的「近」和「遠」該如何解釋？在看了上面的內容以後，就很明白了。該捨的東西，在自己身上，最近。

倘不明白此理，而偏向外尋求，以為除此「捨己從人」之外，還另有什麼良方妙法，如多學些套路、多做些花樣、多學些手法之類，以為就是進步，這是大錯。這就是「遠」，想學好拳的道路就遙遠了。捨己從人，才是終南捷徑。所以說「本是捨己從人，多誤捨近求遠」。

—— 你相信以柔克剛嗎 ——

大家都知道太極拳在應用上是以柔克剛，以小力勝大力的，但事實上又不儘然。在推手時，我們會發現，很多人手上是硬的，力量是大的，真正拳味鬆柔、能以柔克剛的反而很少。很多人在行動上對以柔克剛是懷疑甚至是否定的。不然，就很難解釋，為什麼有的人總要找一種似是而非的理論來為自己辯護，說什麼「實踐證明：純柔無剛，難當強敵」。這就至少證明，他雖在提倡太極拳，但並不相信太極拳能以柔克剛。這種矛盾現象，該作何解釋呢？這說明要得到一點真知，是多麼不易！我就曾戲稱太極拳為太難拳。

倘學其他的拳，有個十年八年，就可以取得相當的成

就了。可是唯獨學太極拳，十年八年之後，發現自己還在門外的，真是司空見慣。在門外，不過沒有學會罷了，更不幸的是，還意外地發現早已學到了一身僵勁，硬而不柔，死而不活，不知成了什麼拳了，即使再找到楊露禪，也回天乏術，哪裡還醫得轉來！

或不免有人要問：「鬆柔了、輕靈了，不會被大力壓扁、壓垮嗎？」很多人正是因為這個問題得不到回答，從而不相信太極拳應是柔勁，認為還是要鼓一些硬勁，才能抵擋得住對方，自己才安全。上述某名家的「實踐證明：純柔無剛，難當強敵」的理論，就是最好的例證。名人的見解尚且如此，無名小卒又何足為怪呢！

須知太極拳強調完整，拳譜上明明提出「一舉動，周身俱要輕靈」，請讀者注意，是周身，不是局部，這正是它的高妙處，也是它的困難處。真正鬆柔得全身完整了，就已達到了相當高級的技巧水準，當然可以達到以柔克剛的實踐效果。

太極拳能以柔克剛，決非誇大之詞，更不是假話。雅軒老師的實踐證明，他這個純主柔者，完全能當強敵，能勝強敵。

如果不完整，只以局部的鬆柔去對付強大的硬漢，當然不行，就一定會被壓扁、壓垮。在「一舉動，周身俱要輕靈」之後，還有一句「尤須貫串」。這「尤須貫串」四個字特別重要，能貫串，才能完整，能完整才是高手。既沒有看見這尤須貫串四個字，又沒有做到完整，又怎能不被壓扁、壓垮，怪誰呢？

　　不幸的是，一般人從主觀出發，總是重力量而輕智慧，以為力量才是功夫，於是在大力面前，為了不被壓扁，怕被壓垮，就用力量去頂住，這正是犯了大忌。

　　殊不知，對於太極拳來說，鬆軟就是功夫，輕靈就是功夫，圓、勻、完整就是功夫。學太極拳而又不相信太極拳。奈何？！

── 下士聞道大笑之 ──

　　太極拳是道家理論的產物，所謂剛者易折，柔者難摧，並進而提出以柔弱勝剛強。從道家歷史的悠久看，太極拳的歷史恐怕也是很古老的了。

　　但因為太極拳較其他拳藝難學難成，加以舊社會的各種條件限制，它流傳得並不普遍。直到楊式、吳式中的代表人物南下傳藝，太極拳才從南方漸漸興起。但從學的對象，大多為過去的中上層人士，如地主、資本家、軍官、教授等等，人數也還是有限的。不過那時都是認真地研究武術，健康是它的副作用而已。太極拳得到普及推廣，是新中國成立以後的事，也可以說太極拳才從少數人中解放出來。不過主要是用它來治病強身，將它的副作用提升為主要作用。有人說：「解放以後，不講打架了。」對它本是高超的武藝避而不談，如果作一次全國性的統計，因練太極拳而治好了各種慢性病，使體質轉弱為強的，為數定相當可觀，估計不下幾十萬，甚至很可能有幾百萬。這是人民政府愛人民的典型事例之一。

用以健身治病之外，還在認真作為武術來研究的，數目就少得多了。

在各種拳術中，練功的方法儘管不同，但均以肢體的撞擊為手段，去攻擊對方，取得技擊上的勝利。按力的反作用的原理，你撞擊對方，也等於對方撞擊你。因此，每易導致兩敗俱傷，或許受傷的輕重程度有所不同而已。

說推手不易造成損傷，那只是太極拳「王道」的一面。然而也可以輕而易舉地造成極大的損傷，如打斷肋骨，甚至造成死亡，這是它「霸道」的一面。功夫深的人，能夠控制力度和技巧，輕重隨意；但功力不深者，每每不易掌握好分寸。在推手教學中，我的兒子和學生都曾經被我打傷過，還有的學生吐過血，須知這畢竟是武術，不會有絕對的安全。

一般人缺乏太極拳方面的常識，認為太極拳動作那樣緩慢，哪裡還能打人？只不過是老年人的養生操，想多活幾天罷了。很多青年人，不僅瞧不起太極拳，還對中、青年的太極拳學習者加以白眼和嘲笑：「你怎麼練這個 ?!」言下之意，不僅太極拳可鄙，連去練太極拳的人也跟著可鄙了。在長達二十多年的極左的歲月裏，都說太極拳只可以醫病，甚至說只適宜老年人練習，絕口不談它是武術，沒有技擊上的提倡與推手表演，「存在決定意識」，又怎能責怪青年們呢！

可喜的是，近幾年已在大力提倡太極拳推手了，隨著推手的日漸普及，太極拳的本來面目以及它高妙的技擊效果，定將日益受到人們的喜愛與重視。

　　動作緩慢，僅僅是太極拳特殊的練功方法，在競技、運用的時候，當然就該快了，由於在慢練時學會了放鬆的本領，快起來就能夠更快。學習書法的人，不正是先慢慢地練習碑、帖，然後再進而寫行書、草書的嗎？

　　由於太極拳是武術文練，一般人只見現象，不明本質，就以為它不是武術；還由於世間真有太極拳功夫的人不多，不能隨時隨地都見到太極拳在發揮武術上的威力；且有了功夫的，也就有了涵養，每每多深藏不露，而只喜作學術上的研究了。

　　知道太極拳可以競技的，為數不多，很多人是抱懷疑態度。倘說太極拳是非常兇猛厲害的拳術，恐怕很多人像聽神話，會笑落牙齒了。

　　這真叫「下士聞道大笑之，不笑不足以為道」。

太極拳雜談

—— 不宜過早學散手 ——

　　按楊式太極拳正規傳授，要拳架有了一定基礎，有了拳味之後，才學推手。推手也有一定的程式，先學定步推手，再學活步推手、行步推手、大捋，逐級上升。正如讀書從小學、中學到大學一樣，散手相當於大學畢業之後出去工作了。

　　打散手，其所以要在深厚的推手功夫之後才進行，是因為太極拳的要求和其他拳術不一樣，一是不主張冒險，要求自身安全；再則以發勁將對方擲遠為能，不以打傷為滿足。只有經過了各式各樣的推手訓練之後，才可能具有高妙的化勁和精彩的發勁效果。如果基本功不足、功夫不到，缺乏太極拳應具的本領，則與常人打架無異，即使挨他幾拳腳，也無關係的。

　　太極拳的本領，只能在盤架子與推手中訓練出來。如果功力不夠，還是只能在盤架子與推手中去用功，求得功力的增長。太極拳的功夫，不可能在散手中打出來。外家拳可以打勝仗，從未學過拳的匹夫之勇，也常有打勝仗的時候，但打出來的效果與太極拳相比較，就很不一樣了。至少不如太極拳把對手打得乾脆，打得更遠，打得騰空而起。

　　過早學散手，必然不可能具有完整的勁道，只能是常人局部的拳腳動作，這與外家拳原理一致，不是太極拳。一旦習慣於局部動作之後，對學到太極拳的整勁必然是一

種障礙，反而學不好了。

寄語聰明的學者，如想大成就，更該老實用功，不要急於求成地去學散手。古人說欲速則不達，又說大器晚成，對於太極拳而言是再恰當不過的了。我們還是該聽的。

── 學拳宜從中、小學開始 ──

學太極拳主要靠運用想像力，倘非能運用極細密的想像力者，很難有大成就。因為它太複雜，極聰慧的人，也得兩三年才能找到門徑。十來年，才說得上有點小成績。從前輩的例子看，都是到四五十歲以後，才到大成的境界，而且為數還不多。

考慮到太極拳成才難，成才的時間又特別長，如果我們要想成為太極拳大國，不落在日本、美國之後，則非從中、小學起步不可。由於過去曾有人公開主張太極拳宜老年人練習，青年人只宜學外家拳才符合好動的性格等錯誤論點，導致今天很多青年人對太極拳存在誤解。

對於上述的錯誤論點，今後必須在報刊上予以糾正，否則不利於太極拳的發展。

目前學太極拳的，可以說是一種自發勢力，絕大多數是老年人在爭取長壽或用以治病，要靠他（她）們去達到太極拳的最高境界，保持住太極拳大國的榮冠，恐怕是靠不住的。

學小提琴的，五、六歲開始，到二十歲左右，就會冒

出不少第一流的演奏家來。近幾年，後起之秀就如雨後春筍。在一般技藝中，小提琴算是難學的了。但小提琴技巧只有右手功夫較抽象，其他還是具體的；且對軀幹與下肢則可以說沒有什麼要求。可太極拳比小提琴困難多了，不僅全身都有細緻複雜的要求，而且全在抽象中運用心思，學者萬千，成無一二。

即使從保健、陶冶性情、提高人的品質出發，同樣宜早不宜遲。早學早用，在生活中可以發揮更多的作用，給我們帶來更多的益處。正因為太極拳太難，大成的時候多在晚年，所以常不免使人感歎：辛苦練拳一生，能自由運用的日子到了，而歲月又不待了！這是不能不深思的。

—— 太極拳用途廣泛 ——

在報紙、雜誌上，偶爾可以看到「推手運動好處多」這一類介紹太極拳的文章，它們有一個共同點，就是一條一條地列舉了練拳和推手的大量好處，宣傳了太極拳是健康的好法子。這對於常識的普及和太極拳的推廣，都很有益，但能介紹太極拳是高深技擊功夫的就不多見。在此我認為還有一條最主要的好處，他們卻沒有談，那就是：學會辯證法的認識論，按客觀規律辦事，克服主觀主義，使自己變得聰明起來。

前輩們將太極拳看成是「道」，還說「道也者，不可須臾離也」。這是非常珍視愛惜之意。道不是什麼虛玄的東西，通俗一點說，道就是可以做好一切事情的方法。

做任何事情，按客觀規律辦事才能成功，主觀從事，往往失敗。因為在推手時，必須冷靜、客觀、細心地聽著對方的勁而走化，不如此，就隨時有遭到打擊的可能。誰要是自以為力大漢子粗，急於想取得勝利，主觀盲目地進攻，在高手面前，定會受到加倍的打擊，輸得更慘。這樣，就強迫我們養成按客觀規律辦事的習慣。如果我們事事都如此對待，自然就聰明了。我以為這才是推手最大的好處。

農民擔水、挖地，工人拉鋸、用錘，倘能運用太極拳原理，都能收事半功倍的效果，不易感到疲勞，或推遲疲勞出現的時間。在勞動懲罰論流行的時候，我曾當過下放幹部。不少同志，在挖土的第一天，手上就打起了血泡，而我挖了兩年多，手上既沒有起泡，連硬趼也沒有，而且每一鋤還比別人挖得深。農民說：「老張挖土還可以。」此無它，就因為我懂得太極拳的原理──鋤把應該鬆握，揮鋤時應該用全身完整的柔勁，不可只用手上局部的硬力的緣故。

在我年輕的時候學的小提琴專業。新中國成立以後，在一個劇院的樂隊工作，長時期的夜生活，陰陽顛倒，破壞了生物鐘的自然節奏，後來患了風濕病、腸胃病、失眠症，還經常傷風感冒，成了弱不禁風的病夫。這些病，吃藥、打針不計其數，越醫越無效，苦惱不堪，情緒不好，病就更甚；病情加重，情緒自然越發低落，成了惡性循環。終於使我悟得，體質太差，單靠醫藥不能濟事。醫藥畢竟只是外因。

於是下決心改造體質，重新學起太極拳來，走自強不息的路。不到三個月，失眠症、腸胃病就先後消失。兩年後，一般人認為是養老疾——頑固的風濕病也好了；傷風感冒也難於光顧了。

堅持練拳之後，全身的氣血運轉正常了，產生了一種從未有過的輕鬆舒適感，有時還甚至是一種自豪感。病情一天好似一天，情緒也越來越好，情緒一好，病也好得更快。這就打破了以往的惡性循環，而建立了新的良性循環，疾病在我身上就再也站不住腳了。雅軒老師常說：「一練太極拳就周身舒服，經常舒服就身體健康。」實在很有點道理。

從自身的經驗我體會到，知識份子的很多病，都是長期只用腦力，而身體缺乏運動鍛鍊的緣故。有些人，雖然每天照常工作、學習，實際上是帶病上陣，勉為其難，工作效率很低，內心是痛苦的，身體是重滯的，甚至是七拗八扯的，離輕鬆愉快的健康狀況看起來很遙遠，其實只一念之隔。有的是沒有運動習慣，怕困難，有的強調客觀原因，下不了決心，實質上是自願放棄了能爭取到的十來年歲月。特別是晚年，是一生知識積累豐富的時候，正該結出豐碩的成果來。豈可輕易放棄！

更使我驚奇的，是練了幾年拳，懂了一點推手功夫之後，演奏小提琴的時候，手指的彈性大為增加，指頭在弦上的觸覺也異常靈敏，右手運弓的原理，也和太極拳的輕、柔、節節貫串相吻合，使右手更為鬆柔自然了，從而大大改善了我的演奏技巧。當時的高興勁，真是到了手舞

足蹈的程度，至今使我難忘。

上面這些事實，都說明太極拳的作用是多方面的，遠遠超越了武術和醫療的範圍。太極拳本是專門研究省力而又取得最佳效果的學問，在廣闊的生活領域裏，太極拳原理，隨時隨地都能大有用場。所以說：「道也者，不可須臾離也。」

── 中國古文化的明珠 ──

武術一向被認為是粗獷勇猛、大刀闊斧的事情，可太極拳卻反其道而行之，來了個斯斯文文、慢條斯理、精雕細琢、武術文練而又文練武打。它打得細緻、打得精確、打得巧妙、更打得精彩，的確是自成體系，別具一格。

太極拳的練法和用法，充分體現了道家思想的特色和孫子兵法的戰略思想。由於它涉及的面太廣，除武術、健身之外，還涉及哲學、力學、醫學等內容，實質上是一門應用極為廣泛的綜合性的學術，確是中華文化中的瑰寶，是我們的古文化在武術中最光輝的成就。

在其他各國，可能也有近似於外家拳一類的武藝，但絕對不可能產生像太極拳這樣的武藝。太極拳是中國古老文化的產物，是我們特具的文化所孕育出來的一顆光芒四射的明珠。這就是我們中華民族在武術方面對世界文化的獨特而又偉大的貢獻。

先輩們在創造太極拳的時候，對哲學、力學等學術進行了深刻的研究，他們認識了相反相成的道理，不以筋骨

皮肉受苦為能，而以訓練思想和發展觸覺為主。以慢為階梯，以輕為手段，去求得高度的鬆柔。真正鬆柔了，才能最靈最快也最重地打擊對方。要取得最佳的技擊效果，還必須儘量避免反作用力作用於自身，因而它以培養軟彈力為主，不主張發展撞擊力，創立了「得機得勢、因敵變化，妙處全在能借力」的一套制敵理論。又以靈敏的觸覺為前哨，以輕靈粘走相周旋，既避免損傷，又洞悉敵情，還能收到「人不知我，我獨知人」的特效。能把握戰機，使敵人進退失據，無可逃遁，更無法抗衡。這些認識，都反映了前人的高度智慧。

因此，我們說太極拳是大法，不是小術；是大智大慧，不是匹夫之勇。像這樣完整的理論體系和循序漸進自成系統周密細緻的一大套鍛鍊方法，只能是在我們悠久的歷史長河中，在古老文化的薰陶下，經過無數代的先驅者，逐漸形成、發展、完善起來的，集無數眾多的小智慧，才可能形成太極拳這樣的大智慧。正如匯眾多的江河，才能成為大海一樣。它絕對不可能是某一個人所能創造出來的，正如今天的物理學、化學不是某一個人創造出來的一樣。

現在我們要學好它，尚且如此艱難與不易，甚至終身無從入門的還大有人在。今天的物質生活，比古人豐富多了，今人應該比古人更為聰明，才近乎情理，哪裡會今人古人的智慧反而相差如此懸殊呢？

一個人可以編出幾十套甚至上百套外家拳來（見向愷然先生「練習太極拳之經驗談」一文）。但我向來就不相

信一個人能創造出這樣博大精深的太極拳來。太極拳創自陳王廷一說，在陳家溝很可能認為是一種光榮，但這種結論，不僅違反了歷史的發展觀，也缺乏常識。何況還有人考證這是張冠李戴，當遼東御史的陳王廷和陳家溝的陳王廷，籍貫都不同，一在河北省，一在河南省。我們千萬不要以為太極拳的創始人真的只有一個，於是就硬要找一個出來，否則就不光彩似的，這倒顯得可笑了。

太極拳的一套理論，外國不能產生。它的創始人，必然只能是我們的祖先，絕非外國人。

我們的國家太古老，歷史也實在太長，哪能樣樣都清楚它的來龍去脈。武術在民間流傳，官方未必重視，因而史書不屑記錄，也是當時的情理之常。找不到創始人或發明人的事恐怕很普遍。

隨便舉兩個例子：我們天天坐的椅子，是誰發明的？逢年過節舞的龍燈，又是誰發明的？很可能就要難倒當今的學者；即使是自己的祖先，三代以上，很多人也是弄不清楚的了，但這並不影響我們好好地過日子。

有歷史癖的學者，當然還可以追本溯源，繼續向歷史尋求答案，將現在已知的承傳關係，再向前倒推若干代，也還是可能的，但千萬不要錯認祖師爺。過去的教訓，倒是應該記住的。

── 太極拳境界雜談 ──

太極拳派別多，常談到的有五六派。由於對拳理的理

解，見仁見智不同，即在同派之中、同門之中，功夫層次都很不一樣，可謂人各一派。嚴格說，太極拳只有兩派：一派正確，一派錯了。合乎道家理論，鬆柔了的正確；還未鬆柔的，錯了，與現行的分派法無關。

太極拳像一個多面體，很難面面俱到，因而是一門不容易說清楚的學問，簡直就是說不清楚的學問。前賢的著述已很不少，總是掛一漏萬，他們都未能說清楚；我能力更有限，儘管我曾想盡力說清楚它，但也還是未能如願。這未盡之願，只好寄望於讀者了。

太極拳猶如一座巨大的礦山，要看發掘的深廣度如何，每人得多得少是大不相同的。學拳猶如登泰山，由於所走的道路不同，每人看見的泰山都不一樣，只有登上山頂的，腑瞰到的泰山才都是一樣了。

對於拳，其所以有各種各樣的意見分歧，大多是因為我們還在半山上的緣故。

作為一種學術，太極拳與我們的生活關係極為密切，它能留住青春，使面色紅潤，能增加活力；抗拒疾病，能降低高血壓，削平大肚皮；能延緩衰老，開發智慧，使我們在更高級的生活狀態中輕鬆愉快地生活。

如從更高處看，作家金庸在為《吳家太極拳》一書寫的跋文中有這樣一段很深刻的見解：

「練太極拳，練的主要不是拳腳功夫，而是頭腦中、心靈中的功夫。如果說『以智勝力』，恐怕還是說得淺了，最高境界的太極拳，甚至不求發展頭腦中的『智』，

而是修養一種平和沖淡的人生境界，不是『以柔克剛』，而是根本不求『克』。頭腦中時時存在著一個『克制對手』的念頭，恐怕練不到太極拳的上乘境界，甚至於，存著一個『練到上乘境界』的念頭去練拳，也就不能達到這境界罷。」

好友廖雨兵在來信中，也有一段極為精彩的見解，他說：

「深感武術的根本，在於丹田氣的養成，以及由此逐漸滲化而成的周身一勁。各家門派，凡是對路的，都只是在用不同的動作求這丹田氣及周身整勁。而氣的集聚與運行，都必須在放鬆的情況下才有可能。由此，放鬆就成為武術門徑的不二法門。鬆柔而生的勁，即是丹田氣的運用。這一點，便劃出了中國內家武術與世界上一切肌肉體育的區別。

內家拳是意念與經絡運氣的體育，意念的特點是『放鬆』，而不是神經和肌肉的體育，意念的特點是緊張。此世人喋喋不休地糾纏於細枝末節的爭吵，諸如肌肉也參與了運動等等，全不是撮其大要的本質認識方法。認識了根本，只要能有助於這『根本』的達成，一切有效的大方小法都可借用。『天地與我共生，萬物與我同在。』道家深廣的生存論，運用到認識論上來，便可解放我們的認識狀態，放開了眼光去自由地掃視一切有助我們練武的資訊，於是練武便不是習一種藝，而是成為一種生存狀態，一種生命存在方式，一種生命的進化和自由——這便是偉大的

中國古人創武之原意。這豈是那些腦子塞滿了比賽、錦旗、表演的西化中國腦筋所能領悟的？

說到底，一切生存的活動不都是為了幫助改善生命的存在狀態，使它能夠在更高的自由態上存在嗎？武術是古代中國人既向『苛政猛於虎』，也向生老病死抗爭、爭取生命自由的一種實踐哲學──這便是內家拳的深刻生命意義，深刻人體文化內涵。」

這兩段話，就更要有相當高的文化素養，才能產生共識與共鳴，恐怕不是只講氣力大的人所能理解的了。

在一般人的生活中，「爭」的氣氛太濃，大多為爭利。學拳的人，大多將勝負看得太重，重的是面子，爭的是名。這就涉及怎樣正確對待勝敗的問題；對待勝敗的態度，實質上反映出一個人的品質和修養。

俗話說，「勝敗乃兵家常事」，如能以常事坦然地看待，勝了，不驕；敗了，找出失敗的原因，力圖上進。這才是正常的態度。

如果抱著只能勝不能敗的想法，最好早就不要學拳，不學拳就不推手，雖不勝，但可以不敗，少卻很多煩惱。

先師李雅軒諄諄教導他的學生，「要維持太極拳的純潔性。」實在是因為太極拳之所以為太極拳，與其他任何體育運動或武術門類用力的方法完全不同的緣故。前輩吳圖南就明確提出要符合重意不重力、以柔克剛、以弱勝強、以靜制動這四條原則的，才能叫做太極拳。如果隨意加進其他的拳法或勁道，違反了柔勁、暗勁、整勁的基本

規律，而走向硬勁、明勁、斷勁的道路，實質上就是取消了太極拳，不再是太極拳了。

反對在太極拳中塞入其他的拳法或勁道，正如同反對販賣假藥一樣，完全理直氣壯，正大光明。有什麼不好？維護太極拳的純潔性，正是為了珍惜我們寶貴的文化遺產。這決不是爭正宗、正統的問題，更不是門戶之見。那些反對維護太極拳純潔性的，隨意給太極拳塞進其他拳種或勁道的，恐怕不僅是門戶之見，倒更是不懂得重視與珍惜我們文化遺產中的精華了。

——「舊襪子哲學」——

這是三十多年前的舊事了，在重慶米亭子的舊書攤上，我曾買到過一本小書，是十多篇譯文的輯集。書，早已被強人拿去，如今連書名也忘懷了，但其中有一篇「舊襪子哲學」，至今難忘。

這篇文章的作者，說她小的時候要上臺表演節目，心裏害怕得慌，緊張得不得了。老師叫她不要緊張，於是她就請老師教她不緊張的方法，但老師也沒有什麼好法子。她自然很失望了。

有一天，她偶然看到了軟癱著的舊襪子，這才突然悟到原來是要像舊襪子一樣，全身都鬆軟下來。後來當她再度上臺的時候，就想到她自己不過是一雙舊襪子，實行起來，居然很有效果。

記得在文章的結尾，她還風趣地寫道，當我將來臨死

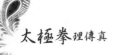

的時候，我就對上帝說：「上帝啊，您就拿去吧，我不過是一雙舊襪子。」

後來，自然就隨時都在推廣她的「舊襪子哲學」了。

近來還在《健美與長壽》一書中，見到國外有用自我暗示的介紹，用依次想到全身各部放鬆的方法，來治療失眠，很有成效。

從上面的兩例，可見國外也有不少人在重視對全身放鬆的研究，在探索放鬆會給我們帶來些什麼益處。

幾十年過去了，「舊襪子哲學」在國外推行得怎樣了，我不得而知。所謂舊襪子，作者不過以其鬆軟，有形象以利於自己模仿，易於使自己精神、肉體都鬆弛下來罷了。稱之為「哲學」，實在是有點過譽的。

世間對「放鬆」研究得最徹底，而又在武術、健身、醫療、工作、生活中各方面都能廣泛加以運用的，恐怕只有我國的太極拳（特別是楊、吳兩式太極拳）。

太極拳是一種特殊的軟功，也是一種專門研究省力的學問。學習起來有目的、有方法、有階梯，趣味無窮，作用也無窮，確是有深刻的哲理，完全可以稱之為「太極拳哲學」。

舊襪子，形象既不美，還易與破爛、骯髒發生聯想，它的「品位」是相當低下的。我們的楊派太極拳，開展大方、氣魄雄偉、渾厚靜穆、瀟灑飄逸，既是道家哲學和孫子兵法的卓越運用，更有療病強身、延年益壽的特殊效果，久練還可以使人聰明。

如果「舊襪子哲學」的作者還在，又在國外瞭解了我

們的太極拳，我深信她一定會放棄她的「舊襪子哲學」，來皈依在我們的太極拳腳下。

我們的祖先能夠創造出太極拳這樣的技藝精品，為後代造無窮之福，實在值得我們自豪和珍視。

今後就更應該為太極拳的普及和提高而盡力了。

太極拳名家鄭曼青，在美國多年，對楊式太極拳的推廣做了大量的工作。在日本，對太極拳的研究，更是風起雲湧。東南亞，甚至歐洲，也有不少人在從事於太極拳的研究。不過，這些大多是民間形式的交流。

國家還沒有大規模地向國外正式推廣太極拳，在國內，也還沒有組成專業的太極拳隊伍。倘能集中一些國內有成就的名家，開辦太極拳專門學校，成批地訓練專業人才，這既是解決太極拳師資不足的重要措施，也是提高太極拳品質的有效手段。

有了人才，可以和國外的體育院校進行交流，也可以推薦到國外的大型療養院去。這樣，就既可以為國家創收外匯，支援四化建設，也能夠早日將太極拳推進到奧運會，為全人類造福。

── 說成熟 ──

稻子黃了，橘子紅了，是成熟兩字最恰當的解釋。

牙齒落了，鬚髮白了，只能叫老了，不一定成熟，人要思想成熟，才叫成熟。所以在敬老、愛老的同時，也常能聽到老糊塗，甚至老混蛋的罵聲。

那些老科學家、藝術家、大作家之所以特別受到尊重，實在是思想上出類拔萃，造福人類，推動了社會進步的緣故。愛因斯坦就將我們這個世界向前推進了一個世紀。這就是思想成熟的最佳表現。

學太極拳什麼時候成熟？按拳理要達到「人不知我、我獨知人」、並能做到「因人為法」了才叫成熟。一般稱之為大成。小成呢？只要化勁能輕鬆自然，發勁乾脆俐落，勝的時候多，敗的時候少，勝不是以力勝，輸了還要輸得起，大約也就可以了。

專學一家，全力以赴，較易成熟。

遍學各家，以為是取長補短。然而各家的練法中，也常有互相矛盾的情況。例如某先生，練的是武式拳，卻大談陳式五陽五陰理論，又拼命反對楊式拳的大鬆大軟。不明白什麼才是真正的太極拳，分不清是非，就是思想上不成熟。

至於為什麼思想上不成熟，老了還糊塗，這原因太多，就不說了。

—— 說勝敗 ——

下棋時，想贏。推手時，怕輸。

想學好太極拳，應常常推手。勝敗應以平常心對待。敗的次數多了，經驗教訓多了，不斷克服自身的缺點，就會逐漸由少敗到不容易敗。

完全不敗，可能只是一種理想。

　　將推手看成學習聽勁、懂勁、化勁的方法，而不當做一決雌雄的比賽形式，這更符合太極拳的理論原則，也更有助於學者的進步。

　　道法與世無爭，推手方法也是主張不爭而勝；也可以說，推手不是提倡鬥爭精神，而是鬥而不爭的精神。不爭不是回避、逃跑，而是爭勝的最好方法或手段。

　　我們要學的正是那個不爭的爭，能夠不爭而勝，才是高手。

　　今日之推手，是又丟又頂，是認真地在爭，悖道了！

　　推手的勝敗，是拳理上較量的結果。只要方法對，拳練久了，就會有功夫，我不是指氣力大，是指手上的靈敏、聽勁的細緻準確、腰腿的靈活、強大的爆發力等。

　　如果只憑力大勝人，會口服心不服；如以輕靈虛無、變化莫測之法勝之，使對方莫名其妙，既合於以柔克剛的原則，又收到攻心為上的效果，就口服心服了。

　　勝敗是暫時的，用不著喜與憂。不斷追求進步，精益求精，怡樂無窮，活著才有意思。

　　如果在一群人中造成一種你追我趕的學習風氣，互相切磋交流，勝負的情況會隨時發生變化，觀察、研究這些變化，就會成為促進我們不斷進步的動力。

　　至於得個金牌什麼的，完全用不著眼紅，那不能說明什麼問題，甚至還可能說出一些不好聽的話來。

　　這，原因太多，就不說了。

—— 莫亂改良 ——

　　太極拳不是用語言文字說得清楚的學問，功夫越深，越是抽象，推手中很多精彩的內容，都不是文字所能表達得了的。對於一件說不清楚的事，再說多少，也還是不清楚。

　　書、文章，都是寫給懂拳的人看的。不懂拳的人，看了也還是不懂。

　　由於傳承的不同，對拳的認識很難一致。而太極拳功夫的層次又極多，為自己的水準所限，每易將自己還不明白的道理視為異端邪說。

　　例如，有的人就要我將有虛空無物的感覺的內勁拿出來看看，使人啼笑皆非。

　　內勁拿出來，要看得見，不就成了外勁了嗎？很多人就錯在要看得見，就將太極拳練成了外家拳。

　　太極拳是暗勁、內勁、柔勁。

　　外家拳是明勁、外勁、硬勁。

　　如果連這一點都不明白，還學什麼太極拳！

　　在我們豐富多彩的文化遺產中，如果說美術、戲劇等是具體的藝術，音樂、太極拳則是抽象的藝術了。低水準的太極拳、不懂推手只會拳架的太極拳，尚不能代表太極拳。一到高層次的推手境界，就是抽象的了。研究的是內勁的靈活變化、較量的是輕靈的觸覺，以及使對方站立不穩並巧妙地打出精彩效果的藝術。

　　人們思想的不同，有如其面目。有的善於抽象、客觀地思維，有的只會主觀地蠻幹。學太極拳是要擇人的，不是誰想學好就一定能學好。

　　有的人對太極拳的抽象、細緻、深奧認識不足，只看到學太極拳不易取得成就的事實，就以為是幾篇古典拳論有毛病，認為是拳論對學者形成了過多的限制，主張另闢蹊徑，要對太極拳理論進行主觀、自以為是的改良。殊不知一離了極柔軟的追求，就永遠達不到「人不知我、我獨知人」的境界了。

　　不易取得成就，這只說明太極拳的難，並不說明它不好。大凡一種高雅的藝術，沒有不難的。我們自五四運動以來，又出了多少個魯迅、茅盾、曹禺？又出了幾個齊白石、徐悲鴻、吳作人？能夠大量產生的，必然不是藝術家這一行，只能是一般的手藝人。

　　或者有人會說：「一切學術，都應該隨著時代的進步而進步、發展。這樣主張，豈不是認為太極拳就不能發展進步了嗎？」

　　這看似有理，其實似是而非，進步、發展雖都是美好動聽的名詞，也不可亂用。由於太極拳的最高境界是因人為法，這是它的高妙處和特異處，也只有追求極柔軟，才可能人不知我、我獨知人。離了這極柔軟，就不成其為太極拳了。

　　所以，一切對太極拳的改良意圖，都只能使太極拳倒退到外家拳或舞蹈的路上去，按客觀規律辦事的拳，就蛻變為主觀蠻幹的拳，兩者相差就不可以道里計了。

　　這正如書法的進步、發展不能變成圖畫一樣。有的人，不具備書法的基本功，又急於成名成家，就鬼畫桃符，自稱新派書法家。

　　這是中國文化的妖孽。

　　妄圖改良太極拳者，也是！

楊式太極拳練習指南

李雅軒先生的楊式太極拳，法度嚴謹，舒展大方，動作優美，氣魄雄偉。

李雅軒先生從楊澄甫宗師學習楊氏家傳太極拳，先後有19年，是他同輩人中跟師時間最久者之一。我伯父跟雅軒先生從學30餘年，家父從學8年，均得楊式太極真傳。我幼承家學，在父輩的嚴格督導下，幾十年來，獲益匪淺，今遵父命，寫成《楊式太極拳練習指南》，並由兒子張紫東拍攝拳照共305幅，呈獻給太極拳愛好者。他自幼由家父帶著練拳，已有近十年拳齡。拳照的拍攝實為不易，要求準確拍攝被攝者的神采和風韻，非懂拳者不能勝任。文中所述，全秉伯父和家父傳授，不敢妄自增刪，這是要向讀者特別說明的。

「指南」中所述方位與地圖方位相同，以利初學者，練熟後不必拘於此固定方位。

拳譜有「一動無有不動，一靜無有不靜」的要求，行文中先寫身勢、胸腰、腿腳，再寫手臂、眼神，凡有「同時」二字，要求無論先後，都須一齊動並協調，即所謂「上下相隨」「內外相合」。

太極拳是武術，有很好的健身作用，還有高深莫測的技擊內容。文中只述了動作，沒談用法，因太極拳應用千變萬化，拳式中雖有招式著法，但練習時不能拘於一招一式，這也是內外家武術的區別，拳譜有「入門引路須口授」的要求，本文僅是「練習指南」，所以沒有談及深層次的功夫。

太極拳是技術，是藝術，更是道法，博大精深，也歧

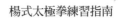

途多多，所以前輩先賢中傑出者，代不數人。學者當明辨其真偽優劣，認真擇師，僅靠看書是學不會的，「指南」者指方向而已。良師益友，勤勞苦練，缺一不可。

　　楊式太極拳動作共分三段，115式，其中若干式功法是相同的。練習時請按以下順序進行。

第　一　段

1. 預備勢

　　面向正南，兩腳相距同肩寬，自然站立；兩手鬆垂於體側；頭微頂、目微合，周身各處放鬆；中正安舒，心氣平和，摒除雜念。（圖1）

圖1

2. 出　勢

　　①兩手鬆軟，由前向上鬆挑至與肩平，左右手相距比肩略寬。（圖2）

　　②沉肩開胸，鬆肘下墜，手臂內收。（圖3）

　　③上動不停。雙臂緩緩向下鬆沉至兩胯側止，此時掌心向下，指尖微向前。（圖4）

圖2　　　　　　　　　　　　　圖3

圖4

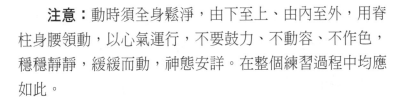

注意：動時須全身鬆淨，由下至上、由內至外，用脊柱身腰領動，以心氣運行，不要鼓力、不動容、不作色，穩穩靜靜，緩緩而動，神態安詳。在整個練習過程中均應如此。

3. 掤手上勢

①右腳尖往右側正西方外擺，同時身勢向右轉，重心移至右腳；兩臂由腰脊領動向西上旋，右手掌心向下，左手掌心向上，左下右上合抱於右胸前；此時左腳跟已離地，腳尖尚未抬起。（圖5）

②左腳輕輕提起，往左前西南方上一步，身勢微起，由腳而腿而腰向前下鬆沉，重心前移；同時開胸左臂圓滿，往左平胸部掤出，右臂向右下沉於右胯側，掌心向下。（圖6）

圖5

圖6

③然後重心移至左腳，收右腳於左腳前，以腳尖虛虛點地，膝關節和小腿垂直對正西；右臂隨收右腳經襠前向左後鬆垂環抱於小腹前，掌心向後，左手隨身勢左轉，鬆肩垂肘豎立於左肩旁，指尖向上。（圖7）

④提右腳往前正西方上一步，身腰向右轉沉；重心前移，引領右手向前上掤出，左手隨動護於右肘彎處，掌心向右，指尖斜向前；此時胸腰已轉向正西，目視前方。（圖8）

注意：此上步雙掤，兩手如撒網，須由正面向前上撒出。腳步的起落，重心應緩慢移換，例如提右腳，全身的重心先移至左腿坐實，然後將腰部的勁運於胯，達於腿，牽動腳跟先起，腳尖慢慢離地。又如向前邁步，須先由腰脊領動，達於胯，經大腿、過膝，再經小腿，先腳跟，漸次全腳掌落地，每動要有邁步如貓行、輕妙虛靈的意思才對。

圖7　　　　　　　　圖8

4. 攬雀尾

①掤　以腰脊領動，身腰微向右轉；兩手隨動往右前上掤翻轉，此時左手應往前稍湊，掤得更圓更滿，如往前接手狀；左掌心向內，右掌心翻轉微向下。（圖9）

②捋　左手外翻，掌心向上，右手內翻，掌心向下；身腰左轉，往後坐左腿，兩手相距尺許，以身腰領動兩手平胸，由前往後經左腰側往後捋帶。此時左手圓抱，指尖向前，右手屈肘，前臂平放，勿向下壓，重心在後，頭微低。（圖10）

圖9

圖10

③擠　以腰脊領動，身勢徐徐上起轉向正西；同時，左手經後劃一圓弧，沉肩垂肘，指尖向上，掌心向前，豎掌於左胸前；右手前臂隨轉腰微上起，平胸、指尖

向左，手心向內；此時左手以掌根相對右手脈門，相距三
四寸，未靠接，身勢虛含，下力上達，如開弓放箭；雙目
平視前方。（圖11）

上動不停。以全身的內勁，弓步往前正西方鬆沉擠
出；雙手掌止於右膝垂直線處，右腳小腿垂直，膝蓋勿過
腳尖，頂頭拔背，立身中正。（圖12）

④按　以身腰領動後坐，重心後移左腿；雙手回
收，隨開胸往兩側微分，止於胸側。（圖13）

上動不停。身勢由腳而腿而腰，自下往上微微上起；
然後手心向前，弓步鬆沉按出。（圖14）

注意：攬雀尾內含掤、捋、擠、按四個動作，練習時
須一氣呵成。應以腰脊領動動作的開合收放，上下肢身腰
要貫通，且要與地面相連，勿使周身有斷續處。身勢的前
移後坐都應立身中正，勿前俯後仰，左傾右倒。

圖11

圖12

圖13　　　　　　圖14

5. 單鞭掌

①帶　兩臂鬆軟，以腰脊領動稍微上挑，身勢往後鬆坐，邊坐邊向左轉腰；將兩臂往左後帶轉百餘度，此時重心已後坐到左腿。（圖15）

②掛　右腳尖內扣135°，身腰帶動重心由左腿坐至右腿；同時，身勢、兩臂往下稍沉，右掌做鉤手，經胸前往右後正西方掛出，左手隨動，屈

圖15

肘護於右胸前，指尖微向上，掌心向後；同時左腳收回，以腳尖虛虛點地於右腳之前，目視右後，雙膝彎曲，左腿膝關節、左腳尖正對東方。（圖16）

③撐掌　提左腳向正東方出一步，身勢微起隨往前下鬆沉，重心前移；同時，左手經胸前往前正東方出掌，此時左掌向正東，右鉤手向正西，胸腹側身向正南；身勢勿扭曲，頂頭拔背，開胸沉氣，目視東方。（圖17）

圖16　　　　　　　　　圖17

6. 提手上勢

左腳尖內扣45°；右鉤手變掌，雙臂從身體兩側徐徐下落；重心移至左腿，彎曲坐實，右腳收回至左腳跟處，再向正南方出半步，以腳跟虛虛點地；雙手同時自下微向外、向上提，至與肩平後微合，右手在前，左手在後，左

掌心對右肘彎，右手指尖對右腳尖；身勢微向左，對東南方，右腳是虛步，重心全落左腿。（圖18）

7. 白鶴亮翅

①身腰左轉，右腳尖內扣，左腳尖外擺，收右腳，以腳尖虛虛點地於左腳內側，重心坐於左腿；同時，右手向左下落掛，掌心向上，左手隨轉腰，前臂內旋，掌心向下，兩手臂於小腹前左上右下抱圓掤滿，注意右肘尖須對東南方。（圖19）

②提右腳，往右前東南方上一步，身勢由後往前下鬆沉，重心前移；兩手臂掤圓由內向外開擴，右肩、肘含向前靠的意思。（圖20）

③重心前移至右腳，收左腳，往前正東方上半步，以腳尖虛虛點地，身勢由下向上微起；同時，雙手臂由內

圖18　　　圖19　　　圖20

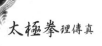

而外，左手向下，右手向上節節貫串展開，如仙鶴展翅，故名；身勢先升後降，定勢時須微沉；左手掌心向下，位於左腿外側，指尖向前，右手臂在上，掌心微向外；頂頭拔背沉氣，面向正東。（圖21）

8. 右摟膝拗步掌

①身腰領動；右手背翻向下，由前正東方徐徐落下，經右胯外側，向後正西方鬆肩垂肘抬起，此時右掌心已翻向上，同時，左手由外向上起，平胸由左往右平劃圓，至正南方，鬆肩垂肘微微下落，掌心向下；身勢向正南。（圖22）

圖21　　　　　　　圖22

②提左腳，往前正東方上一步，重心由腳而腿而腰，隨身勢節節貫串上起；同時，右手鬆肩屈肘，從後收回至右耳根側；然後轉腰下沉，重心前移；右手隨身勢沉轉，平胸部出掌，左手往下經左膝上摟過，止於左腿外側，掌心向下。此時須頂頭沉氣，中正安舒。（圖23）

9. 手揮琵琶勢

①重心前移至左腳，提右腳進半步，以腳尖虛虛點地，此時身勢向東方。（圖24）

②重心徐徐後坐，右腳踏實，胸腰向右轉，左腳隨身腰轉動提起，以腳跟虛虛點地於前；同時，左手由下向外、向上輕輕挑起，至與肩平，指尖向前，右手向後收，兩手臂左前右後合抱於胸前；此時重心全落右腳，身勢向東南。（圖25）

圖23

圖24

圖25

10. 右摟膝拗步掌

①右手平腰部，以腰脊領動向後沉著抽掛，由後正西方鬆肩垂肘抬起，此時右掌心已翻向上；同時，身勢向右微轉，左手平胸繞右，至正南方，鬆肩垂肘微微下落；掌心向下，身勢向正南。（圖26）

②提左腳，往前正東方上一步，重心由腳而腿而腰，隨身勢節節貫串上起；同時，右手鬆肩屈肘，從後收回至右耳根側；然後轉腰下沉，重心前移；右手隨身勢沉轉，平胸部出掌，左手往下經左膝上摟過，止於左腿外側，掌心向下。此時須頂頭沉氣，中正安舒。（圖27）

11. 左摟膝拗步掌

①左腳尖外擺45°，重心移至左腳，上右腳，以腳尖

圖26

圖27

虛虛點地於左腳前；左手由左膝側往後沉著抽掛，由後正西方鬆肩垂肘抬起，此時左掌心已翻向上；同時身勢向左轉；右手隨轉腰平胸部繞至正北方，鬆肩垂肘微微下落，掌心向下，身勢向正北。（圖28）

②提右腳，往前正東方上一步，重心由腳而腿而腰，隨身勢節節貫串上起；同時，左手鬆肩垂肘，從後收回至左耳根側；然後向右轉腰下沉，重心前移；左手隨身勢沉轉平胸部出掌，右手往下經右膝上摟過，止於右腿外側，掌心向下。（圖29）

圖28　　　　　　　　　　圖29

12. 右摟膝拗步掌

①右腳尖外擺45°，重心移至右腳，上左腳，以腳尖虛虛點地於右腳前，以腰脊領動身勢右轉；右手由右腿外

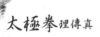
側向後沉著抽掛，由後正西方鬆肩垂肘抬起，此時右掌心已翻向上，左手平胸繞右至正南方，鬆肩垂肘微微下落，掌心向下，身勢向正南。（圖30）

②提左腳，往前正東方上一步，重心由腳而腿而腰，隨身勢節節貫串上起；同時，右手鬆肩屈肘，從後收回至右耳根側；然後轉腰下沉，重心前移；右手隨身勢沉轉平胸部出掌，左手往下經左膝上摟過，止於左腿外側，掌心向下。（圖31）

圖30

圖31

13. 手揮琵琶勢

①重心前移至左腳，提右腳進半步，以腳尖虛虛點地，此時身勢向東方。（圖32）

②重心徐徐後坐，右腳踏實，胸腰向右轉，左腳隨

身腰轉動提起，以腳跟虛虛點地於前；同時，左手由下向外、向上輕輕挑起，至與肩平，指尖向前，右手向後收，兩手臂左前右後合抱於胸前；此時重心全落右腳，身勢向東南。（圖33）

圖32　　　　　　　圖33

14. 右摟膝拗步掌

①右手平腰部，以腰脊領動向後沉著抽掛，由後正西方鬆肩垂肘抬起，此時右掌心已翻向上；同時身勢向右微轉，左手平胸繞右至正南方，鬆肩垂肘微微下落，掌心向下，身勢向正南。（圖34）

②提左腳，往前正東方上一步，重心由腳而腿而腰，隨身勢節節貫串上起；同時，右手鬆肩屈肘，從後收回至右耳根側；然後轉腰下沉，重心前移；右手隨身勢沉

轉平胸部出掌，左手往下經左膝上摟過，止於左腿外側，掌心向下。（圖35）

圖34

圖35

15. 進步搬攔捶

① 搬　左腳尖外擺45°，重心全移至左腳，然後提右腳向前正東方斜橫式上半步，腳尖向東南；同時開胸，右手往右外側落下，左手由左外側上起，身勢左轉；右手握拳隨轉腰往左外側翻上，由內向上、向外搬；身勢再向右轉，以身腰領動，重心前移；左掌隨右拳外翻護於右臂肘彎處；此時身勢向東南，目視前方。（圖36）

② 攔　身腰繼續右轉向正南；左掌隨轉腰往前、微向下沉攔出，右拳平胸部向後抽；重心全移至右腳，左腳漸虛提起收回。（圖37）

③捶　左腳向前正東方上一步，向左轉腰下沉，重心徐徐向前移動；右拳隨轉腰向前平胸部送出，左掌隨即屈肘收回，護於右肘彎左側；此時重心在前，身勢向正東，立身中正，頂頭沉氣，兩手臂沉肩垂肘。（圖38）

圖36

圖37

圖38

16. 如封似閉

①腰鬆、胸微合；同時，左手掌心翻向上，向右穿於右手臂下，右拳鬆開，隨合胸手臂內裏，掌心翻向上。（圖39）

圖39

②右膝彎曲，身勢向後坐沉，重心後移；兩手隨開胸向後抽，邊抽邊向左右外分，沉肩垂肘止於兩肩前，掌心向前。（圖40）

③身勢微起，由後腳跟，由腿而腰，由脊而肩、肘，節節貫串，重心前移；雙掌向前下鬆沉按出；目視前方。（圖41）

圖40

圖41

17. 十字手

①左腳尖內扣，右腳尖外
擺，身腰右轉，帶動兩臂上挑，
向上、向右圓轉；此時身勢已右
轉向正南，雙手指尖向上，掌心
向前，重心居中，注意切忌聳
肩，仍然要心氣沉著。（圖42）

②重心徐徐下沉；兩手臂
由上向左右分開下落，落時如鬆
沉自墜，掌心向前。（圖43）

圖42

③重心繼續下沉，身勢下蹲成騎馬勢；兩手臂隨身
勢左右下墜至兩膝之上，此時掌心向上，指尖向前，雙臂
抱圓微屈；頭微頂目微合，軀幹正直，雄渾莊嚴。（圖
44）

圖43

圖44

④重心向左移，提右腳靠左腳，相距與肩同寬；兩手於小腹前合抱，左手在內、右手在外；身勢由腳而腿而腰，徐徐上起，同時已合抱的雙手隨身勢上起，由下而上節節貫串，向上、向外掤，至身勢全起，雙手抱圓止於胸前，手心向內。（圖45）

圖45

李太老師雅軒傳筆者伯父、家父楊式太極拳，共分三段，從預備勢至十字手為第一段。傳統的教學方法是學完第一段動作後，必須口傳面授，落實拳理，在老師的督促指導下，達到許多基本要求。如外形的大小、方位；肢體的上下相隨，鬆穩圓勻；每一式、每一動怎樣「由腳而腿而腰，形於手指」，怎樣「一舉動，周身俱要輕靈」；如何節節貫串，又如何鬆沉穩固；如何開合收放、立身中正，又如何虛靈頂勁、氣沉丹田，以及其他如內外相合、

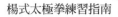

用意不用力、運勁如抽絲等身法、心法方面的諸多要求。

　　學生必須於此階段勤學苦練，認真聽話，基本做到以上要求，才能學習二、三兩段。一個合格認真的老師，也肯定會如此要求。不然僅有形式的多，而無內容的精，貪多求快，必將耗費學生更多的時間心力，徒費功夫無益。

　　如練至此式止，可將兩手向下分落，掌心向下，徐徐落至兩側，微停，將神氣凝住，為合太極，收勢。（參見圖304、圖305）

圖304（參考圖）

圖305（參考圖）

第 二 段

18. 豹虎歸山

①重心移至左腳，虛右腳，身勢往左稍轉，向下微

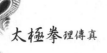

沉；左手隨轉順勢向左下抽出，眼神意掛左手，雙臂掤圓滿。（圖46）

②提右腳，扭項回頭，向右後西北方倒邁一步，腳尖先落地，然後左腳尖內扣對正西，右腳尖外擺對西北，此時重心在後、在左腿；右手前臂於平腰處內旋，掌心向下、微向外，左掌收於面部左側；身勢微起，由腳而腿而腰，向右後西北方轉腰鬆沉撲去；定式時重心在前，左手掌高與臉平，右手掌高與腰平。（圖47）

圖46

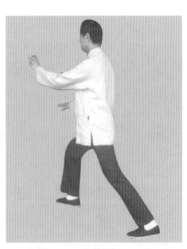

圖47

注意：此式與摟膝拗步不同。摟膝拗步左手是在耳根下打出，右手於膝前摟出；豹虎歸山左手平面部，右手平胸腰，倒退邁步轉身，雙手連撐帶撲而出，後發先至，打的是截勁，學者當仔細區別。

19. 斜攬雀尾

①掤　左臂抱圓往前稍湊，掌心向裏，狀如接手，同時右臂由下往前上稍起翻轉，掌心微向下。以上左右手都是由腰脊領動，不可雙手自動、多動、妄動。（圖48）

②捋　左手外翻，掌心向上，右手內翻，掌心向下；身勢左轉往後坐左腿；兩手相距尺許，平胸部，腰脊引領，牽動兩手由前往後，經左肋往後捋；此時左手抱圓，指尖向前，右手前臂平，切忌向下壓；重心在後，左腿屈右腿微直。（圖49）

③擠　上動不停。腰脊領動，身勢徐徐上起，轉向西北；同時，左手經後劃一圓弧，沉肩墜肘，指尖向上，掌心向前豎掌手左胸前，右手前臂隨轉腰微微上起，平胸，指尖向左，手心向內；此時左手以掌根相對右手脈

圖48

圖49

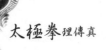
門，相距約三四寸，未靠接，身勢虛含，下力上達，如開弓放箭，雙目平視前方。上動不停，由腳而腿而腰，由內而外，弓步往前西北方擠出；雙手掌至與右膝垂直線處止，此時左手掌根搭靠右手脈門；右小腿垂直，膝蓋勿過腳尖，頂頭拔背，立身中正。（圖50）

④按　以身腰領動後坐，重心後移至左腿；雙手回收，隨開胸往兩側微分，止於胸側。（圖51）

上動不停。身勢由下而上微微上起，然後手心向前，弓步鬆沉按出。（圖52）

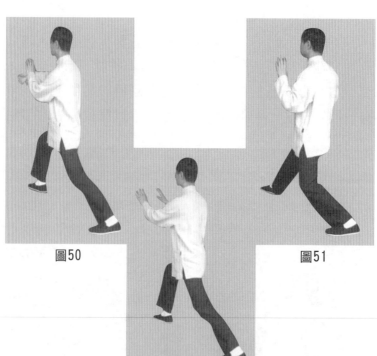

圖50　　　　　　　　　　　圖51

圖52

20. 斜單鞭掌

①帶　兩臂鬆軟，以腰脊領動稍微上挑，身勢往後鬆坐，邊坐邊轉，將兩臂往左正南方帶轉約135°，此時重心已後坐到左腿；目視正南。（圖53）

②掛　右腳尖由西北向內扣轉至正西，身勢右轉，重心移至右腳；右手變鉤手，經胸前向右後東北方掛出，左手隨動，屈肘護於右胸前，指尖微向上，掌心向後；此時左腳已收回，以腳尖虛點地於右腳前，目視右後，左腿膝關節、左腳尖正對西南方。（圖54）

③撐掌　提左腳，向西南方出一步，身勢微起，隨往前下鬆沉，重心前移；同時，左手經胸前往前西南方出掌，此時左掌心向西南，右鉤手向東北；身勢勿扭曲，頂頭拔背，開胸沉氣，目視西南。（圖55）

圖53

圖54

圖55

21. 肘底捶

①左腳尖先向外擺，然後身腰左轉，雙手隨動。（圖56）

②重心前移至左腳，提右腳反落於正西，腳尖先落地；此時左手已隨轉腰上步向正東，指尖向前，掌心向右；右鉤手隨上步向正西，重心在前在左腿。（圖57）

圖56

③身勢由左向右轉坐，右腿坐實，虛抬左腳，再以腳跟虛虛點地於右腳前半步；同時，左手沉肩屈肘向內回掛，前臂垂直；右鉤手屈肘握拳，隨轉腰坐胯於腰間向前正東出正拳，止於左肘之下；此時身勢向東南，頭臉向正東，目視前方。（圖58）

圖57

圖58

22. 右倒攆猴

①上身稍向右轉，身
勢向南；右拳變掌，平腰部
向後弧形抽掛，高與肩平，
此時掌心向上，同時，左手
隨轉腰鬆肩肘前落，掌心也
向上；在前的左虛步微收，
以腳尖點地。（圖59）

圖59

②收左腳往後正西方退一步，腳尖先落地，再踏
實；在後的右掌隨轉腰由後繞上，屈肘收於右耳根側；此
時身勢已轉向正東，注意重心仍在前。（圖60）

③在前的右腳腳尖內扣，正對前方，重心由前向後
節節貫串沉轉鬆坐，身勢轉向東北；同時，在前上的左手
隨轉腰向後、向下平腰往後抽掛，止於左腰側，右掌由右
耳根側隨身腰左轉向前沉著出掌。（圖61）

圖60

圖61

　　注意：此式是當對方來勢兇猛，我向後退、向後坐，向側後捋化抽掛對方來力，同時向前出掌，以退為進的招數，學者當詳細落實拳理，弄清勁路，做到頂頭拔背，沉肩垂肘，上下相隨，內外相合。

23. 左倒攆猴

　　①身腰微向左轉；左手隨轉腰平腰部往後沉著弧形抽掛，高與肩平，掌心向上，同時，右手隨轉腰前臂外翻，掌心也向上；重心向後坐於左腿，在前的右腳微提後退，以腳尖虛點地於前。（圖62）

　　②收右腳，往後正西方退一步，腳尖先落地，再踏實；在後的左掌隨轉腰由後繞上，屈肘收於左耳根側；此時身勢轉向正東，注意重心仍在前。（圖63）

　　③在前的左腳腳尖內扣，正對前方，重心由前向後節節貫串沉轉鬆坐，身勢轉向東南；同時，在前上的右手

圖62

圖63

隨轉腰向後、向下平腰往後
抽掛，止於右腰側，左掌由
左耳根側隨身腰右轉向前沉
著出掌。（圖64）

24. 右倒攆猴

①上身稍向右轉，身勢
向南；右掌平腰部向後弧形
抽掛，高與肩平，掌心向上，
同時，左手隨轉腰前臂外翻，

圖64

掌心也向上；重心向後坐於右腿，在前的左腳微提後退，
以腳尖虛點地於前。（圖65）

②收左胸，往後正西方退一步，腳尖先落地，再踏
實；在後的右掌隨轉腰由後繞上，屈肘收於右耳根側；此
時身勢轉向正東，注意重心仍在前。（圖66）

圖65

圖66

③在前的右腳腳尖內扣，正對前方，重心由前向後節節貫串沉轉鬆坐，身勢轉向東北；同時，在前上的左手隨轉腰向後、向下平腰往後抽掛，止於左腰側，右掌由右耳根側隨身腰左轉向前沉著出掌。（圖67）

25. 斜飛勢

①身腰微向左轉；左手隨轉腰平腰部往後沉著弧形抽掛，高與肩平，掌心向上，同時，右手隨轉腰前臂外翻，掌心也向上；重心向後坐於左腿，在前的右腳微提後退，以腳尖虛點地於前。（圖68）

②身勢微右轉，由北轉向東北，重心全落左腿，兩膝微屈下沉，身勢含蓄；同時，右掌由前往左下回掛，止於小腹左側，掌心斜向上，左臂隨身勢右轉手心翻向下，由後向右、向內屈肘合抱，雙臂左上右下掤圓合抱於腰

圖67　　　　　　圖68

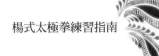

前，此時須注意立身中正。（圖69）

③提右腳，向後西南方扭項回頭倒邁一步，腳尖先落地，再腳掌踏實，左腳尖內扣，再右腳尖外擺向西南方，轉身腰開胸，重心由腳而腿而腰，微微上起往前下鬆沉；同時，右臂隨開胸轉腰往右前上西南方開出，左臂往左後下東北方鬆去；此時身腰向正南，目視西南，注意右腳小腿垂直，膝關節勿內扣。（圖70）

圖69

圖70

26. 提手上勢

重心前移至右腳，上左腳半步，落下踏實，重心再由前往後坐，邊坐邊提右腳，以腳跟虛點地，落於左腳之前正南；同時，右手由右前西南方往後收合，左手由後下往前上環抱，雙手右前左後合抱於胸前。須注意鬆肩垂肘，

踏胯沉氣，面向正南，重心向後坐時，身勢微向左轉，對東南方，右腳虛左腳實。（圖71）

27. 白鶴亮翅

①身腰左轉，右腳尖內扣，左腳尖外擺，收右腳，以腳尖虛虛點地於左腳內側，重心坐於左腿；同時，右手向左下落掛，掌心向上，左手隨轉腰前臂內旋，掌心向下，兩手臂於小腹前左上右下抱圓掤滿，注意右肘尖對東南方。（圖72）

②提右腳，往右前東南方上一步，身勢由後往前下鬆沉，重心前移；兩手臂掤圓由內向外開擴，右肩、肘含向前靠的意思。（圖73）

③重心前移至右腳，收左腳，往前正東方上半步，以腳尖虛虛點地，身勢由下向上微起；同時，雙手臂由內

圖71

圖72

圖73

而外，右手向上，左手向下展開，如仙鶴展翅，故名；身勢先升後降，定勢時須微沉；左手掌心向下，位於左腿外側，右手臂在上，掌心微向外；頂頭拔背沉氣，面向正東。（圖74）

28. 右摟膝拗步掌

①身腰領動；右手背翻向下，由前正東方徐徐落下，經右胯外側向後正西方鬆肩垂肘抬起，此時右掌心已翻向上，同時左手由外向上起，平胸由左往右平劃圓至正南方，鬆肩垂肘微微下落，掌心向下；身勢向東南。（圖75）

②提左腳，往前正東方上一步，重心由腳而腿而腰，隨身勢節節貫串上起；同時，右手鬆肩屈肘，從後收回至右耳根側；然後轉腰下沉，重心前移；右手隨身勢沉

圖74

圖75

轉平胸部出掌，左手往下經左
膝上摟過，止於左腿外側，掌
心向下；此時須頂頭沉氣，中
正安舒。（圖76）

29. 海底針

①重心前移至左腿，右腳
提起，向前進半步，落於左腳
之後，踏實，重心又由前向後

圖76

移至右腿，左腳向後收回，以腳前掌虛虛點地於右腳前；
同時，右手前臂外旋，掌心向左，隨身勢後坐向後、微向
上收回，左手隨動，護於右臂肘關節處；此時雙膝微屈，
身勢向正東，目視前方。（圖77）

②雙腿屈膝，重心下沉，身勢下蹲，以全身鬆沉勁
下踩；雙手隨動；目視前下方，身勢向正東。（圖78）

圖77

圖78

30. 扇通臂

①由下而上節節貫串，身勢上起，但膝仍彎曲；目
視前方，身勢向正東，重心在右腿，左腳是虛步，腳尖點
地。（圖79）

②提左腳，向前正東方進一步，身腰向下、向右沉
轉，重心隨之向前移；同時，左手隨轉腰向前出掌，右手
臂隨轉腰開胸，向後、向上、向外翻，屈肘護於頭部上
方，掌心向南；此時身腰側身向南，目視東方。（圖80）

圖79 圖80

31. 翻身撇身捶

①右臂由胸前徐徐下落，邊落邊握拳，拳心向下；
左腳尖內扣約45°，右腳尖外擺90°；同時，左掌翻向上，

以身腰領動由東經上向西劃圓弧，往面部前落下，止於胸前，雙手左上右下圓滿環抱，左掌高度平胸，右拳高度平腰；身勢下沉成騎馬式，立身中正，鬆肩垂肘，身勢向正南。（圖81）

②重心向左坐左腿，腰微向左轉開胸；同時，左掌隨轉腰開胸，往左移於左耳側。（圖82）

圖81

圖82

③提右腳，扭項回頭，向右後西北方倒邁一步，腳尖先落地，踏實，然後左腳尖先內扣對正西，右腳尖再外擺對西北，此時重心在後在左腿。前動不停，身腰往右後上翻，右手握拳，隨翻身往上從西北方落下，拳心向上，左手掌隨翻身轉腰護於左耳側；此時胸腰對正西，目視西北。（圖83）

④身勢向右轉腰鬆沉，重心前移；右拳隨轉隨沉往

後屈肘抽掛，止於右腰側，左掌隨轉身腰向西北方橫掌送出；此時身腰已轉向西北方，目視左掌前方，立身務必中正，不可前俯後仰。（圖84）

圖83

圖84

32. 卸步搬攔捶

①卸步　右腳尖內扣90°，左腳尖外擺45°，鬆腰胯身腰向左後轉，重心後移至左腿；左掌隨轉腰屈肘回收護於左胸前，右拳同時舒肩肘下垂，隨身腰左轉，右臂內旋，拳背向外，由左腿外側經膝向內側格掛。（圖85）

圖85

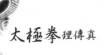

②搬　提右腳收回，不落步腳尖外擺，向正西方斜橫式上半步，身腰由下向上、由內向外向西北方翻轉，重心前移；右拳以肘為軸，沉肩，由胸前上起，由內向外搬，左掌隨動護於右臂中節；此時重心在右腳，左腳跟已離地，目視正西，身腰已轉向西北。（圖86）

③攔　身腰繼續右轉，重心全移至右腳，左腳從後收回；右拳由腰脊領動從前往後抽，止於右胸側，左掌隨轉腰微斜向前攔出，頂頭開胸。（圖87）

④捶　提左腳，向前正西方上一步，身腰向左沉轉，重心由後向前移；由腰脊領動，右拳平胸部向前正西方節節貫串送出，左掌同時由前向後屈肘收回，護於右手肘彎處；此時身腰對正西，目視前方。（圖88）

注意：右腳原在後，須上步搬攔，為進步搬攔捶；右腳原在前，須收回再上步搬攔，為卸步搬攔捶；後面的56

圖86

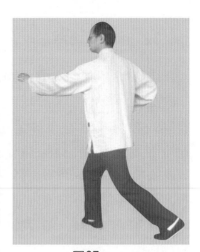

圖87

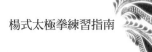

式右腳在上，須落步再上步搬攔，為落步搬攔捶。學者當明白其不同之處。

33. 上　勢

①左腳尖隨開胸外擺45°，重心前移至左腳，提右腳，以腳尖虛點地於左腳前，胸腰向左轉向西南；右臂隨開胸向右外側落下，變拳為掌，然後隨轉腰向左繞至左腿根側，掌心向後，同時左手隨轉腰向後移至身體左側，鬆肩垂肘豎掌，指尖向上，掌心向南；此時膝微屈、臀內收，立身中正，目視正西。（圖89）

②提右腳，往前正西方上一步，身腰右轉，重心徐徐前移；以腰脊領動右手由下、由內向上、向前掤出，左手隨動護於右肘彎處，身勢向正西。（圖90）

圖88　　　　　　圖89

圖90

34. 攬雀尾

①掤　以腰脊領動，身腰微向右轉；兩手隨動往右前上掤翻轉，此時左手應往前稍湊，掤得更圓更滿，如往前接手狀，左掌心向內，右掌心翻轉微向下。（圖91）

②捋　以腰脊領動，左掌外翻，掌心向上，右掌內翻，掌心向下；身勢左轉，往後坐左腿，兩掌相距尺許，領動兩手平胸部由前往後，經左腰側往後捋帶，此時左手圓抱，指尖向前，右手屈肘，前臂平放，勿向下壓，重心在後，頭微低。（圖92）

③擠　以腰脊領動，身勢徐徐上起轉向正西；同時，左手經後劃一圓弧，沉肩垂肘，指尖向上，掌心向前，豎掌於左胸前，右手前臂隨轉腰微上起，平胸、指尖向左，手心向內；此時左手以掌根相對右手脈門，相距三

四寸，未靠接，身勢虛含，下力上達，如開弓放箭，雙目
平視前方（圖93）。上動不停。以全身的內勁，弓步往前
正西方鬆沉擠出，雙手掌止於右膝垂直線處，此時左手掌

圖91

圖92

圖93

根搭靠於右手脈門處，右腿小腿垂直，膝蓋勿過腳尖，頂頭拔背，立身中正。（圖94）

④按 以身腰領動後坐，重心後移至左腿；雙手回收，隨開胸往兩側微分，止於胸側（圖95）。上動不停。身勢由腳而腿而腰，自下往上微微上起，然後手心向前，弓步鬆沉按出。（圖96）

圖94

圖95

圖96

35. 單鞭掌

①帶　兩臂鬆軟，以腰脊領動稍微上挑，身勢往後鬆坐，邊坐邊轉，將兩臂往左後帶轉百餘度，此時重心已坐到左腿。（圖97）

②掛　右腳尖內扣135°，身腰帶動重心由左腿坐至右腿；同時，兩臂往下稍沉，右手變鉤手，經胸前往右後正西方掛出，左手隨動，屈肘護於右胸前，指尖微向上，掌心向後；同時，左腳收回，以腳尖虛虛點地於右腳之前，目視右後，左腳膝關節、左腳尖正對東方。（圖98）。

③撐掌　提左腳，向正東方出一步，身勢微起往前下鬆沉，重心前移；同時，左手經胸前往前正東方出掌。此時左掌向正東，右鉤手向正西，胸腹側身向正南。身勢勿扭曲，頂頭拔背，開胸沉氣，目視東方。（圖99）

圖97

圖98

圖99

圖100

36. 右雲手

左腳尖內扣，身勢徐徐下沉，收右腳橫靠左腳，兩腳相距約一拳寬，腳尖先落地，再腳跟踏實；同時，右鉤手下落變掌，掌心向內，從身體右側移掛至身體左側，左臂在身體左側微向下沉；上動不停，以身腰脊柱領動，身勢微起由左向右沉轉，帶動右臂從身體左側下上起，鬆肩、垂肘、掤圓滿，經左肩及面部節節貫串向右雲轉，左臂繼續下沉，身勢隨轉隨沉，雙膝彎曲，目視右臂外側。（圖100）

37. 左雲手

前動不停。身腰由左向右沉轉，重心由左腳徐徐移到右腳，左腳跟漸起；右臂從胸前繼續向右雲轉，轉至身右

側掌心向下，同時左臂從身左下側經襠前向右掛移；然後提左腳向左橫出一步，腳尖先落地，腳跟再踏實，以身腰脊柱領動，身勢微起由右向左沉轉，帶動左臂從身體右側下上起，鬆肩、垂肘、掤圓滿，經右肩及面部節節貫串向左雲轉，右臂從身右側向下沉落，身勢隨轉隨沉，雙膝彎曲；目視左臂外側。（圖101）

圖101

38. 右雲手

前動不停。身腰由右向左沉轉，重心漸移至左腳，收右腳橫靠左腳，兩腳相距約一拳寬，腳尖先落地，再腳跟踏實；左臂從胸前繼續向左雲轉，轉至身右側掌心向下，同時在身右側下的右臂，隨身腰的轉動，經襠前向左移掛至身體左側；上動不停，以身腰脊柱領動，身勢微起，由

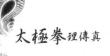

左向右沉轉，帶動右臂從身體左側下上起，鬆肩、垂肘、掤圓滿，經左肩及面部節節貫串向右雲轉，左臂從身左側向下沉落，身勢隨轉隨沉，雙膝彎曲；目視右臂外側。（圖102）

注意：雲手練習，連續不停，手腳先後銜接配合，綿綿不斷，身勢須有含蓄、有虛靈的氣勢，妙在動之無形。練習時以腰脊領動，手腳不可自動、妄動、多動，如行雲流水，故名雲手。如練習地點寬大，可練5個、7個，不必拘於3個，總以練至右雲手為止。

39. 單鞭掌

①帶　前動不停。身腰向右沉轉，重心漸移至右腿，左腳跟漸起；右臂從胸前繼續向右雲轉，轉至身右側正西，掌心向下，同時前動落於身左側的左臂隨轉腰，經襠前向右掛移，從身右側上起，兩臂高度同肩相平，掌心向下；然後提左腳，向左側倒退一步，向左轉身腰脊柱，邊轉邊坐重心於左腿；隨身腰轉動，雙臂節節貫串由正西向左後東南平帶。（圖103）

②掛　右腳尖內扣135°；身勢、兩臂往下稍沉，右掌做鉤手，經胸前往右後正西方掛出，左手隨動，屈肘護於右胸前，指尖微向上，掌心向後；同時，左腳收回，以腳尖虛虛點地於右腳之前，目視右後，左腳膝關節、左腳尖正對東方。（圖104）

③撐掌　提左腳向正東方出一步，身勢微起，隨往前下鬆沉，重心前移；同時，左手經胸前往前正東方

出掌，此時左掌向正東，右鉤手向正西，胸腹側身向正南；身勢勿扭曲，頂頭拔背，開胸沉氣，目視東方。（圖105）

圖102

圖103

圖104

圖105

40. 高探馬

①重心前移，在後的右腳稍起，向前上半步即落，腳尖點地。（圖106）

②重心由前向後鬆坐於右腿；在後的右鉤手變掌，隨身勢後坐，轉腰屈肘收回至右耳根側，左臂隨轉腰前臂外旋，手心翻向上；此時身勢左轉向東南。（圖107）

圖106　　　　　　　　　　圖107

③前動不停。胸腰左轉，重心後坐，在前的左腳收回，以腳尖虛虛點地落於右腳前；右掌手指向左，平面部以斜橫式向前出掌，左掌順勢屈肘收回至左腰側；此時胸腰左轉向正東，重心全坐右腿，目視前方，鬆腰塌胯，沉肩垂肘。（圖108）

注意：此式出橫掌，與單鞭掌、摟膝拗步掌等式不同。

41. 右分腳

①身勢胸腰微向右轉；雙臂隨動；目視左前東北方。（圖109）

②收回左腳，不停，向左前東北方上一步，身勢胸腰向左沉轉，重心前移；兩手隨轉腰由右向左掛，左手在裏、右手在外，以腕部相靠合抱於胸前，此時身勢向東北，雙臂鬆肩垂肘合抱圓滿，手心向內，塌胯沉氣；目視東南。（圖110）

圖108　　　　　圖109　　　　　圖110

③左腳尖內扣45°，重心移至左腳，收右腳，膝蓋和腳尖對右前東南方；左腿由下而上徐徐上起，右腿隨上起之勢向右前東南方節節貫串，以腳背斜向上分起，高度平腰，腳尖向前；兩手同時向前後分開，右掌在前，掌心向

東南，左掌在後，掌心向西北，胸腹向東北，頂頭沉氣；
目視東南。（圖111）

42. 左分腳

①右腳下落於左腳前，以腳尖虛虛點地；右手前臂
內旋，向左圓抱於胸前，手心向裏，同時左手由後向胸前
平移；此時重心在後，目視東北方。（圖112）

圖111   圖112

②提右腳，向東南方上一步，身勢胸腰向右沉轉，
重心前移；兩手隨轉腰由左向右掛，右手在裏、左手在
外，以腕部相靠合抱於胸前，此時身勢向東南，雙臂鬆肩
垂肘合抱圓滿，手心向內，塌胯沉氣；目視東北。（圖
113）

③右腳尖內扣45°，重心移至右腳，收左腳，膝蓋和

腳尖對左前東北方，右腿由下而上徐徐上起，左腿隨上起之勢，向左前東北方節節貫串，以腳背斜向上分起，高度平腰，腳尖向前；兩手同時向前後分開，左掌在前，掌心向東北，右掌在後，掌心向西南；胸腹向東南，頂頭沉氣，目視東北。（圖114）

圖113　　　　　　　　圖114

43. 轉身左蹬腳

①左腳下落，以腳前掌落於右腳後，右腳尖內扣向西北方；雙手內旋握拳，由外向內鬆肩垂肘合掛，左拳在外、右拳在內，以手腕處相靠，拳心向裏；同時，屈膝鬆沉下蹲，此時重心在右腿，左腳以前掌著地，膝蓋和腳尖對正西方，胸腹向西北；目視正西。（圖115）

②右腿由下而上徐徐上起，左腿隨上起之勢上提，

以腳跟向正西方節節貫串蹬出；同時，雙手由拳變掌，隨蹬腳開胸前後分出；頂頭拔背，目視正西。（圖116）

圖115

圖116

44. 右摟膝拗步掌

左腳落下，向前正西方上一步，重心下沉，身腰向左轉；同時，右手從後收回至右耳根側，掌心向前，隨身勢沉轉向前正西方出掌，左手由前向右掛，掛至左側向下經左膝上往外摟掛，止於左膝外側，此時身勢對正西。（圖117）

45. 左摟膝拗步掌

①左腳尖外擺45°，重心前移，身腰向左轉，收右腳，以腳尖虛虛點地於左腳前；左手由左膝外側隨轉腰往後正東方抽掛，隨身勢上起而上抬，掌心向上，同時右手

隨轉腰上步往左移，掌心向下。（圖118）

　　②提右腳，往前正西方上一步，重心由腳而腿而腰，隨身勢節節貫串上起；同時，左手鬆肩垂肘從後收回至左耳根側；然後向右轉腰下沉，重心前移；左手隨身勢沉轉平胸部出掌，右手往下從右膝上摟過，止於右腿外側，掌心向下，身勢向正西。（圖119）

圖117

圖118

圖119

46. 摟膝栽捶

①右腳尖外擺45°，重心前移，身勢右轉收左腳；右手掌心翻向上，從前向後抽掛，左手隨轉腰右掛，屈肘止於左胸前，掌心向下。（圖120）

②提左腳，向前正西上一步，向左轉腰下沉，重心前移；同時，右手於右肩旁握拳，隨轉腰向前下栽擊，拳心向左，左手往下從左膝上摟過，復繞上與右手肘關節相對，手心向右，指尖斜向上；此時身勢向正西，目向前下視。（圖121）

圖120

圖121

47. 翻身撇身捶

①左腳尖內扣，然後身勢右轉，右腳尖外擺，胸腹

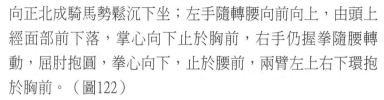
向正北成騎馬勢鬆沉下坐；左手隨轉腰向前向上，由頭上經面部前下落，掌心向下止於胸前，右手仍握拳隨腰轉動，屈肘抱圓，拳心向下，止於腰前，兩臂左上右下環抱於胸前。（圖122）

②重心向左坐於左腿，腰微向左轉開胸；同時，左掌隨轉腰開胸往左移於左耳側。（圖123）

③提右腳，扭項回頭，向右後東南方倒邁一步，腳尖先落地，再腳跟踏實，左腳尖內扣對正東，右腳尖外擺對東南，重心在左腿；身腰往右後上翻身，右手握拳隨動，經左胸前往上從東南方落下，拳心向上，左手掌隨翻身轉腰護於左肩側；此時身腰對正東方，目視東南。（圖124）

④向右轉腰，身勢鬆沉，重心前移；右拳隨轉腰往後屈肘抽掛，止於右腰側，左掌隨轉身腰向東南方橫掌節

圖122　　　　　圖123　　　　　圖124

節貫串送出；此時胸腰轉向東南，目視左掌前方。（圖
125）

48. 卸步搬攔捶

①卸步　右腳尖內扣90°，左腳尖外擺45°，鬆腰胯，
身腰向左後轉，重心後移至左腿；左掌隨轉腰屈肘回收護
於左胸前，右拳同時舒肩肘下垂，隨身腰左轉，右臂內
旋，拳背向外，由左腿外側經膝向內側格掛。（圖126）

②搬　提右腳收回，不落步，腳尖外擺，向正東方
斜橫式上半步，身腰由下向上、由內向外、向東南方翻
轉，重心前移；右拳以肘為軸，沉肩由胸前上起，由內向
外搬，左掌隨動護於右臂中節；此時重心在右腳，左腳跟
已離地，目視正東方，身腰已轉向東南。（圖127）

③攔　身腰繼續右轉，重心全移至右腳，左腳從後

圖125

圖126

收回；右拳由腰脊領動從前往後抽，止於右胸側，左掌隨轉腰微斜向前攔出，頂頭開胸。（圖128）

④捶　提左腳，向前正東方上一步，身腰向左沉轉，重心由後向前移；由腰脊領動，右拳平胸部向前正東方節節貫串送出，左掌同時由前向後屈肘收回，相對於右手肘彎處；此時身腰已轉向正東，目視前方。（圖129）

圖127

圖128

圖129

49. 右蹬腳

①左腳尖外擺45°，由脊柱起由內向外開胸；同時，雙手握拳，節節貫串左右外開；重心前移；然後向左轉身腰，帶動雙臂左內右外垂肘合掛，以手腕處相靠含抱於胸前；此時身腰已轉向東北，右腳跟已離地，目視正東。（圖130）

②重心全移至左腿，由下而上徐徐上起，同時收右腳，隨上起之勢提膝，以腳跟向正東方節節貫串蹬出；雙手也同時由拳變掌，隨蹬腳開胸前後分出；頂頭拔背，目視正東。（圖131）

圖130　　　　　　　　　圖131

50. 左打虎勢

①右腳落於左腳之後成倒插步，先腳尖落地，再踏實；目視正前方。（圖132）

②重心移至右腳，退左腳向左後西北方出一步，向左轉腰下沉，重心前送；同時，雙手握拳，左拳向右經右胸前、向下經小腹、向左再向上繞，止於左額前上，拳心向外；右拳經右外側向下繞向小腹前，拳心向下；此時胸腰已轉向正北，頭微低，目視前下。（圖133）

圖132　　　　　　　圖133

51. 右打虎勢

①左腳尖內扣，重心移至左腳，收右腳，以腳尖虛虛點地於左腳內側前方，同時胸腰稍向右轉。（圖134）

②提右腳，向右前東南方上一步，身腰向右沉轉，重心前移；左拳由前上經胸前向下沉，拳心向下止於小腹前，右拳向右側、向上繞，止於右額前上，拳心向外；此時身腰已轉向正東，頭微低，目視前下方。（圖135）

圖134　　　　　　　　　　圖135

52. 右蹬腳

①左腳尖外擺45°，身腰左轉，重心退於左腿；左臂隨轉身腰，由下經胸前上起，肩沉肘墜於左胸前，同時右臂往右外側下落至與肩平，前臂內旋，經胸前隨轉身腰往左後合掛，雙臂左裏右外，以手腕處相靠合抱於胸前；同時，右腳收回，以腳尖虛虛點地於左腳前，腳尖和膝蓋須對正東方，身勢微含向東北；目視正東。（圖136）

②身勢由下而上徐徐上起，同時右膝上提，以腳跟

向正東方節節貫串蹬出；雙手由拳變掌，隨蹬腳開胸前後分出，頂頭拔背；目視正東。（圖137）

圖136　　　　　　　　　　圖137

53. 雙峰貫耳

①胸腰右轉，右腳輕輕落下，以腳尖點地於左腳前半步，重心在左腿，身勢下沉；左手隨轉腰由後經上向前落，與右手同一高度，雙手掌心翻向上，隨下沉雙手同時由前上往後下左右分掛。（圖138）

②右腳收回，以腳尖點地於左腳跟後，身勢胸腰右轉向東南，左腳尖內扣45°，提右腳向東南方出一步，重心前移下沉；同時，已左右分掛開的兩手由掌變拳，向前上合擊，止於面部之前上方，拳心向下，虎口相對；身勢向東南，目視前方。（圖139）

圖138　　　　　　　圖139

54. 披身左踢腳

①開胸，身勢右轉，右腳尖外擺45°，重心漸往前移下沉；雙臂隨轉腰含胸垂肘往右合掛於胸前，左手在外、右手在裏仍握拳，以手腕相靠；此時身腰已轉向西南，後腳跟因重心前移已離地，目視東南。（圖140）

②重心繼續前移，右腿由下而上節節貫串上起，同時左腳隨身腰右轉，以腳尖從後下向前上東南方披身斜橫踢出；雙手也同時由拳變掌，開胸向前後分開，注意須頂頭鬆肩沉氣。（圖141）

55. 轉身右蹬腳

①前動不停。身腰繼續右轉，右腳跟離地，以右腳前掌支撐往右後轉身，左腳尖對東北方以腳尖先落地，落

於右腳左側，再腳掌踏實，然後右腳輕提，以腳尖點地於
左腳的內側稍前，膝蓋和腳尖對正東方；雙手由掌變拳，
屈肘向內合掛，左拳在內、右拳在外；身勢內含，屈膝下
沉，此時身勢已轉向東北，目視正東。（圖142）

圖140　　　　　　　圖141

圖142

②身勢由下而上徐徐上起，同時右膝上提，以腳跟向正東方節節貫串蹬出；雙手由拳變掌，隨蹬腳開胸前後分出；頂頭拔背，目視正東。（圖143）

56. 落步搬攔捶

①搬　右腳落下，再向前正東方斜橫式上半步，腳尖向東南；同時，右手往右外側落下握拳，左手由後向左屈肘收於左肩旁；身勢胸腰向右轉，帶動右拳由下往左外側翻上，再由內向外搬，重心前移，左腳跟已離地，左掌隨右拳外翻護於右臂肘彎處；此時身勢已轉向東南，目視前方。（圖144）

②攔　身腰繼續右轉向正南；左掌隨轉腰往前、微向下沉攔出，右拳平胸部向後抽；重心全移至右腳，左腳漸虛提起收回。（圖145）

圖143

圖144

③捶　左腳向前正東方上一步，向左轉腰下沉，重心徐徐向前移動；右拳隨轉腰向前平胸部送出，在前的左掌隨即屈肘收回，護於右肘彎左側；此時重心在前，胸腹已轉向正東，立身中正，頂頭沉氣。（圖146）

圖145

圖146

57. 如封似閉

①腰鬆，胸微合；同時，左手掌心翻向上，向右穿於右手臂下，右拳鬆開變掌，右臂隨合胸內裏，掌心翻向上。（圖147）

②右膝彎曲，身勢向後坐沉，重心後移；兩手隨開胸向後抽，邊抽邊向左右外分，沉肩垂肘止於兩肩前，掌心向前。（圖148）

③身勢微起，由後腳跟、由腿而腰、由脊而肩肘節

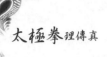
節貫串，重心前移；雙掌向前下鬆沉按出；目視前方。
（圖149）

圖147   圖148

圖149

58. 十字手

①左腳尖內扣，右腳尖外擺，身腰右轉，帶動兩臂上挑，向上向右圓轉；此時身勢已右轉向正南，雙手指尖向上，掌心向前，重心居中，注意勿聳肩，要心氣沉著。（圖150）

②重心徐徐下沉；兩手臂由上向左右分開下落，落時如鬆沉自墜，掌心向前。（圖151）

圖150　　　　　　　　圖151

③重心繼續下沉，身勢下蹲成騎馬勢；兩手臂隨身勢左右下墜至兩膝之上，此時掌心向上，指尖向前，雙臂抱圓微屈；頭微頂，目微合，軀幹正直，雄渾莊嚴。（圖152）

④重心向左移，提右腳靠左腳，相距寬與肩齊；兩

手於小腹前合抱，左手在內，右手在外；身勢由腳而腿而腰徐徐上起，同時已合抱的雙手隨身勢上起，由下而上節節貫串，向上向外掤，至身勢全起，雙手抱圓止於胸前，手心向內。（圖153）

圖152　　　　　　　　　圖153

至此式止第二段完，也是整趟拳的一半。如練至此式止，可將兩手向下分落，掌心向下，徐徐落至兩側，微停，將神氣凝住，為合太極，收勢。（圖154、圖155）

第　三　段

59. 豹虎歸山

①重心移左腳，虛右腳，身勢往左稍轉，向下微沉；左手隨轉順勢向左下抽出，眼神意掛左手，雙臂掤圓滿。（圖156）

②提右腳，扭項回頭，向右後西北方倒邁一步，腳尖先落地，然後左腳尖內扣對正西，右腳尖外擺對西北，此時重心在後在左腿；右手前臂高度于平腰處內旋，掌心向下、微向外，左掌收於面部左側；身勢微起，由腳而腿而腰，向右後西北方轉腰鬆沉撲去；定式時重心在前，左掌高與臉平，右掌高與腰平。（圖157）

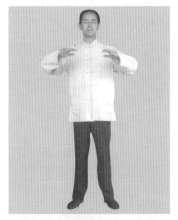

圖154

圖155

圖156

圖157

60. 斜攬雀尾

①掤　左臂抱圓往前稍湊，掌心向裏，狀如接手，同時右臂由下往前上稍起翻轉，掌心微向下。以上左右手都是由腰脊領動，不可雙手自動、多動、妄動。（圖158）

②将　左手外翻，掌心向上，右手內翻，掌心向下，身勢左轉往後坐左腿，兩手相距尺許，平胸部用腰脊引領，牽動兩手由前往後經左肋往後将；此時左手抱圓，指尖向前，右手前臂平，切忌向下壓；重心在後，左腿屈右腿微直。（圖159）

③擠　上動不停。腰脊領動，身勢徐徐上起，轉向西北；同時，左手經後劃一圓弧，沉肩墜肘指尖向上，掌心向前，豎掌於左胸前，右手前臂隨轉腰微微上起，平

圖158

圖159

胸、指尖向左，手心向內；此時左手以掌根相對右手脈門，相距三四寸，未靠接；身勢虛含，下力上達，如開弓放箭，雙目平視前方；上動不停，由腳而腿而腰、由內而外，弓步往前西北方擠出，雙手掌至與右膝垂直線處止。此時左手掌根搭靠右手脈門，右小腿垂直，膝蓋勿過腳尖，頂頭拔背，立身中正。（圖160）

④按　以身腰領動後坐，重心後移左腿；雙手回收，隨開胸往兩側微分，止於胸側。（圖161）

上動不停。身勢由下而上微微上起，然後手心向前，弓步鬆沉按出。（圖162）

圖160　圖161　圖162

61. 斜單鞭掌

①帶　兩臂鬆軟，以腰脊領動稍微上挑，身勢往後鬆坐，邊坐邊轉，將兩臂往左正南方帶轉約135°，此時重心已後坐到左腿，目視正南。（圖163）

②掛　右腳尖由西北向內扣轉至正西，身勢右轉，重心移右腳；右手變鉤手，經胸前向右後西北方掛出，左手隨動，屈肘護於右胸前，指尖微向上，掌心向後；此時左腳已收回，以腳尖虛點地於右腳前，目視右後，左腳膝關節、左腳尖正對西南方。（圖164）

③撐掌　提左腳，向西南方出一步，身勢微起隨往前下鬆沉，重心前移；同時，左手經胸前往前西南方出掌，此時左掌心向西南，右鉤手向東北；身勢勿扭曲，頂頭拔背，開胸沉氣，目視西南。（圖165）

圖163

圖164

62. 右野馬分鬃

①左腳尖內扣45°，胸腰左轉向西南，重心移至左腳，上右腳，以腳尖虛點地於左腳的右前側，膝蓋和腳尖均對西北方；同時，右鉤手下落變掌，經襠前繞向左，止於左腰側，掌心向上，左臂向右合抱，掌心向下，止於右肩前，雙手左上右下，含胸屈膝下沉，左指尖對前上西北，右指尖對後下東南；目視西北方。（圖166）

②提右腳，往右前西北方上一步，開胸轉腰，重心前移；右手隨之由左下向右前上徐徐展開，掌心斜向上，左手同時向左後下方下沉，掌心斜向後，此時胸腰對正西方，右手在前上西北，左手在後下東南；目視西北。（圖167）

圖165　　　　　圖166　　　　　圖167

63. 左野馬分鬃

①右腳尖內扣45°，胸腰右轉向西北，重心移至右腳，上左腳，以腳尖虛點地於右腳的左前側，膝蓋和腳尖均對西南方；同時，左手經襠前繞向右，止於右腰側，掌心向上，右臂向左合抱，掌心向下，止於左肩前，雙手右上左下，含胸屈膝下沉，右指尖對前上西南，左指尖對後下東北；目視西南。（圖168）

②提左腳，往左前西南方上一步，開胸轉腰，重心前移；左手隨之由右下向左前上徐徐展開，掌心斜向上，右手同時向右後下方下沉，掌心斜向後下，此時胸腰對正西方，左手在前上西南，右手在後下東北；目視西南（圖169）

圖168

圖169

64. 右野馬分鬃

①左腳尖內扣45°，胸腰左轉向西南，重心移至左腳，上右腳，以腳尖虛點地於左腳的右前側，膝蓋和腳尖均對西北方；同時，右手經襠前繞向左，止於左腰側，掌心向上，左臂向右合抱，掌心向下，止於右肩前，雙手左上右下，含胸屈膝下沉，左指尖對前上西北，右指尖對後下東南；目視西北方。（圖170）

②提右腳，往右前西北方上一步，開胸轉腰，重心前移；右手隨之由左下向右前上徐徐展開，掌心斜向上，左手同時向左後下方下沉，掌心斜向後下，此時胸腰對正西方，右手在前上西北，左手在後下東南；目視西北。（圖171）

圖170

圖171

65. 掤手上勢

① 右腳尖內扣45°，重心移至右腳，收左腳，以腳跟虛點地於右腳的後側，身勢向右微轉；同時，左手經下向右合抱，掌心向上，右手掌心翻向下，向左合抱，雙臂右上左下抱圓掤滿於胸前。（圖172）

② 左腳輕輕提起，向左前西南方上一步，身勢微起，由腳而腿而腰向前下鬆沉，重心前移；同時，開胸，左臂圓滿往左平胸部掤出，右臂向右下沉於右胯側，掌心向下。（圖173）

③ 然後重心移至左腳，收右腳於左腳前，以腳尖虛點地，膝關節和小腿垂直對正西；右臂隨收右腳經襠前向左後鬆垂環抱於小腹前，掌心向後；左手隨身勢左轉，鬆肩垂肘豎立於左肩旁，指尖向上。（圖174）

圖172

圖173

④提右腳，往前正西方上一步，身腰向右轉沉，重心前移，引領右手向前上掤出，左手隨動護於右肘彎處，掌心向右，指尖斜向前；此時胸腰已轉向正西，目視前方。（圖175）

圖174

圖175

66. 攬雀尾

①掤　以腰脊領動，身腰微向右轉；兩手隨動往右前上掤翻轉，此時左手應往前稍湊，掤得更圓更滿，如往前接手狀，左掌心向內，右掌心翻轉微向下。（圖176）

圖176

②挒　左手外翻，掌心向上，右手內翻，掌心向下；身勢左轉，往後坐左腿；兩手相距尺許，以身腰領動兩手平胸部由前往後，經左腰側往後挒帶，此時左手圓抱，指尖向前，右手屈肘前臂平放，勿向下壓，重心在後，頭微低。（圖177）

③擠　以腰脊領動，身勢徐徐上起轉向正西；同時左手經後劃一圓弧，沉肩垂肘，指尖向上，掌心向前，豎掌於左胸前，右手前臂隨轉腰微上起，平胸，指尖向左，手心向內，此時左手以掌根相對右手脈門，相距三四寸，未靠接，身勢虛含，下力上達，如開弓放箭；雙目平視前方。（圖178）

上動不停。以全身的內勁，弓步往前正西方鬆沉擠出，雙手掌止於右膝垂直線處，此時左手掌根搭靠於右手

圖177　　　　　　　　圖178

脈門處，右小腿垂直，膝蓋勿過腳尖，頂頭拔背，立身中正。（圖179）

④按　以身腰領動後坐，重心後移至左腿；雙手回收，隨開胸往兩側微分，止於胸側。（圖180）

上動不停。身勢由腳而腿而腰，自下往上微微上起，然後手心向前，弓步鬆沉按出。（圖181）

圖179

圖180

圖181

67. 單鞭掌

①帶　兩臂鬆軟，以腰脊領動稍微上挑，身勢往後鬆坐，邊坐邊轉腰，將兩臂往左後帶轉百餘度，此時重心已坐到左腿。（圖182）

②掛　右腳尖內扣135°，身腰帶動重心由左腿坐至右腿；同時，身勢、兩臂往下稍沉，右掌變鉤手，經胸前往右後正西方掛出，左手隨動，屈肘護於右胸前，指尖微向上，掌心向後；同時左腳收回，以腳尖虛虛點地於右腳之前，目視右後，左腳膝關節、左腳尖正對東方。（圖183）

圖182　　　　　　　　　圖183

③撐掌　提左腳，向正東方出一步，身勢微起隨往前下鬆沉，重心前移；同時，左手經胸前往前正東方

出掌，此時左掌向正東，右鉤手向正西，胸腹側身向正
南；身勢勿扭曲，頂頭拔背，開胸沉氣，目視東方。（圖
184）

圖184

68. 右玉女穿梭

① 左腳尖內扣90°，
身勢微向右；目視西南
方。（圖185）

圖185

②重心移至左腳，收右腳，向右前西南方斜橫式上半步，腳尖外向對正西；右鉤手變掌，稍往左移，掌心向上，胸腰向右轉，同時左手下落，掌心向上，經腹前屈肘圓抱於右臂腋下，向外向上翻掤；重心隨腰右轉向前下沉送，此時胸腰向西南方，重心在前，目視西南方。（圖186）

③前動不停。重心移至右腳，胸腰繼續向右轉，提左腳向西南方上一步；右手隨上步轉腰向後向下抽，左手同時屈肘掤圓沿右臂下，向前向上翻；然後身勢微起，胸腰再向左轉，重心隨轉腰下沉前送；抽在身後的右手隨身勢上起，向上屈肘收回，隨胸腰左轉經右耳側，向前節節貫串立掌送出，在前上的左臂隨轉腰向後開胸微收，止於左額前上；此時目視西南，胸腰已轉向西南方，重心在前。（圖187）

圖186

圖187

69. 左玉女穿梭

①左腳尖內扣，右腳尖外擺，胸腰右轉向西北方，下沉成騎馬勢；左手隨轉身腰從上經右額前下落，右手隨轉身腰向後、向下抽，雙手左上右下合抱於胸前，掌心向下；此時胸腰對西北方，立身中正，圓襠下沉。（圖188）

②上動不停。重心移至左腳，提右腳，以腳尖虛虛點地於左腳跟之後，雙臂鬆垂下落，左腳尖內扣向正東，同時身勢右轉，胸腰轉向東北；然後提右腳向東南方上一步，身勢微向上起，再向右轉腰下沉，重心前移；左手隨身勢上起，由下向後西北方上起屈肘收回，隨胸腰右轉經左耳側，向前節節貫串立掌送出，右手隨胸腰右轉，由下向左前上，從頭上經左額前向後屈肘收回，止於右額前上方；此時胸腰已轉向東南方，重心在前，目視東南。（圖189）

圖188

圖189

70. 右玉女穿梭

①右腳尖內扣45°，重心移至右腳，收左腳，以腳尖虛虛點地於右腳內側，腳尖和膝蓋對東北方，屈膝下沉；左臂隨收左腳屈肘圓抱於腰腹前，掌心向內；目視東北方。（圖190）

②雙手從上經胸腹往下鬆落，然後從前後兩側鬆鬆上挑；提左腳，向前東北方上一步，身勢微起，向左轉腰下沉，重心前移；右手由後西南方隨身勢上起向上屈肘收回，隨胸腰左轉經右耳側，向前節節貫串立掌送出，左手由下向右前上，從頭上經右額前，隨轉腰向後開胸屈肘收回，止於左額前上方；此時胸腰已轉向東北方，重心在前，目視東北。（圖191）

圖190

圖191

71. 左玉女穿梭

①前腳尖內扣，後腳尖外擺，身勢向後坐，胸腰右轉向東南方，下沉成騎馬勢；左手隨轉身腰從上經右額前下落，右手隨轉身腰向後向下抽，雙手左上右下合抱於胸前，掌心向下；此時胸腰對東南方，立身中正，圓襠下沉。（圖192）

②上動不停。重心移至左腳，提右腳，以腳尖虛虛點地於左腳跟之後，雙臂鬆垂下落，左腳尖內扣向正西，同時身勢右轉，胸腰轉向西南，然後提右腳向西北方上一步，身勢微向上起，再向右轉腰下沉，重心前移；左手隨身勢上起，由下向後東南方上起屈肘收回，隨胸腰右轉經左耳側向前節節貫串立掌送出，同時右手隨胸腰右轉，由下向左前上、從頭上經左額前向後屈肘收回，止於右額前上方；此時胸腰已轉向西北方，重心在前，目視西北。（圖193）

圖192

圖193

注意：以上四個「玉女穿梭」均是斜向，第一個向西南，第二個右後轉身上步向東南，第三個上步向東北，第四個右後轉身上步向西北。學者當仔細，勿練錯方位。

72. 掤手上勢

①右腳尖內扣45°，重心移至右腳，收左腳於右腳跟側後，以腳尖虛虛點地，胸腰微左轉向正西；雙手臂隨上步轉腰往前下落，右上左下掤圓合抱於胸前，身勢含蓄。（圖194）

②左腳輕輕提起，向左前西南方上一步，身勢微起，由腳而腿而腰向前下鬆沉，重心前移；同時，開胸，左臂圓滿，往左平胸部掤出，右臂向右下沉於右胯側，掌心向下。（圖195）

③然後重心移至左腳，收右腳於左腳前，以腳尖虛

圖194

圖195

點地，膝關節和小腿垂直對正西；右臂隨收右腳經襠前向左後鬆垂環抱於小腹前，掌心向後，左手隨身勢左轉鬆肩垂肘豎立於左肩旁，指尖向上。（圖196）

④提右腳往前正西方上一步，身腰向右轉沉，重心前移，引領右手向前上掤出，左手隨動護於右肘彎處，掌心向右，指尖斜向前；此時胸腰已轉向正西，目視前方。（圖197）

圖196

圖197

73. 攬雀尾

①掤　以腰脊領動，身腰微向右轉；兩手隨動往右前上掤翻轉，此時左手應往前稍湊，掤得更圓更滿，如往前接手狀；左掌心向內，右掌心翻轉微向下。（圖198）

②将　左手外翻，掌心向上，右手內翻，掌心向

下;身勢左轉,往後坐左腿;兩手相距尺許,以身腰領動兩手平胸部由前往後經左腰側往後将帶,此時左手圓抱,指尖向前,右手屈肘前臂平放,勿向下壓,重心在後,頭微低。(圖199)

③擠 以腰脊領動,身勢徐徐上起轉向正西;同時,左手經後劃一圓弧,沉肩垂肘,指尖向上,掌心向前,豎掌於左胸前,右手前臂隨轉腰微上起,平胸、指尖向左,手心向內,此時左手以掌根相對右手脈門,相距三四寸,未靠接,身勢虛含,下力上達,如開弓放箭;雙目平視前方。(圖200)

上動不停。以全身的內勁,弓步往前正西方鬆沉擠出,雙手掌止於右膝垂直線處,此時左手掌根搭靠於右手脈門處;右小腿垂直,膝蓋勿過腳尖,頂頭拔背,立身中正。(圖201)

圖198 圖199

④按　以身腰領動後坐，重心後移至左腿；雙手回收，隨開胸往兩側微分，止於胸側。（圖202）

上動不停。身勢由腳而腿而腰，自下往上微微上起，然後手心向前，弓步鬆沉按出。（圖203）

圖200

圖201

圖202

圖203

74. 單鞭掌

①帶　兩臂鬆軟，以腰脊領動稍微上挑，身勢往後鬆坐，邊坐邊轉腰，將兩臂往左後帶轉百餘度，此時重心已坐到左腿。（圖204）

②掛　右腳尖內扣135°，身腰帶動重心由左腿坐至右腿；同時，身勢、兩臂往下稍沉，右手變鉤手，經胸前往右後正西方掛出，左手隨動，屈肘護於右胸前，指尖微向上，掌心向後；同時左腳收回，以腳尖虛虛點地於右腳之前，目視右後，左腳膝關節，左腳尖正對東方。（圖205）

③撐掌　提左腳向正東方出一步，身勢微起隨往前下鬆沉，重心前移；同時，左手經胸前往前正東方出掌，

圖204

圖205

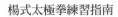

此時左掌向正東，右鉤手向正西，胸腹側身向正南；身勢勿扭曲，頂頭拔背，開胸沉氣，目視東方。（圖206）

75. 右雲手

左腳尖內扣，身勢徐徐下沉，收右腳橫靠左腳，兩腳相距約一拳寬，腳尖先落地，再腳跟踏實；同時，右鉤手下落變掌，掌心向內，從身體右側移至身體左側，左臂在身體左側微向下沉；上動不停，以身腰脊柱領動，身勢微起，由左向右沉轉，帶動右臂從身體左側下上起，鬆肩、垂肘掤圓滿，經左肩及面部節節貫串向右雲轉，左臂繼續下沉，身勢隨轉隨沉，雙膝彎曲；目視右臂外側。（圖207）

圖206

圖207

76. 左雲手

前動不停。身腰由左向右沉轉，重心由左腳徐徐移到右腳，左腳跟漸起；右臂從胸前繼續向右雲轉，轉至身右側掌心向下，同時左臂從身左下側經襠前向右掛移。然後提左腳向左橫出一步，腳尖先落地，腳跟再踏實，以身腰脊柱領動，身勢微起由右向左沉轉，帶動左臂從身體右側下上起，鬆肩、垂肘掤圓滿，經右肩及面部節節貫串向左雲轉，右臂從身右側向下沉落；身勢隨轉隨沉，雙膝彎曲；目視左臂外側。（圖208）

圖208

77. 右雲手

前動不停。身腰由右向左沉轉，重心漸移至左腳，收右腳橫靠左腳，兩腳相距約一拳寬，腳尖先落地，再腳跟

踏實；左臂從胸前繼續向左雲轉，轉至身右側掌心向下，同時右臂隨身腰的轉動，經襠前向左掛移至身體左側。上動不停，以身腰脊柱領動，身勢微起，由左向右沉轉，帶動右臂從身體左側下上起，鬆肩、垂肘掤圓滿，經左肩及面部節節貫串向右雲轉，左臂從身左側向下沉落；身勢隨轉隨沉，雙膝彎曲，目視右臂外側。（圖209）

圖209

78. 單鞭掌

①帶　前動不停。身腰向右沉轉，重心漸移至右腿，左腳跟漸起；右臂從胸前繼續向右雲轉，轉至右側正西，掌心向下；同時左臂隨轉腰，經襠前向右掛移，從身體右側上起，兩臂高度同肩相平，掌心向下；然後提左腳向左側倒退一步，向左轉身腰脊柱，邊轉邊坐重心於左

腿；隨身腰轉動，雙臂節節貫串，由正西向左後東南方平帶。（圖210）

②掛　右腳尖內扣135°，身勢兩臂往下稍沉，右掌變鉤手，經胸前往右後正西方掛出，左手隨動，屈肘護於右胸前，指尖微向上，掌心向後；同時，左腳收回，以腳尖虛虛點地於右腳之前，目視右後，左腳膝關節、左腳尖正對東方。（圖211）

圖210　　　　　　　　　　圖211

③撐掌　提左腳向正東方出一步，身勢微起，隨往前下鬆沉，重心前移；同時，左手經胸前往前正東方出掌，此時左掌向正東，右鉤手向正西，胸腹側身向正南；身勢勿扭曲，頂頭拔背，開胸沉氣，目視東方。（圖212）

圖212   圖213

79. 抽身下勢

重心後移，屈右腿直左腿鬆坐下沉；右鉤手不變，仍在後上，左掌隨抽身後坐下落於左腿右側；目視左腿前。（圖213）

80. 右金雞獨立

①由腳而腿而腰，由下而上由內而外，以全身整勁往前進身；同時，左掌由下往前上挑，右鉤手微下落；上身直立，目視正東，重心在前。（圖214）

②左腳尖向外微擺，重心前移，實左腿虛右腳，胸腰向左轉，身勢由下而上節節貫串，頂頭拔背向上起，同時，右腿屈膝向前上提，小腿垂直，腳尖鬆垂；右鉤手下落變掌，屈肘，指尖向上，手心向左，以肘尖隨向左轉腰

膝蓋上提向前上送出；左手掌心轉向下，隨轉腰提膝向下沉落於左胯側；此時胸腰向東北，目視正東。注意頂頭沉氣，右膝儘量上提，右肩鬆開，以使右肘尖向前送出。（圖215）

圖214

圖215

81. 左金雞獨立

① 右腿下落於左腿內側微前，腳尖先落地，雙腿屈膝向下鬆沉；右臂隨勢下落，掌心向下，頭微低；重心隨身勢下沉漸移右腿，左腳跟離地，胸腰向正東。（圖216）

圖216

②重心移至右腿，虛左腳，胸腰向右轉，身勢由下而上節節貫串，頂頭拔背向上起；同時，左腳屈膝向前上提，小腿垂直，腳尖鬆垂；左臂屈肘指尖向上，手心向右，以肘尖隨向右轉腰膝蓋上提向前上送出；右手掌心向下，鬆沉於右胯側；此時胸腰向東南，目視正東。須注意頂頭沉氣，左膝儘量上提，左肩鬆開，以使左肘尖向前送出。（圖217）

82. 右倒攆猴

①左腳下落，以腳尖虛虛點地於右腳之前，身腰右轉向正南；隨轉腰右手向後弧形抽掛，高與肩平，同時左手隨轉腰鬆肩肘前落，雙手掌心都向上。（圖218）

圖217   圖218

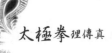

②收左腳,往後正西方退一步,腳尖先落地,再踏實;右掌隨轉腰由後繞上,屈肘收於右耳根側;此時身勢已轉向正東,注意重心仍在前。(圖219)

③在前的右腳腳尖內扣,正對前方,重心由前向後節節貫串,沉轉鬆坐,身勢轉向東北;同時,左手隨轉腰向後、向下平腰往後抽掛,止於左腰側,右掌由右耳根側隨身腰左轉向前沉著出掌。(圖220)

圖219

圖220

83. 左倒攆猴

①身腰微向左轉;左手隨轉腰平腰部往後沉著弧形抽掛,高與肩平,掌心向上,同時右手隨轉腰前臂外翻,掌心也向上;重心向後坐於左腿,在前的右腳微提後退,以腳尖虛點地於前。(圖221)

②收右腳往後正西方退一步,腳尖先落地,再踏實;左掌隨轉腰由後繞上,屈肘收於左耳根側;此時身勢轉向正東,注意重心仍在前。(圖222)

③在前的左腳腳尖內扣,正對前方,重心由前向後節節貫串,沉轉鬆坐,身勢轉向東南;同時,右手隨轉腰向後、向下平腰往後抽掛,止於右腰側,左掌由左耳根側隨身腰右轉向前沉著出掌。(圖223)

圖221

圖222

圖223

84. 右倒攆猴

①上身稍向右轉，身勢向南；右掌平腰部向後弧形抽掛，高與肩平，掌心向上，同時，左手隨轉腰前臂外翻，掌心也向上；重心向後坐於右腿，左腳微提後退，以腳尖虛點地於前。（圖224）

②收左腿往後正西方退一步，腳尖先落地，再踏實；右掌隨轉腰由後繞上，屈肘收於右耳根側；此時身勢轉向正東，注意重心仍在前。（圖225）

圖224　　　　　　　　　　圖225

③在前的右腳腳尖內扣，正對前方，重心由前向後節節貫串沉轉鬆坐，身勢轉向東北；同時，左手隨轉腰向後、向下平腰往後抽掛，止於左腰側，右掌由右耳根側隨身腰左轉向前沉著出掌。（圖226）

85. 斜飛勢

①身腰微向左轉；左手隨轉腰平腰部往後沉著弧形抽掛，高與肩平，掌心向上，同時，右手隨轉腰前臂外翻，掌心也向上；重心向後坐於左腿，在前的右腳微提後退，以腳尖虛點地於前。（圖227）

圖226

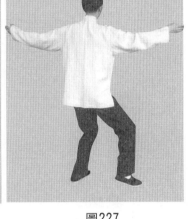
圖227

②身勢微右轉，由北轉向東北，重心全落左腿，兩膝微屈下沉，身勢含蓄；同時，右掌由前往左下回掛，止於小腹左側，掌心斜向上，左臂隨身勢右轉，手心翻向下，由後向右、向內屈肘合抱，雙臂左上右下掤圓合抱於腰前，務須注意立身中正，頭微低。（圖228）

③提右腳，向西南方扭項回頭倒邁一步，腳尖先落地，再腳掌踏實，左腳尖內扣，再右腳尖外擺向西南方，

太極拳理傳真

轉身腰開胸，重心由腳而腿而腰，先微微上起再往前下鬆
沉；同時，右臂隨開胸轉腰往右前上西南方開出，左臂往
左後下東北方鬆去，此時右手掌心斜向上；身腰轉向正
南，目視西南，注意開胸沉氣，右腳小腿垂直，膝關節勿
內扣。（圖229）

圖228

圖229

86. 提手上勢

重心前移至右腳，上左腳半步，落下踏實，身勢再由
前往後坐，邊坐邊提右腳，以腳跟虛點地落於左腳之前正
南；同時，右手由右前西南方往後收合，左手由後下往前
上環抱，雙手右前左後合抱手胸前。須注意鬆肩垂肘，踏
胯沉氣，面向正南，重心向後坐時，身勢微向左轉，對東
南方，右足虛左腳實。（圖230）

87. 白鶴亮翅

①身腰左轉，右腳尖內扣，左腳尖外擺，收右腳，以腳尖虛虛點地於左腳內側，重心坐於左腿；同時，右手向左下落，掌心向上，左手隨轉腰前臂內旋，掌心向下，兩手臂於小腹前左上右下抱圓掤滿，注意右肘尖對東南方。（圖231）

②提右腳，往右前東南方上一步，身勢由後往前下鬆沉，重心前移；兩手臂掤圓由內向外開擴，右肩、肘含向前靠的意思。（圖232）

圖230　　　　圖231　　　　圖232

③重心前移至右腳，收左腳，往前正東方上半步，以腳尖虛虛點地，身勢由下向上微起；同時，雙手臂由內而外，左手向下、右手向上展開，如仙鶴展翅，故名；身

勢先升後降，定勢時須微沉；左手掌心向下，位於左腿外側，右手臂在上，掌心微向外；頂頭拔背沉氣，面向正東。（圖233）

88. 右摟膝拗步掌

①身腰領動，右手背翻向下，由前正東方徐徐落下，經右胯外側，向後正西方鬆肩垂肘抬起，此時右掌心已翻向上，同時，左手由外向上起，平胸由左往右平劃圓，至正南方鬆肩垂肘微微下落，掌心向下；身勢向正南。（圖234）

圖233　　　　　　　圖234

②提左腳往前正東方上一步，重心由腳而腿而腰，隨身勢節節貫串上起；同時，右手鬆肩屈肘，從後收回至右耳根側；然後轉腰下沉，重心前移；右手隨身勢沉轉，

平胸部出掌，左手往下經左膝上摟過，止於左腿外側，掌心向下。此時須頂頭沉氣，中正安舒。（圖235）

89. 海底針

①重心前移至左腿，右腳提起向前進半步，落於左腳之後，踏實，重心又由前向後移至右腿，左腿向後收回，以腳前掌虛虛點地於右腳前；同時，右手前臂外旋，掌心向左，隨身勢後坐向後、微向上收回，左手隨動，護於右臂肘關節處；此時雙膝微屈，身勢向正東，目視前方。（圖236）

圖235

圖236

②雙腿屈膝，重心下沉，以全身的鬆沉勁下踩，身勢下蹲；雙手隨動，目視前下方，身勢向正東。（圖237）

圖237

圖238

90. 扇通臂

①由下而上節節貫串，身勢上起，但膝仍彎曲；目視前方；身勢向正東，重心在右腿，左腳是虛步，腳尖點地。（圖238）

②提左腳，向前正東方進一步，身腰向下、向右沉轉，重心隨之向前移；同時，左手隨轉腰向前出掌，右手臂隨轉腰開胸向後、向上、向外翻，屈肘護於頭部上方，掌心向南；此時身腰側身向南，目視東方。（圖239）

圖239

91. 翻身撇身掌

①右臂由胸前徐徐下落，掌心向下，止於腰部，指尖向東；左腳尖內扣約45°，右腳尖外擺90°；同時，左掌翻向上，以身腰領動，由東經上向西劃圓弧，往面部前落下，止於胸前，雙臂左上右下圓滿環抱，左掌高度平胸，右掌高度平腰；身勢下沉成騎馬式，鬆肩垂肘，身勢向正南。（圖240）

②重心向左坐於左腿，腰微向左轉開胸；同時，左掌隨轉腰開胸往左移於左耳側（圖241）

③提右腳，扭項回頭，向右後西北方倒邁一步，腳尖先落地，踏實，然後左腳尖先內扣對正西，右腳尖再外擺對西北，此時重心在後在左腿；身腰往右後上翻，右掌隨翻身往上從西北方落下，掌心向上，左掌隨翻身轉

圖240

圖241

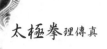

腰護於左耳側，掌心向西北方；此時胸腰對正西；目視西
北。（圖242）

④身勢向右轉腰鬆沉，重心前移；右掌隨轉腰往後
屈肘抽掛，止於右腰側，左掌隨轉身腰向西北方橫掌送
出；此時身腰已轉向西北方，目視左掌前方，立身務必中
正，不可前俯後仰。（圖243）

注意：此式與前31式不同，一是撇身捶，一是撇身
掌，學者勿混同。

92. 卸步搬攔捶

①卸步　右腳尖內扣90°，左腳尖外擺45°，鬆腰胯，
身腰向左後轉，重心後移至左腿；左掌隨轉腰屈肘回收護
於左胸前，右拳同時舒肩肘下垂，隨身腰左轉，右臂內
旋，拳背向外，由左腿外側經膝向內側格掛。（圖244）

圖242

圖243

②搬　提右腳收回，不落步腳尖外擺，向正西方斜横式上半步，身腰由下向上、由內向外向西北方翻轉，重心前移；右拳以肘為軸，沉肩由胸前上起，由內向外搬，左掌隨動護於右臂中節；此時重心在右腳，左腳跟離地，目視正西，身腰轉向西北。（圖245）

圖244

圖245

③攔　身腰繼續右轉，重心全移至右腳，左腳從後收回；右拳由腰脊領動，從前往後抽，止於右胸側，左掌隨轉腰微斜向前攔出，頂頭開胸。（圖246）

圖246

④捶　提右腳，向前正西方上一步，身腰向左沉轉，重心由後向前移；由腰脊領動，右拳平胸部向前正西方節節貫串送出，左掌同時由前向後屈肘收回，護於右手肘彎處；此時身腰對正西，目視前方。（圖247）

93. 上勢

①左腳尖隨開胸外擺45°，重心前移至左腳，提右腳，以腳尖虛點地於左腳前，胸腰向左轉向西南；右臂隨開胸向右外側落下，變拳為掌，然後隨轉腰向左繞至左腿根側，掌心向後，同時，左手隨轉腰向後移至身體左側，鬆肩垂肘豎掌，指尖向上，掌心向南；此時膝微屈臀內收，立身中正，目視正西。（圖248）

圖247

圖248

圖249　　　　　　　　　圖250

②提右腳，往前正西方上一步，身腰右轉，重心徐徐前移；以腰脊領動右手由下由內向上、向前掤出，左手隨動護於右肘彎處；身勢向正西（圖249）

94. 攬雀尾

①掤　以腰脊領動，身腰微向右轉；兩手隨動往右前上掤翻轉，此時左手應往前稍湊，掤得更圓、更滿，如往前接手狀，左掌心向內，右掌心翻轉微向下。（圖250）

②挒　以腰脊領動，左掌外翻，掌心向上，右掌內翻，掌心向下；身勢左轉，往後坐左腿；兩掌相距尺許，領動兩手平胸部由前往後經左腰側往後挒帶，此時左手圓抱，指尖向前，右手屈肘，前臂平放，勿向下壓，重心在

後，頭微低。（圖251）

③擠　以腰脊領動，身勢徐徐上起轉向正西；同時，左手經後劃一圓弧，沉肩垂肘，指尖向上，掌心向前，豎掌於左胸前，右手前臂隨轉腰微上起，平胸、指尖向左，手心向內；此時左手以掌根相對右手脈門，相距約三四寸，未靠接，身勢虛含，下力上達，如開弓放箭；雙目平視前方。（圖252）

上動不停。以全身的內勁，弓步往前正西方鬆沉擠出；雙手掌止於右膝垂直線處，此時左手掌根搭靠於右手脈門處；右腳小腿垂直，膝蓋勿過腳尖，頂頭拔背，立身中正。（圖253）

④按　以身腰領動後坐，重心後移至左腿；雙手回收，隨開胸往兩側微分，止於胸側。（圖254）

圖251

圖252

　　上動不停。身勢由腳而腿而腰，自下往上微微上起，然後手心向前，弓步鬆沉按出。（圖255）

圖253

圖254

圖255

95. 單鞭掌

①帶　兩臂鬆軟，以腰脊領動稍微上挑，身勢往後鬆坐，邊坐邊轉，將兩臂往左後帶轉約百餘度，此時重心已坐到左腿。（圖256）

②掛　右腳尖內扣135°，身腰帶動重心由左腿坐至右腿；同時身勢兩臂往下稍沉，右手成鉤手，經胸前往右後正西方掛出，左手隨動，屈肘護於右胸前，指尖微向上，掌心向後；同時，左腳收回，以腳尖虛虛點地於右腳之前，目視右後，左腳膝關節、左腳尖正對東方。（圖257）

③撐掌　提左腳向正東方出一步，身勢微起，往前下鬆沉，重心前移；同時，左手經胸前往前正東方出掌，

圖256

圖257

圖258　　　　　　　　　　　　圖259

此時左掌向正東，右鈎手向正西，胸腹側身向正南；身勢
勿扭曲，頂頭拔背，開胸沉氣，目視東方。（圖258）

96. 右雲手

左腳尖內扣，身勢徐徐下沉，收右腳橫靠左腳，兩腳
相距約一拳寬，腳尖先落地，再腳跟踏實；同時，右鈎手
下落變掌，掌心向內，從身體右側移至身體左側，左臂在
身體左側微向下沉；上動不停，以身腰脊柱領動，身勢微
起，由左向右沉轉，帶動右臂從身體左側下上起，鬆肩、
垂肘、掤圓滿，經左肩及面部節節貫串向右雲轉，左臂繼
續下沉，身勢隨轉隨沉，雙膝彎曲，目視右臂外側。（圖
259）

97. 左雲手

上動不停。身腰由左向右沉轉，重心由左腳徐徐移到右腳，左腳跟漸起；右臂從胸前繼續向右雲轉，轉至身右側掌心向下，同時左臂從身左下側經襠前向右掛移；然後提左腳向左橫出一步，腳尖先落地，腳跟再踏實，以身腰脊柱領動；身勢微起，由右向左沉轉，帶動左臂從身體右側下上起，鬆肩、垂肘、掤圓滿，經右肩及面部節節貫串向左雲轉，右臂從身右側向下沉落；身勢隨轉隨沉，雙膝彎曲，目視左臂外側。（圖260）

圖260

98. 右雲手

　　上動不停。身腰由右向左沉轉，重心漸移至左腳，收右腳橫靠左腳，兩腳相距約一拳寬，腳尖先落地，再腳跟踏實；左臂從胸前繼續向左雲轉，轉至身右側掌心向下，同時，在身右側下的右臂隨身腰的轉動，經襠前向左掛移至身體左側；上動不停，以身腰脊柱領動，身勢微起由左向右沉轉，帶動右臂從身體左側下上起，鬆肩、垂肘、掤圓滿，經左肩及面部節節貫串向右雲轉，左臂從身左側向下沉落；身勢隨轉隨沉，雙膝彎曲，目視右臂外側。（圖261）

圖261

99. 單鞭掌

①帶　上動不停。身腰向右沉轉，重心漸移至右腿，左腳跟漸起；右臂從胸前繼續向右雲轉，轉至身右側正西，掌心向下，同時，前動落於身左側的左臂隨轉腰，經襠前向右掛移，從身右側上起，兩臂高度同肩相平，掌心向下；然後提左腳向左側倒退一步，向左轉身腰脊柱，邊轉邊坐重心於左腿；隨身腰轉動，雙臂節節貫串，由正西向左後東南平帶。（圖262）

②掛　右腳尖內扣135°，身勢、兩臂往下稍沉，右掌變鉤手，經胸前往右後正西方掛出，左手隨動，屈肘護於

圖262

右胸前，指尖微向上，掌心向後；同時，左腳收回，以腳尖虛虛點地於右腳之前，目視右後，左腿膝關節、左腳尖正對東方。（圖263）

圖263

③撐掌　提左腳向正東方出一步，身勢微起，隨往前下鬆沉，重心前移；同時，左手經胸前往前正東方出掌，此時左掌向正東，右鉤手向正西，胸腹側身向正南；身勢勿扭曲，頂頭拔背，開胸沉氣，目視東方。（圖264）

圖264

100. 高探馬

①重心前移,在後的右腳稍起,向前上半步即落,
腳尖點地。（圖265）

②重心由前向後鬆坐於右腿;在後的右鉤手變掌,
隨身勢後坐轉腰屈肘收回至右耳根側,左臂隨轉腰前臂外
旋,手心翻向上;此時身勢左轉向東南。（圖266）

③上動不停。胸腰左轉,重心後坐,在前的左腳收
回,以腳尖虛虛點地落於右腳前;右掌手指向左,平面部
以斜橫式向前出掌,左掌順勢屈肘收回至左腰側;此時胸
腰左轉向正東,重心全坐右腿,目視前方,鬆腰塌胯,沉
肩垂肘。（圖267）

注意:此式出橫掌,與單鞭掌、摟膝拗步掌等式不
同。

圖265

圖266

圖267　　　　　　　　圖268

101. 白蛇吐信

提左腳向前正東方進一步，胸腰向右沉轉，重心前移；右手隨胸腰沉轉順左臂下向左屈肘收掛於左腋下，同時，左手隨上步沉轉，以指尖向前，手心向上，從右手背上向前節節貫串送出；此時身腰向東南方，目視正東，重心在前。（圖268）

102. 轉身右蹬腳

①左腳尖內扣，右腳尖外擺，身勢右轉，面向正南成騎馬勢，屈膝向下鬆沉；同時，左手由前向上經右胸側下落，雙手左上右下圓滿合抱於胸前，掌心均向下。（圖269）

圖269   圖270

②上動不停。左腳尖再內扣，重心移至左腳，頭右轉，目視正西，收右腳提膝，以腳跟向正西方節節貫串蹬出；雙手臂同時由胸前向上、往前後東西兩方開胸撐出。（圖270）

103. 左右摟膝指襠捶

①右腳落下，向前正西方以斜橫式進半步，身腰右轉，重心前移；右手隨落步向左屈肘收於左胸側，指尖向正南，隨身腰右轉重心前移，向下經右膝上向右側摟出，摟後向右後掛去，止於身右後側，左手隨上步轉腰由後向左、再向前、向右平移扇出，止於身右側，指尖向正北；此時身腰已轉向西北，目視正西，重心在前，左腳在後，腳跟離地。（圖271）

②重心前移，收左腳向前正西上一步；左手在身右側隨上步稍向下屈肘下沉；右手於身右後側握拳。（圖272）

圖271　　　　　　　　　圖272

③身腰左轉，重心前移下沉；右拳以拳背向前，從後隨身腰左轉，向前下沉著蕩出，左手下沉往左膝上摟過，再由左外側繞上，指尖斜向上，掌心向右，護於右臂肘節處；此時身腰轉向正西，頭微低，目視前下。（圖273）

圖273

104. 上　勢

①左腳尖隨開胸外擺45°，重心前移至左腳，提右腳，以腳尖虛點地於左腳前，胸腰向左轉向西南；右臂隨開胸向右外側落下，變拳為掌，然後隨轉腰向左繞至左腿根側，掌心向後，同時，左手隨轉腰向後移至身體左側，鬆肩垂肘豎掌，指尖向上，掌心向南；此時膝微屈臀內收，立身中正，目視正西。（圖274）

②提右腳往前正西方上一步，身腰右轉，重心徐徐前移；以腰脊領動右手由下、由內向上、向前掤出，左手隨動護於右肘彎處；身勢向正西。（圖275）

105. 攬雀尾

①掤　以腰脊領動，身腰微向右轉；兩手隨動往右

圖274

圖275

圖276　　　　　　　　　　　圖277

前上掤翻轉，此時左手應往前稍湊，掤得更圓更滿，如往前接手狀，左掌心向內，右掌心翻轉微向下。（圖276）

②将　以腰脊領動，左掌外翻，掌心向上，右掌內翻，掌心向下；身勢左轉，往後坐於左腿；兩掌相距尺許，領動兩手平胸部由前往後，經左腰側往後将帶，此時左手圓抱，指尖向前，右手屈肘，前臂平放，勿向下壓，重心在後，頭微低。（圖277）

③擠　以腰脊領動，身勢徐徐上起轉向正西；同時，左手經後劃一圓弧，沉肩垂肘，指尖向上，掌心向前，豎掌於左胸前，右手前臂隨轉腰微上起，平胸、指尖向左，手心向內，此時左手以掌根相對右手脈門，相距約三四寸，未靠接；身勢虛含，下力上達，如開弓放箭，雙目平視前方。（圖278）

圖278　　　　　　　　　　圖279

　　上動不停。以全身的內勁，弓步往前正西方鬆沉擠出，雙手掌止於右膝垂直線處，此時左手掌根搭靠於右手脈門處，右腳小腿垂直，膝蓋勿過腳尖，頂頭拔背，立身中正。（圖279）

　　④按　以身腰領動後坐，重心後移至左腿；雙手回收，隨開胸往兩側微分，止於胸側。（圖280）

　　上動不停。身勢由腳而腿而腰，自下往上微微上起，然後手心向前，弓步鬆沉按出。（圖281）

106. 單鞭掌

　　①帶　兩臂鬆軟，以腰脊領動稍微上挑；身勢往後鬆坐，邊坐邊轉，將兩臂往左後帶轉約百餘度，此時重心已坐到左腿。（圖282）

　　②掛　右腳尖內扣135°，身腰帶動重心由左腿坐至

圖280

圖281

圖282

圖283

右腿；同時，身勢兩臂往下稍沉，右手變鉤手，經胸前往
右後正西方掛出，左手隨動，屈肘護於右胸前，指尖微
向上，掌心向後；同時左腳收回，以腳尖虛虛點地於右腳
之前，目視右後，左腿膝關節、左腳尖正對東方。（圖
283）

③撐掌　提左腳向正東方出一步，身勢微起往前下鬆沉，重心前移；同時，左手經胸前往前正東方出掌，此時左掌向正東，右鉤手向正西，胸腹側身向正南；身勢勿扭曲，頂頭拔背，開胸沉氣，目視東方。（圖284）

107. 抽身下勢

重心後移，屈右腿直左腿，身勢向後下抽身鬆坐下沉；右鉤手不變，仍在後上，左掌隨抽身後坐下掛落於左腿右側；目視左腿前。（圖285）

圖284　　　　　　　　　　　圖285

108. 上步七星捶

①由腳而腿而腰，由下而上，由內而外，以全身整勁，往前進身；同時，左掌由下往前上挑，右鉤手微下落；上身直立，目視正東，重心在前。（圖286）

圖285

圖286

②左腳尖外擺，重心前移至左腳，身腰左轉，收右腳向前正東方上半步，以腳尖點地；左掌握拳，隨身腰左轉，以腕部往右後微收回掛，同時，右鉤手握拳，隨身腰左轉上右腳，屈肘由腰部向前上經左腕下出正拳，兩拳以腕部輕輕相靠；重心在後，身勢微向下沉，此時身腰已轉向正東方，目視前方。（圖287）

109. 退步跨虎

將在前的右虛步收回，向後倒退半步，重心由前向後移，左腳跟離地，腳尖向後微退；雙拳隨身勢後退鬆開變掌，雙臂由內至外節節貫串，左下右上分掛，左手心向下，沉於左胯側，右手心向外，止於頭上右外側；身勢隨開胸微起即向下沉坐以蓄勢。（圖288）

圖288

圖289

110. 轉身擺蓮

①身勢往下微沉，上身向左稍轉含胸；右手隨動屈肘向左前下掛、沉按，止於腰前掤圓，左臂同時在左側上起，掌心斜向上，頭微低。（圖289）

②左腳跟左擺向東北，仍以腳尖點地；同時；身腰帶動左右手右轉，右腳尖右擺向正西，隨身腰雙手大幅度右轉，右腳跟離地以前掌支撐身體輾地，隨身腰往左後大轉身，左腳隨身腰轉動帶引離地，向西北方出一步，重心前移下沉；雙手隨開胸左上右下外開，左手指尖向西北，掌心微斜向上，肘微屈，右手指尖向東南，掌心向下；目視正東方。（圖290）

③左腳尖內扣，重心向左腿移，身勢微向左轉；右手隨之經襠前向左掛，從左胸前上起，左臂內旋，掌心翻

向下，雙臂在同一高度；重心由下而上節節貫串身勢上起，左腿逐漸直立，同時收回右腳，屈膝上提，腳尖向下；同時胸腰向右轉，帶動雙手平肩向右移。（圖291）

注意：立身務須中正，頂頭沉氣鬆肩，勁道由腳而腿而腰，定要完整一氣。

④身勢向左轉，帶動雙臂左移；同時腰腹轉向右，帶動已屈膝上提的右腿，以腳背右外側由左下向上、向右前弧形擺出；右腳向右擺踢，雙臂左移，上下相遇時，左右手掌依次輕拍腳面；目視東南方。（圖292）

圖290

圖291

圖292

111. 彎弓射虎

①右腳落下，向右前東南方上一步；雙臂由胸左側落下握拳，復由胸前提起，兩拳相對；目視東北。（圖293）

②身勢向右沉轉，重心前移；左手隨沉轉開胸，以腰脊之力向東北方出正拳，同時，右手仍握拳，隨沉轉開胸以腰脊之力翻肘向右後西南方外開，其勢如拉弓，故名；身勢向東南，目視東北。（圖294）

圖293　　　　　　　圖294

112. 卸步搬攔捶

①卸步　胸腰微向右轉，右拳舒肘向右外側落下，同時，左拳鬆開變掌，隨胸腰右轉屈肘向右側移；然後右

腳尖內扣90°，胸腰向左後轉，重心後坐；右臂仍握拳，
經前腿膝蓋向內側含胸格掛，左掌隨胸腰左轉向後回抽護
於左胸旁，掌心向前，指尖微向上；左腳尖外擺向東北；
目視正東。（圖295）。

②搬　提右腳收回，不落步，腳尖外擺，向正東方
斜橫式上半步，身腰由下向上，由內向外、向東南方翻
轉，重心前移；右臂仍握拳，以肘為軸，沉肩由胸前上
起，由內向外搬，左掌隨動護於右臂中節；此時重心在右
腳，左腳跟離地，目視正東，身腰轉向東南。（圖296）

圖295

圖296

③攔　身腰繼續右轉，重心全移至後腳，左腳從後
收回；右拳由腰脊領動，從前往後抽，止於右胸側，左掌
隨身腰右轉，微斜向前攔出，頂頭開胸。（圖297）

圖297　　　　　　　　　　圖298

④捶　提左腳向前正東方上一步，身腰向左沉轉，重心前移；由腰脊領動，右拳平胸部向前正東方節節貫串送出，左掌同時由前向後屈肘收回，護於右手肘彎處；此時身腰轉向正東，目視前方。（圖298）

113. 如封似閉

①腰鬆，胸微合；同時，左手掌心翻向上、向右穿於右手臂下，右拳鬆開變掌，右臂隨合胸內裏，掌心翻向上。（圖299）

②右膝彎曲，身勢向後坐沉，重心後移；兩手隨開胸向後抽，邊抽邊向左右外分，沉肩垂肘止於兩肩前，掌心向前。（圖300）

③身勢微起，由後腳跟，由腿而腰，由脊而肩肘，

節節貫串，重心前移；雙掌向前下鬆沉按出；目視前方。
（圖301）

圖299

圖300

圖301

114. 十字手

①左腳尖內扣，右腳尖外擺，身腰右轉，帶動兩臂上挑，向上、向右圓轉；此時身勢右轉向正南；雙手指尖向上，掌心向前，重心居中，注意切忌聳肩，仍然要心氣沉著。（圖302）

②重心徐徐下沉；兩手臂由上向左右分開下落，落時如鬆沉自墜，掌心向前。（圖303）

③重心繼續下沉，身勢下蹲成騎馬勢；兩手臂隨身勢左右下墜至兩膝之上，此時掌心向上，指尖向前，雙臂抱圓微屈；頭微頂，目微合，軀幹正直，雄渾莊嚴。（圖304）

圖302

圖303

④重心向左移，提右腳靠左腳，相距寬與肩齊；兩手於小腹前合抱，左手在內，右手在外；身勢由腳而腿而腰，徐徐上起；同時，已合抱的雙手隨身勢上起，由下而上節節貫串，向上、向外掤，至身勢全起，雙手抱圓止於胸前，手心向內。（圖305）

圖304

圖305

115. 收勢（合太極）

①開胸沉肘，手心向下，兩臂隨開胸屈肘微向後收；頭容正直。（圖306）

②兩臂向下鬆落，至兩胯側止，鬆肩舒腕，指尖微向前；中正安舒，氣靜神閑，定凝片刻，收勢結束。（圖307）

圖306 圖307

尾 聲

尾
聲

—— 大夢誰覺 ——

廖雨兵

吾言甚易知也
甚易行也。
而天下莫之能知也，
莫之能行也。
　　——《老子·七十章》

一

終於，有機會——一個嚴肅而深刻的機會，可以說說我心目中的「武術」。

心跡渺渺。時空渾莽如雪夜荒郊，有大音挾感動悠悠襲來……

遠行者莫名。

二

林木綠黃。

函谷關三千年無恙，應記得老聃與關令尹喜相遇？結果是，問道之情難卻，老子請筆寫下《道德經》，撒手危世，不知所終。

星移斗轉。

函谷關三千年無言。

莫不是因為如此重要的中國文化結構出於如此偶然的因緣

——如果關令不是尹喜；

——如果尹喜非體道之士；

——如果尹喜無上智穎慧；

——如果……

教科書談論必然，我卻惶惑於偶然的力量與無情。

函谷關至今未從這場偶然事件中回過神來。

——冷汗潸潸。

「天不生仲尼，萬古長如夜。」

詩意的預測？

歷史的回顧？

確定無疑的是，作為兩者，其文化進化論內涵都深邃迷人。

必然是對偶然的缺席公證，是歷史在偶然開出的支票上簽下的確認背書。

三

老子五千年文——聚訟千年。

仁者說仁，智者說智；

王者說王，霸者說霸；

國士國解，洋人洋言。

五千年文以其自身的本體意蘊及歷史存在，成為人類

文化天宇中，一顆具有生態認識價值的星座。

「滿紙荒唐言，一把辛酸淚。

都云作者癡，誰知其中味。」

解釋的混沌映照出解釋者的混沌。

生物在億萬年的進化過程中，與環境相互作用，融鑄人類存在的特化感覺方式。

人類在百萬年的進化過程中，與環境相互作用，積澱不同類型的文化，文化便是人類的特化感官，絕對影響特定人群的認知能力。

——我們所看見的，是我們由我們所擁有的文化孔穴所能夠看見的。

特定人群以何種認知方式進入世界，這是文化生成的發生學。

在特定人群的生命繁衍中，文化發生學選擇性地泛化為認識個體的存在認識框架——個體生命在特定的文化生態中生存，並由這種文化存在進入認識世界的過程。

語言與文化表達了生命，生命在語言與文化中呈現自己。作為語言與文化內容的生命存在方式一旦隨著生活逝去，相關的語言及文化便在歷史的煙塵中封閉成為密碼。

悠悠千載，我們失落啟開東方認識寶庫的存在論鑰匙。

「悲夫，百家往而不反，必不合矣！後世之學唐，不幸不見天地之純，古人之大體，道術將為天下裂。」

——（《莊子》天下）

需要由知識考古，重新理解生命原型，理解我們極度
的潛在。

四

工具是人類身體的延伸：

Ａ項：手足的延伸——刀、矛、鋤、鐮、弓箭、槍、
炮、馬、車……

Ｂ項：感官的延伸——望遠鏡、顯微鏡、聲納、雷
達、無線電……

東西方文化的存在認識論差異在於Ｂ項延伸。

——東方賢哲的感官主要向身體內部延伸；

——西方賢哲的感官主要向身體外部延伸。

以「體」為主要認識工具，這是中國、印度、日本賢
哲們生命存在的方式與認識實踐的奧秘。

「東方思想在哲學上有什麼獨特性呢？其中一個已被
揭示的特徵似乎在於個人修行被認定為東方思想的哲學基
礎。簡言之，僅僅由理論上的思考是不能獲得真諦的，而
只有由『體行』才能獲得，即必須注重整個心靈與肉身。
修行是一種通過運用整個身心而獲取真諦的實踐。」

——湯淺泰雄《靈肉探微》

因此，在東方認識論裏，充滿了「體」的履跡——體
察、體認、體知、體會、體悟、體驗……

這是啟開東方學術寶庫的真正咒語與不二法門。

易學、奇門遁甲、中醫、武術、佛經道典……無一不是建立在練功修行的基礎上。不由此門索入，學人的一切洋洋大言免不了只能落入郢書燕說，霧裏看花。

西方賢哲們，以「器」為認知工具。西方認識發展的歷史，同時便是認識工具發展的歷史。

東方的體察須在體驗的存在基礎上溝通，所以強調意會認知，強調感受與悟解，強調語言比喻與形象思維，強調認識主體的存在境界差異：凡人、聖人、真人、至人……強調由存在境界差異造成的認知與實踐能力差——

「上士聞道，勤而行之；
中士聞道，若存若亡；
下士聞道，大笑之。」

——（《老子》四十一章）

在東方認識裏，認識主體的一切——人格類型、道德能力、氣質強度、天賦慧根、價值取向、身體素質，等等，深刻地介入認識過程。

西方的觀察在實驗的操作基礎上溝通，所以強調公理方法與概念共識，強調語言嚴密與邏輯思維，強調實驗的可操作性、可重複性，強調在實驗操作與實驗結果的面前，消除認識主體的個體差異。

在西方認識論裏，排除認識主體成為客觀認識的起點。

　　體驗的溝通是個體生命作為一個靈肉整體存在時，它所擁有的某種生態內容（主體特徵與環境際遇）的溝通。

　　——古老的東方溝通諺語是：人生得一知己，死而無憾。

　　實驗的溝通是個體生命作為一個社會化的勞動者存在時，它所擁有的某種教育類型、程度與科目的溝通。

　　——現代世界的溝通諺語是：學會數理化，走遍天下都不怕。

　　人與人之間的溝通，在最深的層次上是生態體驗的溝通。因溝通的困難，東方文化被人稱為「東方神秘主義」。

　　教育的溝通，在統一標準的層面上進行，因傳播的有效，西方文化被人稱為「現代科學文化」。

　　東方神秘主義——以認識主體內向修煉為主要認識特徵，包括道教、佛教、瑜伽、氣功、武術、中醫等等一整套生命工程與人體文化體系。

　　西方科學文化——以認識主體外向研究為主要認識特徵，包括數學、物理、化學、生物、天文、地理等等一整套自然科學與客體文化體系。

　　這是世界性的人類認識分工？

　　人類的精神風景，神奇壯美！

　　「大道氾兮，其可左右。」

　　——冥冥之中，造化果真預有安排？

五

1976年，一本西方人寫的書引動了全世界認知的目光——《物理學之道》。美國學者卡普拉以恢宏的視野觀照人類的認識園地，之後，深具洞察力地指出：現代物理學與東方神秘主義，這兩條起點不同的認識路線，已經在遙遠的延長線上相交。

不僅僅在哲學的層面上，而且在具體認知的層面上，分裂的世界認識大陸在通向宇宙本體的歷史過程中，漸漸靠近。

一個巨大的太極圖在瑩瑩運轉：

東方內向文化體系中，亦有外向的經世致用技術：四大發明、百工雜藝……這是陰魚中的陽眼。

西方外向文化體系中，亦有內向的神秘主義體驗：諾斯替教、過程神學、「集體無意識」「高峰體驗」「超心理學」……這是陽魚中的陰眼。

完滿的並協，不可思議的對稱！

——它不能不使人悟解到，存在著比人類更高的宇宙意志與智慧。

大音希聲，大象無形。

一旦與宏偉、和諧、秩序井然的宇宙結構與設計真切相逢，宇宙宗教感便會油然而生，點化個體生命，成為人類，包括許多傑出的哲學家、科學家——斯賓諾莎、牛頓、萊布尼茨、愛因斯坦、普朗克……在內的深沉的敬畏

體驗。

四大發明曾推動世界從中世紀進入現代歷史。

完全可以說，內學——生命工程與人體文化是第五大發明，是東方文化中一盞密藏最深的寶蓮燈，其神奇光芒至今隱而未發。

19世紀是力學的時代；

20世紀是電學的時代；

學者們預言：

21世紀將是生物學的時代。

人類對世界的認識，從無機到有機，從簡單到複雜。可以想像，當整個人類把投向世界的認知目光轉向注視生命、注視自身的秘密時，東方的內向人體文化體系，將為人類的認識進步貢獻出多麼寶貴的實踐經驗與哲學智慧。

不少有見地的科學家指出，人體科學的研究和突破，將引起一場新的科學革命。

六

超常的環境壓力，把生命的進取精神與創造衝動壓向生命內部。東方生命群體中，那些充滿哲人氣質與天賦穎悟，有大毅力、大熱情的傑出者，在漫長的生存苦鬥中，由不同個體之間的獲得性遺傳，進化創造出與環境壓力取得平衡的一整套從性命雙修入手，高度發展主體生存能力的生命工程技術。如同我們這個行星上一切成功的生態範式，在古代賢哲這些生態創造背後，屹立著50億年的太陽

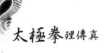

系天文進化、46億年的地球地質進化、35億年的地球生物進化，以及300萬年的地球人類進化歷史。東方古老的生命工程技術，本質上與任何生物的適應性形態進化一樣，是人所創造出來的高超的生態技巧。正是在這種深刻的存在論意義上，它具有獨一無二的文化人類學與進化人類學價值。

東方，偉大的東方，你所身受的數千年苦難，是否可以在此找到新的存在邏輯與價值安慰呢？

——這是普羅米修士式的祭奠？

前定的宿命無法達詰。

進化的呼喚，天籟般迷離動人。

從西方崛起的工業文明，作為一種捷足先登的文化生態，在旋風般的進軍中，席捲全球，人類由此遭受了無法彌補的文化損失。

——無數不同類型的文明，耗費幾百萬年的心血汗水所創造的生態智慧與生存技巧湮沒消亡。

——幾十億年地球進化中形成的豐富多彩的生態環境漸趨單一。

對此，人類學家與生態學家們扼腕歎息，痛心疾首。

倚賴浩如煙海的古代典籍，倚賴高人志士們一代一代超人的身體力行，東方人體文化作為一種古老的生態技巧碩果獨存。

——東方幸甚！

——人類幸甚！

——地球幸甚！

七

批判反省的聲音，漸漸在西方文明的內部喧響。法蘭克福學派、人本心理學等一大批西方思想家指出，西方工業文明所要求的客觀主義認識論，把認識個體從科學中驅趕出來，科學成了合理化生存的唯一模式，科學以自己的軟性隱框架澆鑄著人，把人變成一種標準的、齊一化的，喪失了自己的個性與潛在部分的新式「物化人」。

人類認知目光，曾經從阿拉伯世界所保存的古代典籍中，重新尋獲與理解了古希臘的生存體驗與生態記錄，由此滋生出歐洲的文藝復興。

一場新的世界文化聚生，有可能在當代人類對東方文化典籍的新的意向追索中，在東西方認識論與存在論互補的新大陸上，鋪排張揚嗎？

——希望與等待。

八

作為一種現象的無限，對於無限者來說，是一種從本體玄默中升騰起來的自在的氣質風度——

「天何言哉，四時行焉，萬物出焉！」

——孔子

　　對於具有內省能力的有限者來說，無限代表一個永恆的彼岸世界，它壓迫有限者，誘惑有限者，在有限者反抗與趨往無限的雙向意念中，無限成為永恆的靈感之源、哲學之源與宗教之源。無限由心理動力學轉換，成為有限者自為的主體實踐——

　　「宗教是領悟無限的主觀才能。」

——麥克斯·繆勒

　　人類精神的廣延性是無限的，而肉體生命的火花卻無法逃避黯淡及至熄滅的命運。莊子感慨說：「吾生也有涯，而知無涯，以有涯隨無涯，殆矣！」

　　——英雄叱吒，紅顏傾城，倏忽之間，化作過眼雲煙。

　　生老病死，孕育著人類深廣的情感體驗與智慧求索。

　　造化在生命誕生之日，作為生日禮物，為生命套上了年齡的鎖鏈。年齡影響著我們觸摸世界的方式，獲得經驗的內容，以及影響和改變我們對經驗存在的解釋。

　　造化的鏈環無法逃遁，不可粉碎。個體生命作為時間射出的一維之箭，不可逆。然而，人之所以為人，在於他不是被動的囚犯——人可以在年齡的鏈環內，盡可能優化自己的生態存在。

　　面對步步逼近的疾病、衰老與死亡，生命者奮起反抗。

九

生命在於運動。

──生命如何運動？

十

現實生活中生命的運動軌跡通常是這樣的：

青少年時期，精力過剩，或耽於玩樂，拼血性之勇，從事各種激烈危險的運動；或沉入淫逸，神思恍惚。在最好的情況下，兩者殊途同歸：無代價地消耗過剩精力。有趣的是，醫生為手淫惡習開出的對症之方，恰恰就是大劑量的運動。如果運氣不佳，揮霍過剩精力的結果不惟不能造福，還有可能導致傷殘，影響學業，甚至觸犯刑律。

中年時期，體力開始下降，漸漸不愛運動，肌肉鬆弛發「泡」，活力減少，為事業與精力的矛盾而焦慮。

老年時期，腦力衰退，關節僵化，暮氣漸濃，運動困難。疾病、醫院與孤獨成為主要的日常話題。

一幅調子低沉的人生運動速寫。

十一

面對衰老的不可逆性，轉換一下思考的角度，我們會發現，有一個問題極為引人：

　　究竟有沒有一種運動方法，一種可以操作的生命技術，使人能夠儲存青少年時期的過剩精力，因而終身受益呢？就像

　　人可以儲存財富，

　　人可以儲存知識

　　一樣。

　　有。

十二

　　普天之下，只有一種這樣的運動方法和生命技術——東方的內鍊之術。

　　西方哲人尼采曾經揶揄說，人類之所以還不敢自認為是上帝，就是因為他們有下腹部。

　　——主管吸收與排泄的形而下者。

　　東方哲人老子說，聖人為腹不為目，虛其心，實其腹。

　　東方的賢哲們由內鍊之路，把西方賢哲視為人生累贅的下腹部，開闢為人生進化與超越的生命場所。

　　下腹部——下丹田所在部位，是修行內鍊的法竅，是存貯生命能量的聖庫。

　　「內家拳人」——這是我入內家武術之門後的第一個生命感悟——就像「北京猿人」「馬壩人」「河套人」一樣，它具有體質人類學的進化論意義。

　　觀察那些修煉內家拳，尤其是從小、從童身修煉內家

拳而有成者，可以發現，他們處於一種與從事一般體育鍛鍊的人、與常人不同的生命存在狀態。

明顯的差異是，他們吃得少，睡得少，然而精力好。

這種良好的生命狀態，是通過內家武術修煉後，在丹田存貯生命能量的結果。

「精存自生，其外安樂，內藏以為泉源，浩然和平，以為氣淵。淵之不涸，　四體乃固；　泉之不竭，九竅遂通。」

——《管子・內業篇》

核裂變產生的能量大於燃燒。

物質的層次越深，其所蘊藏的能量也越大。

一般體育鍛鍊在神經與肌肉的層次上進行。內家武術訓練則在經絡與精氣的更深的人體物質層次上進行。訓練到一定程度，煉精化氣，氣沉丹田，逐漸就會在小腹內蓄積成一個氣團。

——內家拳凌厲神奇的勁道，全賴此丹田氣團作為基礎。

拳諺云，煉得丹田一團氣，走遍天下全無敵。

歷來，此法被拳家視為秘中之秘。

十三

人，是宇宙之匠的傑作。

人體，是造化神工的藝術品。

古希臘人，把人體之美作為雕刻、建築、詩歌、文學的美學搖籃。

罕有人意識到，我們在有幸被賦予人形的同時，也承納了維護這具藝術傑作的生命責任。

太多人重視維護改進他們的電視住房。

太少人重視維護改進他們的身體——這件真正獨一無二、不可更換、擁有巨大潛質的物質「大件」。

成為人，是一個先驗的生命行為，個人意志被懸置於括弧之中。

人體成形，是一個經驗的生命行為，是個人願望與心氣的體現，「臉隨心變」，在某種意義上，可以說，我們的身體是我們意志的作品——你想要它怎麼樣，它就可以怎麼樣。

古希臘的山崖上，銘刻著古希臘人對人體之育的感悟名言：

「如果你想強壯，就跑吧！

如果你想美麗，就跑吧！

如果你想聰明，就跑吧！」

譬之東方，在浩如煙海的古代典籍與至人實踐中，洇染運化著東方賢哲們對人體之育的深刻洞察：

如果你想強壯，就內修吧！

如果你想美麗，就內修吧！

如果你想聰明，就內修吧！

十四

青少年

——習練內家武術的黃金年齡。毛澤東青少年時代曾豪氣干雲地說：「大丈夫獨患無身耳，身強心強，何事不可為！」青少年在正確方法的指導下，容易從凡常之人的生命狀態進化為「內家拳人」的生命狀態——由修煉把青少年時期似乎取之不盡、用之不竭的精力存儲在體內，一生中可以擁有優於常人的精力，以及維護身體平衡的高效機制。這是人生最有價值的身體「基本建設投資」，對一生的事業與生活將產生難以估量的好處。

不獨如此，習練內家武術還可使人氣息深沉，潛移默化之下，人便易於態度謙和，思慮周密，意志堅強，情緒穩定，大有助於青少年渡過心理危險期，抵抗不良思潮的引動與影響。

中年

——俗諺云：人到中年萬事休。實際上，國內外心理學研究表明，中年是人生全過程的寶貴階段。孔子說：「四十而不惑。」中年時期，人的知識與經驗積累趨於豐滿成熟，雖然機械記憶力稍有下降，但理解、思維與創造能力都處於巔峰狀態。之所以出現「萬事休」的看法，其原因在於此時體力開始衰退，不但已經不再能輕鬆愉快地打滿一場籃球比賽或羽毛球單打，而且對競技體育的興趣急劇消退。體之育停滯了，腿卻開始發僵。不知不覺地開

始對自己的身體嘖有煩言，也不再能夠熬一個通宵而若無其事。

中年人在家庭與事業的雙重夾縫中，自感精力不濟，而觀念又尚未從青年時代的體能感受中轉變過去，於是常常陷入自怨自艾的消極感歎。

習練內家武術，可以幫助中年人重新獲得一種有別於競技體育的養練結合的運動方法，學會控制使用自己的寶貴的精力資源，中止或至少延緩身體的老化過程，驅散暮氣，為中年的事業建設提供一個可靠的身體基礎。對於腦力勞動者來說，尤其意義重大。

老年

——有個流行的誤解：老年人不能學武術。此誤解源於武術等於肉搏之術的偏狹之見。

內家武術，可練可養，只要有一口氣在，便可習練。

人的一生，譬如四季，各有不同的意趣。人至老年，恰似清寂含蓄的深秋。經歷了春風夏雨，此時，寧靜與睿智秋陽般安詳地照耀著老人的世界。人生中第一次，你可以以局外人的目光，從容地觀察、品味和評判自己的一生，以及自己所處的世界。健康的身體是安詳的前提。肉體的死亡是必然會到來的，內家武術可以使生活在死亡之前保持不變質的魅力。

此外，一個大貢獻在於，內家武術可以使生命得以善終。機體的部分死亡現象，使死亡成為一個曠日持久的痛苦過程，為自己，為家人，為社會增加了大量難堪的負擔。內煉修行，可以使人周身氣血流通，機體在大限到來

之時，是作為一個整體逝去的。功高之士，甚至可以預先感悟到自己壽終正寢的時日，死亡遂成為一個沒有痛苦或少有痛苦的自然物質轉化過程。「從塵土中來的，必歸於塵土。」生命在死亡的過程中，有效地保持了自己的尊嚴。

十五

以非節制的慾望作為原動機，現代物質文明的畸形進化，擴展了人類能量攫取與消耗技術，失去自控意念的人類，正在逐漸演化為現代機械社會中一具日益高效與精緻的「耗散結構」。人作為地球的統治物種，以縱慾的方式，瘋狂地消耗地球的資源，把負熵的禍害撒向環境。

東方內鍊之術，作為一項生命自控工程技術，與宗教的禁慾苦行決然不同。它不以折磨肉體作為超越之途，而是寓修行於娛樂之中，使人在愉快而富有魅力的武藝研習中，通過煉精化氣、煉氣化神，便能夠有效地自我控制縱慾衝動，尤其是性衝動，進入「精滿不思淫，氣滿不思食，神滿不思眠」的生命境界，在淨化與昇華人的靈肉享受的同時，提高生命內在的品質，產生出「吃少，睡少，精神好」的異於常人的生命狀態，從而減少對能量的攫取與消耗，優化人自身的生態能力與地球的生態環境。

東方內鍊修行，善身兼濟，其道大矣哉！

十六

重視認識主體，以及重視認識主體的身體在認知過程中的作用，使東方文化在自己的傳遞過程中，發展出一套「三傳並重」的教育方法。

上士心傳——拈花微笑，行不言之教，在心有靈犀的基礎上，感而遂通。

中士口傳——武諺云，傳理不傳法。以道法理功啟人。取精用宏，旁徵博引；探賾索隱，鉤深致遠；苦口婆心，當頭棒喝，一直說到你竅開通悟為止。

下士身傳——對於資質愚鈍、悟性慧根俱欠的人，採取練功的方法，「吹呴呼吸，吐故納新，熊經鳥伸」。明儒劉宗周說：「靜坐是養氣功夫，可以變化氣質。」可以改變命運，「變化氣質，亦須有造命手，從天命上轉透。」

三傳並重的東方教育方法，重視人與人的先天差異，因材施教，從改變人的生命本體存在狀態入手，從根本上改善與提高人的可教深度與廣度，從而突破個體的生態命運束縛，愚魯可變，鄙賤能移。

較之現代只以個體的天賦IQ定數作為教育基礎的西式教育法，自有其不可忽視的獨特高明之處，正可作為西式學校教育的優良補充。果能如此，它無疑可為人類個體生命的非社會化進化提供可貴的援助。

十七

我天性厭惡暴力，卻從小迷戀武術——這是一個生命本體存在的悖論之謎。

內疚綿長——因為好勇鬥狠似乎應是習武者的第二天性。

宇宙的存在是一個謎。

——「曰遂古之初，誰傳道之？上下未形，何由考之？冥昭瞢暗，誰能極之？馮翼惟象，何由識之？」

人的存在是一個謎。

——「故道大、天大、地大、人亦大。域中有四大，而人居其一焉。」

人生也是一個謎。

——「我是誰？從哪裡來？往哪裡去？」

存在的終極之謎激蕩著人類。

也許，作為人，作為與其他只在本能的基礎上存在的物種不同的人，其類特徵是從產生形而上的迷惑與追問開始的。

一切物種只安於「所遇」。

人卻要嘗試解釋「所遇」，嘗試從解釋中介入「所遇」。

謎——生命投向外在世界的內源之光。

個體如此；

類屬如此。

認識論如此；

存在論也如此。

萌生謎——生命的智慧標杆，標劃出生命存在的廣度與深度。

解開謎——生命的智慧意向，描刻出生命進化的藍圖與類型。

西方的解謎——幾何公理、日心說、能量守恆、生物進化論、廣義相對論、量子革命、大爆炸、超弦學說……

東方的解謎——五行、八卦、易經、道論、禪說、內學……

不可想像，那些心志高遠、胸懷博廣、倡言「天地與我並生，萬物與我為一」的古代賢哲們，會是一些好勇鬥狠的匹夫俗漢。

武術，是既向人生外在的「苛政猛於虎」，更向人生內在的生老病死抗爭，爭取生命自由的超越之路；是明心見性，格物致知，大化大通，設解生命存在之謎的東方哲學實踐之路。

——東方哲學不同於西方概念哲學之處，在於東方哲學依託於練功感受，擁有「身體力行」的實踐技術。

日本哲學家湯淺泰雄說：「根據西方現代體育的觀點，訓練僅可提高身的藝能，而與訓練者的『心』無關。與此相反，在東方，如果僅訓練身體，而不相應地訓練心靈，那麼這就是一種偏誤。因此，自古以來，東方武術始終被看做是冥思的一種外在活動形式。」

內家武術不是競技體育，不是搏擊之術，而是生命的

存在進化技術——這，便是內家武術的深刻人體文化內涵和偉大生命意義。

「佛門只有慈悲度世，未聞練習傷人之技術者。世俗動以技擊衛身為口頭禪，其實朝夕動躍間，總不能離卻襲擊他人之念。此念一起，即是意孽。意孽生，而魔障集。是乃與佛氏悲智交修之旨大相違背。」

——（《少林拳術秘訣》）

聆教於古賢，我的悖論之謎廓然，內疚稍減。

追思入玄機，宜為武道沉淪之流入鄙漢街頭逞勇惑眾，粗夫年節獻藝取寵而淒然戚然。

不去一個「打」念，武術不惟無益於身，反而有可能以武害身；

——自害者，耗氣傷骨。陽氣速，陰氣遲，氣機失衡，易患高血壓、腦血管諸症。

——他害者，打鬥不休，怨怨相報，既無益於己，亦有害於人，終是明槍易躲，暗箭難防。

不去一個「打」念，武術之道風波險惡，世人視為畏途。「文無第一，武無第二」，為免糾纏，高手只願深自韜晦，秘不傳藝。假藝倒日見流行。

「打」之念不去，東方內家武術將永遠違背它那些偉大的創始者的初衷，將永遠不能作為人類傑出的哲學文化創造進入和豐富人類的精神存在，永遠不能作為一門從實踐到理論都充分成熟的生命進化工程技術廣施澤雨，造福

人類及這個星球上的萬物。

十八

——應從生態哲學的高度，為武術正本清源。

十九

生物以「類」作為進化的載體，進化在種群的空間層面上展開。

人類以「個」作為進化的載體，進化在個體的空間層面上展開——這是人類從進化的物質長鏈中橫空出世以來，得以加速度進化的生態遺傳基礎。

哲學人類學指出，人的未確定性是人類根本的類特徵。

先驗類本能的匱乏與先驗類潛能的豐富（體力，全部肌肉纖維，若以同一方向共同施力，可產生250噸力量。腦力，單就記憶而言，人腦一生儲存的資訊可相當於五億本書籍的知識），構成了鮮明的人類學對比。它為人類的個體生態開放與非社會化進化奠定了深厚的生物學基礎。

在有限的時間內，人的一生是一個無限展開的可能，是一團原始星雲，是一次陌生土地上的旅行，一枚多元的魔方，一座烏托邦，一冊等待譯成人間語言的天書。

人生的美麗與困難，俱在此矣！

一萬年前，沿著猿人—古人—新人的進化道路，人類

進入了現代人階段。從此，體質特徵基本定型。人體之無意識進化階段結束了。從此，東西方人類的進化道路分道揚鑣。

西方的個體非社會化進化，沿著純粹精神的道路展開。根源於基督教的二元觀念，把肉體視做罪惡的淵源，認為必須仇視肉體，才能滌清原罪，獲得靈魂的昇華與超越。

東方的個體非社會化進化，沿著身體──精神的道路展開，根源於遠古文明的厚生與身心一元觀念，把肉體視為修煉的下手門徑，必須性命雙修，才能使生命功能與潛能充分發揮，獲得生命整體的淨化與昇華。東方內鍊之術是人類在「體」之無意識進化階段結束以後發展出來的有意識進化「體」的生命可控進化技術。

二十

嗚呼！

昔有逸名者言：不登泰山，不知山之高也。不觀大海，不知水之深也。不讀神功之說者，不知技術之精微也。雖然一技一書之微，有淺深焉，有誠偽焉。山有泰岱，水有河海，物有麟鳳，人有孔釋。不至其境，如與裸浴談文繡之美，聾者評絲竹韶武之音。雖言之津津，聽之藐藐，其勢使然也。原夫拳勇之為術，尋常而視之，普通而習之，亦不過手也，足也，耳目也，氣與力也，膽勇與猛悍也。充其量則禦侮制勝，有兼人之力，十人或數十人

之敵而已。又有何奇技異巧之足言耶？至於（內中）禪機妙諦，其廣大精微，乃上徹天而下徹地之天上法門，奚可與區區之拳技並為一談乎。惟是此道小之，則為入世之金剛，大之則為出世之寶筏。此謂百家九流殊途同歸者，正以此也。

二十一

東方人體文化，為有限的個體生命體驗無限與悟入永恆，提供了可操作的方法論工具。

二十二

在一次問道途中，我突然有一個開悟，我為我生為一個東方人找到了新的存在理由。

——做一個中國人，不學內家武術是一種生態損失。

二十三

「我說出來了，我的心便安了。」
——（《馬克思恩格斯選集》第三卷，第25頁）

附一：

—— 重慶版序 ——

在60多年以前，那時還沒有發明異煙肼和鏈黴素，在我們鄉下，連西醫也還沒有，可是家兄義尚竟然由練內家拳而治好了當時認為是絕症的肺結核。他今年76歲了，還臉色紅潤，行動矯健，照樣診病、著書，天天也還練太極拳。

由於他的影響，我在少年時代就對太極拳產生了不可動搖的信心。到了28歲，體弱多病，才想到臨淵羨魚，不如退而結網，下決心學起太極拳來。幾經周折，於1967年終於投到李雅軒老師門下，我那彷徨歧路的太極拳，才走上了正軌。

到本書出版時，恰為雅軒老師逝世10周年。謹以這薄薄的小書，弘揚他傳授的拳法，並寄託對老師的懷念和哀思。

透過自身的實踐和經歷，發現很多人練太極拳，其所以彷徨歧路，主因之一，就是缺乏正確的理論指導，或者未能去探索它的理論。以主觀代替客觀，以力量代替智慧，辛苦練拳一生，終於成就不大；甚至還在門外者，為數也不少，這是很令人惋惜的。

太極拳的理論，是一個自成系統的整體。理解拳理如有偏差，牽一發動全身，就會影響拳的品質，甚至脫離內家拳的航向而駛向外家拳。所以作者特別寫了《內外有

別》一節，希望學者比較，分清道路。倘若硬要證明內家拳與外家拳沒有區別，這不是實事求是的態度。

太極拳在理論上，不僅和黃帝、老子密切相關，和陰陽學說更形影不離，在技擊上全依孫子兵法和辯證唯物主義，與力學、氣功、醫學等也關係密切。正因為它涉及的面太寬廣，我們要想學好太極拳，就必須具有較為廣泛的文化修養作基礎。與書本絕緣的人，恐怕很難成什麼大氣候。除了勤於實踐，還要認真鑽研其拳理，弄清楚它為什麼採取了一系列與眾不同的極為特殊的練功方法。其特殊的程度，竟至超越一般人的常識，使聰明人糊塗。一種用之於技擊的武藝，竟然奧妙到了使人高深莫測的程度，這也足見中國文化的淵深與特色了。

學太極拳，入門不易。入門之後，歧途也多。我曾經想寫一篇為什麼學太極拳不易有成就的文章，想了很多次，終於無從下筆。太極拳成才難，寫太極拳成才難的文章也難，因為那原因太多，倘一一列舉，至少可以寫出幾百條來，簡直可以使人望而生畏。寫文章是為了提倡太極拳，勁可鼓而不可泄，還是少說困難為佳，於是只說五條：

一、明師難得　得法不真，練起來不長功夫。

二、力的矛盾　練太極拳的方法，與日常生活中用力的方法完全相反，力量的大小相反，各關節運動的先後次序也相反，與練外家拳的方法更相反。

三、虛與實的矛盾　太極拳抽象，全在身內用心思揣摩，與習慣於在身外追求具體的東西相矛盾。

四、軟與硬的矛盾　要做到全身鬆柔，極為不易，遠

比其他拳法更費工夫。何況不少人儘管在學太極拳，實際上並不相信柔能克剛，總是帶著力量在練拳，所以大多偏硬。

五、客觀與主觀的矛盾　太極拳講究按客觀規律辦事，反對主觀主義，但恰恰是放棄主觀最難。

就是這五條，大概可以說明問題了。要學好太極拳，就必須去解決這五個矛盾，望有志者知難而進吧！

作者在本書中，對拳理進行了探討，其目的就在給讀者提供一些資料，以便進行思索時參考。古人云：「今日之我與昨日之我戰」，我也是天天在否定自己的。因此，書中的某些論點，都只能說是我今天的認識，很可能明天我自己就會翻案的。我的論述，錯誤在所難免，不過是拋磚引玉罷了。

李雅軒老師是楊式太極拳一代名手、一代明師。尤其難能可貴的是，他在理論和實踐兩方面都在繼承中有所發展，將太極拳推進到了一個新的高度。因為在本書中介紹了他的突出成就，是楊式太極拳的真傳，所以本書命名為《太極拳理傳真》。

作者學淺行膚，但曾有幸師事明師，見到過高水準的太極拳。本著學術不爭鳴不進步的想法，冒昧大膽地談了一些對太極拳的看法，也難免不涉及一些拳中的時病。但願這本小書像一隻小小的野蜂，不敢期望它釀出甜潤的蜂蜜，只望它能傳播一點春天的資訊。

張義敬

1985年11月於重慶

附二：

—— 重慶版再版序 ——

拙著《太極拳理傳真》面世以後，收到了大量的讀者來信，從中回饋回來的資訊很是不少。除對先師李雅軒的精湛拳藝極為推崇之外，對《書信摘錄》更備加讚揚。當國內外太極拳界對拳中的某些是非正在聚訟紛紜的時候，《書信摘錄》的及時發表，無異於注入太極拳濁世中的一股清流，不僅加深了讀者對太極拳的認識，更使太極拳愛好者認清了方向，有了可循的正路。

尤其值得高興的是，《傳真》竟能使不少讀者迷途知返，回頭是岸，紛紛放棄了斷勁、硬勁、明勁的「太極拳」，而改走楊式太極拳長勁、柔勁、暗勁的正路，這實在是作者始料所不及的。

意外的事也有，一位遠方的華僑，練了很多年太極拳，可是他的一位朋友在看了拙著之後，就根據書中所述的拳理，對他的拳藝，提出了某些批評意見，竟使他睡覺不安，吃飯無味，忿怒達半月之久，餘氣未消，還惡狠狠地給出版社寫了一封抗議信，質問他們為什麼要出這一本書？實在沒有想到，我在重慶一座高樓上寫的拳理，竟使遠在異域的他，感到如此不快。對於這一位遠方的拳友，我只好在此希望他能虛懷若谷，早日弄明白太極拳的理

論，並早日走上太極拳的正路。

此外，也還有一些與書有關的話想說，借此機會，算是與讀者談心。

在拙文發表之後，引起過三次讀者的爭鳴。一是《對鬆柔的探討》一文，一是《還是不抱球好》一文，這次擇要選一篇附在該文之後，對讀者有些益處。還有就是張文江先生在《生命在於靜止》一書中，對掤勁的解釋，提出了不同的看法。其實，當時對掤勁的解釋，我自己也不滿意。現在的認識，就很不一樣了。張先生以推手中的「走、化」來解釋掤勁，見解特殊，成一家之言，後來張卓星先生也有談掤勁的文章，比較近乎實際。

由於功夫淺深不同，太極拳的層次極多，只要不以頂為掤，見仁見智，都是很正常的吧。由於張先生書中有關掤勁的部分，篇幅較多，未便摘錄，好在原書易尋，讀者可於該書中參閱。

《大夢誰覺》是一篇難得的奇文、美文，見解高超，足以警世、傳世。該文是廖雨兵先生的力作。廖先生正當壯年，是大學裏的哲學老師。當拙著再版之際，他惠賜大作，作為《傳真》的《尾聲》，可使讀者「三月不知肉味」，為拙著增色不少。

這幾年，應《武術健身》編輯部張新華女士之約，一文一題，寫了些短文，發表時，大多曾冠以《太極拳理傳真》補記的名稱。這次借再版的機會，輯集在一起，仍按內容分別歸入原有欄目，以便利讀者。

太極拳理論是一套完整的體系，而寫作時，每每只就

某一點立論，譬如：說圓就未及方，說鬆柔就未說鬆開，偏而不全，就成了必然。作者的筆，總是掛一漏萬的，望讀者舉一反三，多發揮聯想才好。

「既說破，要跳過。」真正的理解，還有待於讀者在練功中去體會。

親愛的讀者：願美妙的太極拳伴您一生，她會給您身心帶來健康，使您事業順利，更會給您的幸福生活增添風采。

張義敬

1996年歲末於重慶

附三：

── 重慶版三版序 ──

本書初版於1986年歲末，迄今15年了，享改革開放之福，拙著《太極拳理傳真》比我本人走運些。

這次趁第三版的機會，說一些該說的話，其中也有一些是答讀者詢問。

我15歲左右，即開始練太極拳。主要是受家兄義尚的影響。當時他就讀於復旦大學，已跟武匯川弟子吳雲倬先生學拳。不過那時學拳對我是一件苦事，並未從中得到樂趣，時練時停，大抵是寒暑假與義尚兄在一起時就練，開學後就信馬由韁了。直到1954年去跟周子能老師學拳時，我只記得第一、二段了。他教了我第三段。1957年秋，我遷居到郊區鳳鳴山，當時黃星橋老師住小龍坎，相距不遠，又跟黃老師學拳。他為人精明能幹，發勁很脆，威力可觀。尤其在推手方面，我得益不少。他退休後，回成都養老去了，今年已88歲，還五內俱健，可望期頤。

他們三人都約於1940年前後起，跟李雅軒老師學拳。我到雅軒老師門下，已是1967年的事了。

本書的初版中，刊有李雅軒老師的拳照20多幀。後來考慮到拳照的版權，屬於敏弟師妹應得的遺產，應該受到尊重，在1997年再版的時候，就將拳照抽去了。當時由

於疏忽未能將書中有關的文字部分刪去，致使讀者疑慮叢生，有來信詢問究竟的，有向編輯部建議，應該附上全部拳照，使拙著更為完善的，編輯先生也有同樣的意見。

我未攝過全部拳照，犬子張宏7歲學拳，已有35年拳齡。其幼時主要是我帶著他練，後來義尚兄也為他費了不少心力。1973年夏天，他還練拳給雅軒老師看過。雅軒老師愛護晚輩。還給他提了幾條珍貴意見，所以張宏的拳架，還頗有點李傳楊式太極拳的風格。但他畢竟是晚輩，推出他的拳照，不過是為了給初學者指個方向，非敢與前輩抗衡也。

所謂「入門引路須口授」，拳是一門實踐功夫，要在自己身上做功夫，是要跟師學才學得會的。讀者千萬不要以為有了拳照、有了拳理，就可以萬事大吉了！太極拳是一門具有很深奧學問的技藝，千萬不要將它看得太簡單了。

由於拳中的內容太多了，寫作時每易詳此略彼，甚至掛一漏萬，這是讀者對拳書不滿意的主要理由。再者，拳主要是靠身體力行去練懂，也就是使自己的身體會了，才叫「體會」。從書上看懂的，每每含有自己的主觀成分在內，其實未必真懂。這中間主要是作者和讀者功夫上有差距，亦即「體會」的程度不同。

但讀書求知，也正是讀者的樂趣所在。尤其是初學拳的時候，總想一口氣讀完所有的拳書。等到讀過一大堆拳書之後，才明白功夫在老師身上，並不在書上。書只能提供參考，聊勝於無而已。歸根結底言之，拳理之妙，又豈

是語言文字能完滿表達得了的 ?!

有人希望我再談談「勻速」在拳中的作用。

「勻」是速度均勻，全身上下內外配合均勻、完整協調，與鬆、柔、圓、輕、完整等關係密切，不能割裂開來。在推手時能夠引進落空，化勁人不知，拿勁人不覺，其中就因有勻的妙用在內。勻了，自己動作就可以漸變無形，使對方不易發覺自己的變化。

我這裏談的，是推手中「勻速」等拳理的應用，望讀者在實踐中慢慢去體會。如只在文字上探索，缺乏實踐的感性認識，就會成為以空對空，甚至感到不知所云。

由於太極拳是道家的一種養身功，學拳實質上是沿著學道的階梯由技（拳技）入道。即是由淺入深，循序漸進。其中也有無窮的樂趣，使學者「樂而忘返」。久而久之，就達到體質、精神、思想、防身自衛等諸多方面的全面提高。學拳就成了不斷自我完善、自我超越的手段，亦達致健康長壽的目的。

進入高級境界的拳，「靜」的境界極為明顯，亦即達到了「動中求靜」的較理想境界。這其中，「勻速」就起了極為重要的作用。動作勻了，呼吸才勻，呼吸勻了，五臟六腑的功能才能協調均勻而有序，大腦才能寧靜，得到較好的休整。由此可見，「勻」這一字，對健身也極為重要。「動中求靜」，也可以說就是「動中求勻」。這是太極拳優於其他很多武術運動項目的主因。

我們說話做事，是用思想在指揮，從道家的角度看，就是「識神用事」。練太極拳，也是用識神，要到功夫深

了，才逐漸進入用元神的境界，特別是在推手功夫，進入高度純熟的程度以後，如果對方向你猛烈進攻，這時，你會發現，對方來力是怎樣化掉的，以及是怎樣發勁將對方打出去的，自己都不知道了，完全是一種自然反映。哪裡還要去找三角形的重心！這時是思想未起作用，而是「元神用事」了，這才是真正的道法自然，一切都自然而然。

不同的功夫，有不同的操練方法，但追求健身則是一致的。蘿蔔青菜，各有所愛。每人能酷愛自己之所愛，深入發掘下去，終將有一定成就，對社會也就是一種貢獻。

但是，任何功夫，都有一定的局限性，我們千萬不要過分誇大某一種功夫，認為懂了一種功夫，自己就是萬能的了。

在一位朋友家的茶几上，放著一本書。我隨便一翻，就見到該書作者在指責太極拳中的「倒攆猴」一式。大意是說，練「倒攆猴」，人向後退，難道就能將人打出去？作者自然是很不以為然。但事有湊巧，我就曾用「倒攆猴」將人打出去兩次。從外形上看，「倒攆猴」確像在後退，但實際上退得極少，是在轉腰的同時下沉，是以退為進、邊化邊打的妙法。

我深信該書的作者，在他的本行中是能人，卻在太極拳中來說外行話，既多此一舉，效果也適得其反。何必呢？

出於對太極拳的愛護，順便提到這一點，也只是我碰巧看到的這一點，我既未通讀該書，而且連書名也忘記了，也並無評論此書的意思。

　　我教了四十年小提琴，兼教了近四十年太極拳，都教出了不少比自己更好的學生來。一千多年前的韓愈，就說過「弟子不必不如師，師不必賢於弟子」。學生超過老師，社會才有進步；學生超過老師，也正是老師善教的成果和光榮。可是不少人，總覺得學生如果超過了老師，那老師，甚至老師的後人就會臉上無光，總要想點什麼歪門邪道來打擊後生。

　　我在拙文中，確實認為雅軒老師成就突出，且在拳理上有創見，是青出於藍勝於藍了。這是我的一家之言，想不到竟有人認為我是在否定澄甫太老師。為什麼頭腦會這樣簡單？沒有好老師，哪可能有好學生呢？

　　事實是，一切技藝，都不可能存在後人無法超越的頂峰。

　　在第一版中，我強調了腰的重要性，對「由腳而腿而腰，形於手指」論述不足。這「由腳而腿而腰，形於手指」，是說明內勁的來源及走向，也就是「節節貫串」的順序。如果能沿此徑路，細緻、長久地用功，其內勁自會與日俱增。一般人說的功力，主要即由此而來。

　　關於練套路與練單式的問題，也再補述於此。由於認識上的千差萬別，太極拳從練單式發展到套路，又由少數套路發展到更多的套路。

　　練單式與練套路，實質上是質與量的問題或者說是功與拳的問題。有的人重視量，就多練套路；重視質，就多練單式。

　　由於套路太長，只練套路，不容易練熟，成了重形式

輕內容。品質的提高，即功力的增長，必然緩慢。雖然量中也有質，但不如多練單式，進步更為快捷。但很多初學者，每易貪多，愛好熱鬧，覺得練單式太枯燥、不過癮。這是學拳者的通病。每每到練了幾十年拳之後，才認識到，不僅該多練單式，而且單式還應該儘量慢練，在「慢」中去找出鬆柔與節節貫串的道理來，去一步一步地提高品質。到你真能在極緩慢中對拳理有所認識了，才會明白太極拳為什麼能以靜制動。兩千多年前，我們的先哲就提出「靜為躁君」的理論了。我這裏談的「靜為躁君」，是太極拳的主要理論依據之一。

從自己大半生的經歷，耳聞目睹，深知要想在拳上取得成就，應有極為細緻的思想方法。因為太極拳太細緻、太深奧、太內向，思想方法簡單者，每每只學得皮毛。我認識幾位碩士、博士，在他們的本行中，都有相當的成就。但他們在學拳之後，都一致認為，學太極拳比幹他們的本行困難得多。這就足見不是我一人在大歎太極拳難學了。從這個側面，也就可以推想太極拳的現狀。

將來，太極拳不可能變得容易些，習太極拳的人的素質並非都高，練太極拳有成就者，向來就少，也並非無因。如何改變這種局面，這是大家面對的難題。望大家共同探討，共同努力吧！

張義敬
2001年10月

後
記

在1980年的夏天，借住在朋友的高樓上，等待新居。西斜的太陽，一天天穿過窗戶，照得床桌發燙，一絲風也沒有，只好躲到一個小小的角落裏，躺在涼椅上喝茶、看武術雜誌。那時武術雜誌的品種，還遠不如現在多，但在絕跡多年之後，又漸漸冒出來，很使人覺得新鮮。於是常買幾本回來「防暑」；轉移怕熱的心理；也希望滿足精神上長久的饑渴。

誰知看著看著，不安分了，感慨出來了，有些文章，還寫得相當稚氣；有的作者，甚至連常識都很欠缺。

那幾本雜誌，就成了這本書的催生劑。

學了半輩子太極拳，確用過不少心思，有傳授、有心得、有見聞、還有感慨，是我所熟悉的生活。近幾年來，常常覺得憋得慌，早就想「倒」出來了，於是逐漸拼湊出了本書初稿。

到1981年春天，遷入了新居，住在八樓上，窗明几淨，穿堂風終日不斷地從嘉陵江那邊吹來，好一個清涼世界。「該做點事了」，我想。

於是將初稿再三修改之後，填進了方格稿紙，裝訂成冊，恭恭敬敬地題名為《太極拳甘苦三十年》。

但是我的「大作」和我一樣，很不走運，在娘肚子就錯了，終於沒有出世。其中不礙眼的部分，後來發表在《武林精粹》第一輯上，那已是我自己剔骨抽筋過的了，凡是涉及學術爭鳴的內容，統統是清除得乾乾淨淨了的。

時間又過了四年，「氣候」越發好起來，陽光普照，大地春回，文化出版界也空前地繁榮起來了。在興奮之

餘，又花了半年時間，以初稿為基礎重寫，在雅軒老師的遺教和拳譜思想體系的指導下，結合自己的體會，對拳理作了重點的闡述，並極力維護太極拳鬆柔的本質。

「據說在日本，各種類型的太極拳協會就有30多個，遍及全國各地。學習太極拳的達30多萬人，出版了專門的刊物《太極》；在美國，有太極拳學校，出版三四十種太極拳書籍。在這方面我們落後了。」（引自吳圖南在武漢國際太極拳／劍表演會上的講演稿）

此外，還不要忘記太極拳名家鄭曼青從大陸去美之後，播下了大批種子，幾十年過去了，正是太極拳收穫的季節，很可能培養了不少名手出來，是一支不可小看的「美國楊派」勢力。

該警惕了呢！

當我正在拳上進境遲滯的時候，黃星橋老師見到我好學心切，他說：「你這樣好學，何不到成都去找李老師，他的水準高，一定能給你更多的幫助。」很感謝他的好心腸，如果不是他的指引，就不會去雅軒老師那裏，那就肯定連今天這一點對拳的認識都還沒有的，這本小書，也就不可能誕生。

在雅軒老師晚年，我有幸多次親聆他的教誨，並和他通了八年的信，經常求他解決疑難。有一些信是寫給幾人傳觀的，大多由近到遠，依次轉寄，次序是重慶黃星橋、張義敬，忠縣張義尚，上海吳聲遠，濟南劉仲橋。他常常一寫就是好幾頁，長篇大論地談功夫，這幾乎成了他晚年的一種習慣，這就是《雅軒老師通信摘錄》的由來。

　　書中提到的徐震，著有《太極拳發微》一書，我只見到過手抄本，文章寫得很精彩。抗戰時期，他在成都，也跟雅軒老師學過拳，其他的情況，我就不知道了，但願他還健在。有關太極拳譜的注釋文章，僅我見到過的，就不下六七種，覺得以徐震的《太極拳譜箋》最為明確可信，於讀者有益，所以引用了。是從拳友文家棠的手抄本上抄來的，特此說明出處。文君去年已作古，倘死而有知，或當欣然一笑的吧。

　　還引用了向愷然先生關於推手的一段文字，他就是那個寫過《江湖奇俠傳》的「不肖生」，他學問淵博，文筆流暢。在他寫《練習太極拳之經驗》一文時，才學了四年多太極拳，就寫出了這樣有見地、有水準的文章，的確很不尋常。這和不少人練了一輩子太極拳，在理論上還是一本糊塗賬，就不可同日而語了。

　　書中還引用了周稔豐、張卓星的論點，他們都是今人，就不多作說明了。

　　《李師小傳》為黃星橋老師所寫，是從雅軒老師《太極拳練法詳解》中抄來的，不敢掠美，謹此注明出處。

　　感謝編輯同志的眼力，他們重視了雅軒老師的成就，看出了這一本小書在學術上的分量，終於勇敢地作了助產士。這是讀者和作者都該永遠記住的。

張義敬

《太極拳理傳真》插圖

張宏 演練　張崇東 攝

預備式　　出勢-1　　出勢-2　　出勢-3　　棚手上勢-1　棚手上勢-2　棚手上勢-3

棚手上勢-4　攬雀勢-1　攬雀勢-2　攬雀勢-3　攬雀勢-4　攬雀勢-5　攬雀勢-6

白鶴亮翅－3　右摟膝拗步掌－1　右摟膝拗步掌－2　手揮琵琶式－1　手揮琵琶式－2　右摟膝拗步掌－1

單鞭掌－1　單鞭掌－2　單鞭掌－3　提手上勢　白鶴亮翅－1　白鶴亮翅－2

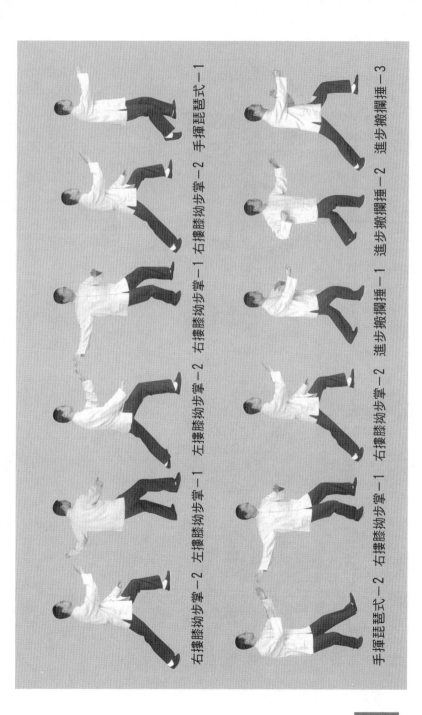

右摟膝拗步掌－2　左摟膝拗步掌－1　左摟膝拗步掌－2　右摟膝拗步掌－1　右摟膝拗步掌－2　手揮琵琶式－1

手揮琵琶式－2　右摟膝拗步掌－1　右摟膝拗步掌－2　進步搬攔捶－1　進步搬攔捶－2　進步搬攔捶－3

如封似閉－1　如封似閉－2　如封似閉－3　十字手－1　十字手－2　十字手－3

十字手－4　豹虎歸山－1　豹虎歸山－2　斜攬雀尾－1　斜攬雀尾－2　斜攬雀尾－3

454

斜攬雀尾－4　斜攬雀尾－5　斜單鞭掌－1　斜單鞭掌－2　斜單鞭掌－3　肘底捶－1

肘底捶－2　肘底捶－3　右倒攆猴－1　右倒攆猴－2　右倒攆猴－3　左倒攆猴－1

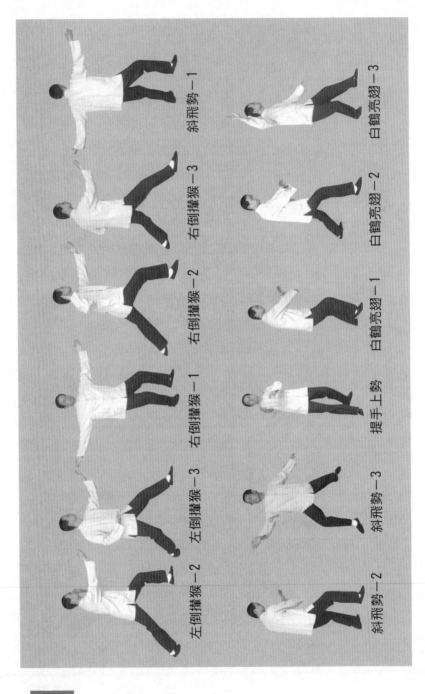

斜飛勢－1　右倒攆猴－3　右倒攆猴－2　右倒攆猴－1　左倒攆猴－3　左倒攆猴－2

白鶴亮翅－3　白鶴亮翅－2　白鶴亮翅－1　提手上勢　斜飛勢－3　斜飛勢－2

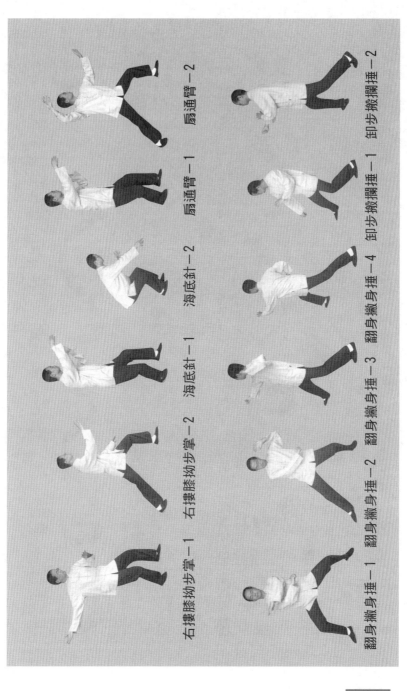

右摟膝拗步掌－1　　右摟膝拗步掌－2　　海底針－1　　海底針－2　　扇通臂－1　　扇通臂－2

翻身撇身捶－1　　翻身撇身捶－2　　翻身撇身捶－3　　翻身撇身捶－4　　卸步搬攔捶－1　　卸步搬攔捶－2

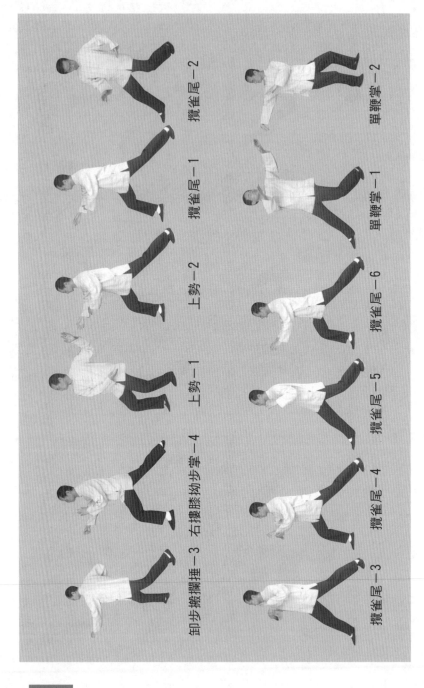

攬雀尾－2 攬雀尾－1 上勢－2 上勢－1 右摟膝拗步掌－4 卸步搬攔捶－3

單鞭掌－2 單鞭掌－1 攬雀尾－6 攬雀尾－5 攬雀尾－4 攬雀尾－3

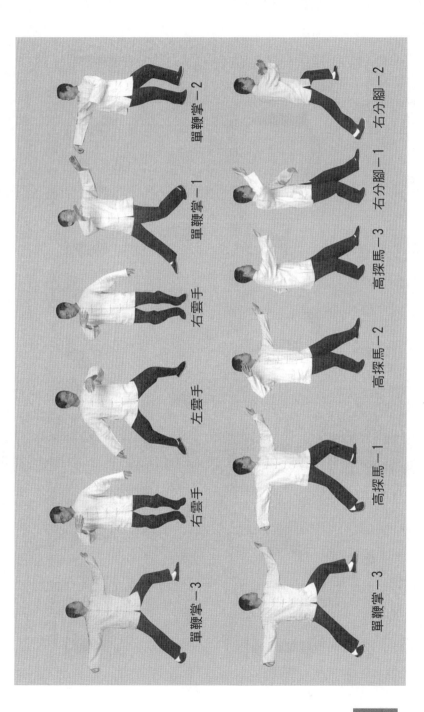

單鞭掌－2　　單鞭掌－1　　右雲手　　左雲手　　右雲手　　單鞭掌－3

右分腳－2　　右分腳－1　　高探馬－3　　高探馬－2　　高探馬－1　　單鞭掌－3

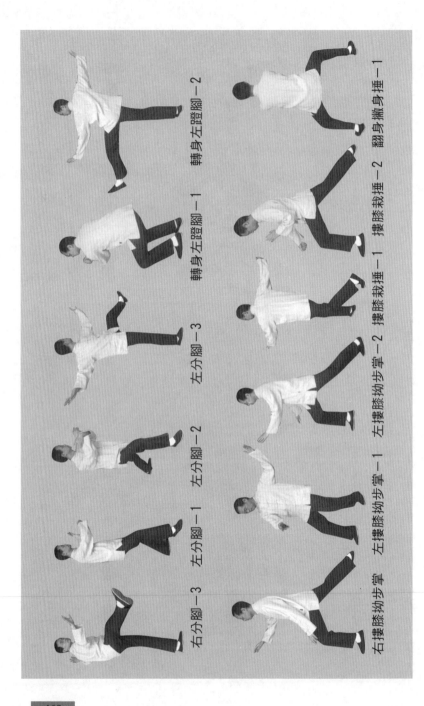

右摟膝拗步掌　左摟膝拗步掌　左摟膝拗步掌－1　左摟膝拗步掌－2　摟膝栽捶－1　摟膝栽捶－2　翻身搬身捶－1

右分腳－3　左分腳－1　左分腳－2　左分腳－3　轉身左蹬腳－1　轉身左蹬腳－2

翻身撇身捶－2　　翻身撇身捶－3　　翻身撇身捶－4　　卸步搬攔捶－1　　卸步搬攔捶－2　　卸步搬攔捶－3

卸步搬攔捶－4　　右蹬腳－1　　右蹬腳－2　　左打虎式－1　　左打虎式－2　　右打虎式－1

右打虎式－2　　右蹬腳－1　　右蹬腳－2　　雙峰貫耳－1　　雙峰貫耳－2　　披身左踢腳－1

披身左踢腳－2　轉身右蹬腳－1　轉身右蹬腳－2　落步搬攔捶－1　落步搬攔捶－2　落步搬攔捶－3

十字手－3　　十字手－2　　十字手－1　　如封似閉－3　　如封似閉－2　　如封似閉－1

斜攬雀尾－3　　斜攬雀尾－2　　斜攬雀尾－1　　豹虎歸山－2　　豹虎歸山－1　　十字手－4

棚手上勢－1　　右野馬分鬃－1

右野馬分鬃－2　　右野馬分鬃－1

左野馬分鬃－2　　左野馬分鬃－1

右野馬分鬃－2　　右野馬分鬃－1

斜攬雀尾－5　　斜單鞭掌－1　　斜單鞭掌－2　　斜單鞭掌－3

斜攬雀尾－4

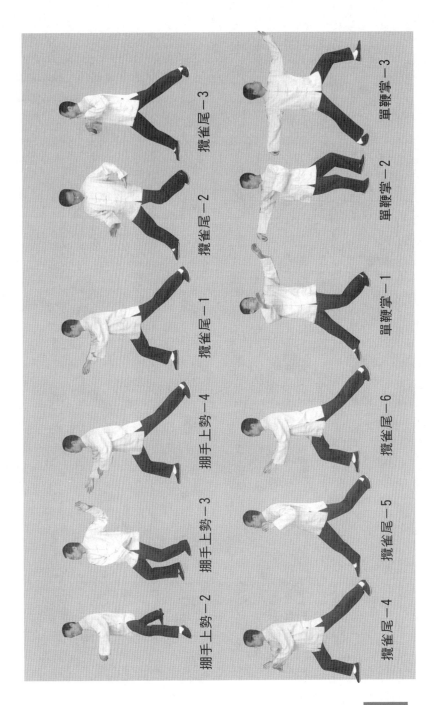

掤手上勢－2　掤手上勢－3　掤手上勢－4　攬雀尾－1　攬雀尾－2　攬雀尾－3

攬雀尾－4　攬雀尾－5　攬雀尾－6　單鞭掌－1　單鞭掌－2　單鞭掌－3

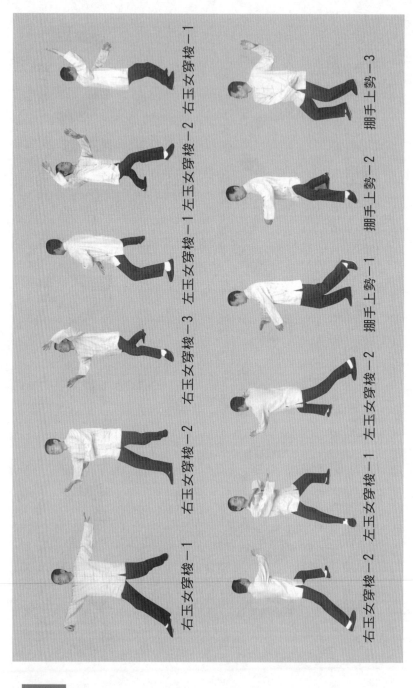

右玉女穿梭－1　右玉女穿梭－2　右玉女穿梭－3　左玉女穿梭－1　左玉女穿梭－2　右玉女穿梭－1

右玉女穿梭－2　左玉女穿梭－1　左玉女穿梭－2　掤手上勢－1　掤手上勢－2　掤手上勢－3

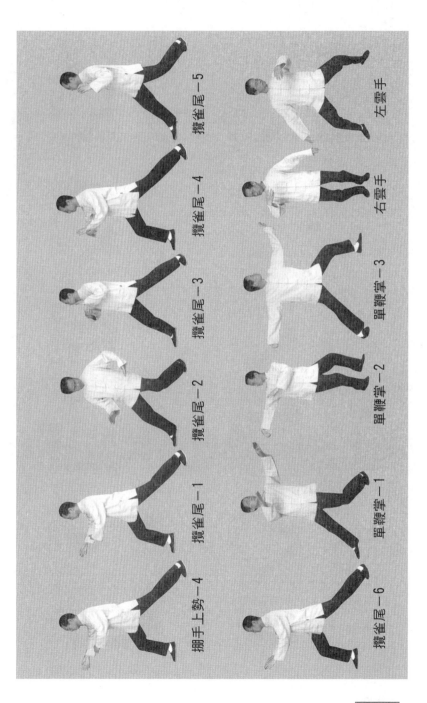

攬雀尾－5　　攬雀尾－4　　攬雀尾－3　　攬雀尾－2　　攬雀尾－1　　掤手上勢－4

左雲手　　右雲手　　單鞭掌－3　　單鞭掌－2　　單鞭掌－1　　攬雀尾－6

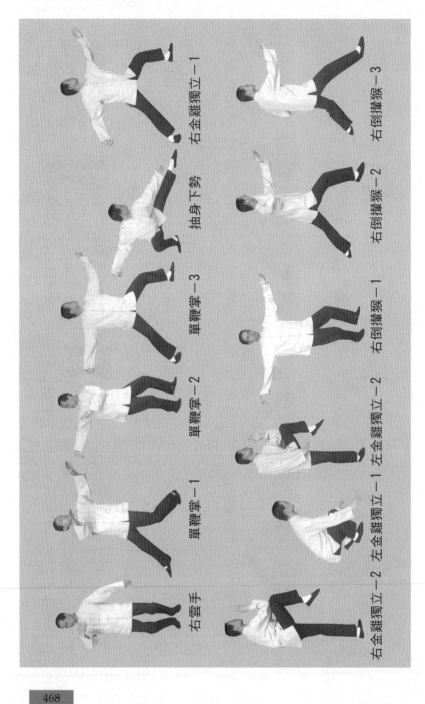

右金雞獨立－1　抽身下勢　單鞭掌－3　單鞭掌－2　單鞭掌－1　右雲手

右倒攆猴－3　右倒攆猴－2　右倒攆猴－1　左金雞獨立－2　左金雞獨立－1　右金雞獨立－2

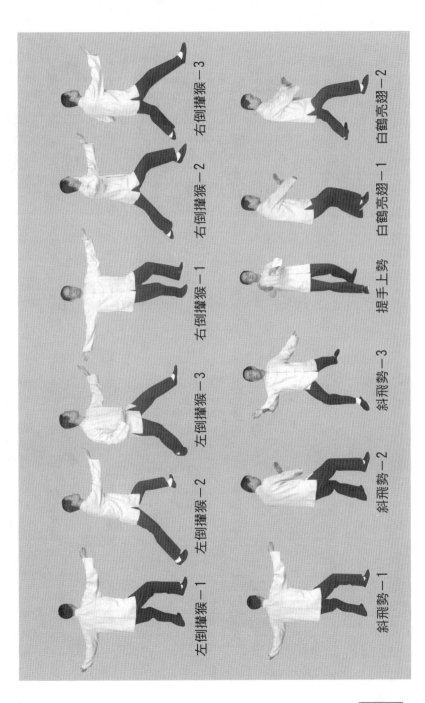

左倒撞猴－1　　左倒撞猴－2　　左倒撞猴－3　　右倒撞猴－1　　右倒撞猴－2　　右倒撞猴－3

斜飛勢－1　　斜飛勢－2　　斜飛勢－3　　提手上勢　　白鶴亮翅－1　　白鶴亮翅－2

469

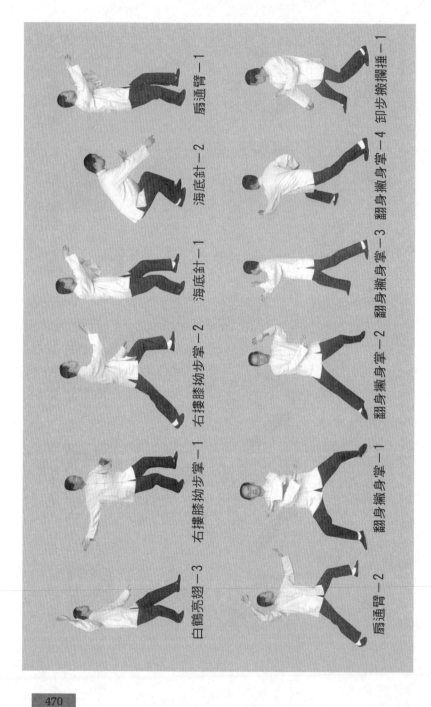

扇通臂－1　　海底針－2　　海底針－1　　右摟膝拗步掌－2　　右摟膝拗步掌－1　　白鶴亮翅－3

卸步搬攔捶－1　　翻身撇身掌－4　　翻身撇身掌－3　　翻身撇身掌－2　　翻身撇身掌－1　　扇通臂－2

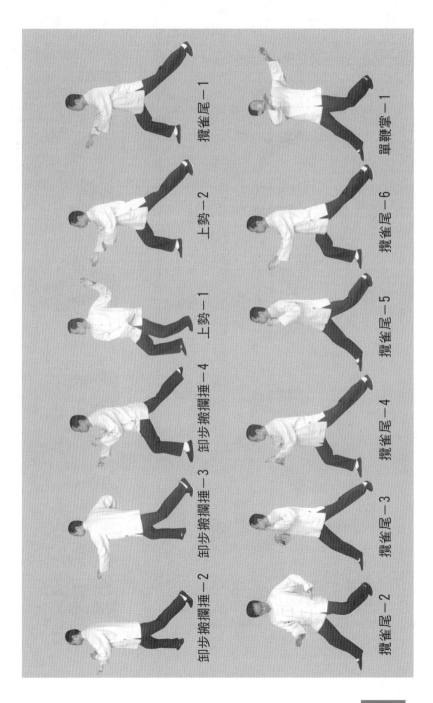

攬雀尾－1　上勢－2　上勢－1　卸步搬攔捶－4　卸步搬攔捶－3　卸步搬攔捶－2

單鞭掌－1　攬雀尾－6　攬雀尾－5　攬雀尾－4　攬雀尾－3　攬雀尾－2

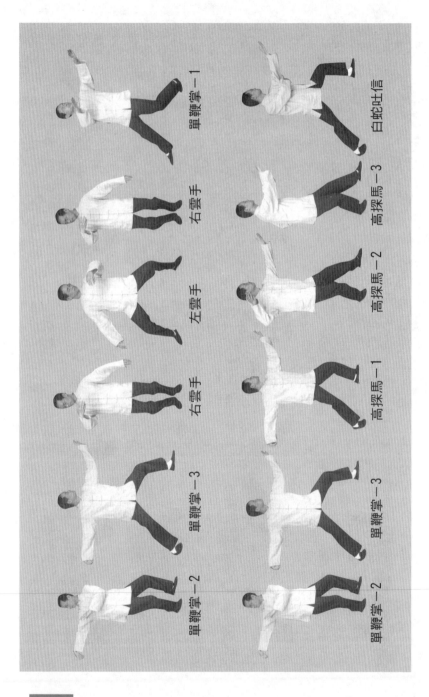

單鞭掌－1　　右雲手　　左雲手　　右雲手　　單鞭掌－3　　單鞭掌－2

白蛇吐信　　高探馬－3　　高探馬－2　　高探馬－1　　單鞭掌－3　　單鞭掌－2

上勢－1　　左右摟膝指襠捶－3　　轉身右蹬腳－2　　左右摟膝指襠捶－1　　左右摟膝指襠捶－2

攬雀尾－5　　攬雀尾－4　　攬雀尾－3　　攬雀尾－2　　攬雀尾－1

轉身右蹬腳－1　　　　　　　　　　　　　　　　　　　　　上勢－2

上步七星捶－1　抽身下勢　　單鞭掌－3　單鞭掌－2　單鞭掌－1　攬雀尾－6

轉身擺蓮－4　轉身擺蓮－3　轉身擺蓮－2　轉身擺蓮－1　退步跨虎　上步七星捶－2

彎弓射虎－1　彎弓射虎－2　御步搬攔捶－1　御步搬攔捶－2　御步搬攔捶－3　御步搬攔捶－4

如封似閉－1　如封似閉－2　如封似閉－3　十字手－1　十字手－2

十字手－3　　十字手－4　　收勢（合太極）－1　　收勢（合太極）－2

導引養生功

全系列為彩色圖解附教學光碟

張廣德養生著作　每冊定價350元

1 疏筋壯骨功 +VCD
定價350元

2 導引保健功 +VCD
定價350元

3 頤身九段錦 +VCD
定價350元

4 九九還童功 +VCD
定價350元

5 舒心平血功 +VCD
定價350元

6 益氣養肺功 +VCD
定價350元

7 養生太極扇 +VCD
定價350元

8 養生太極棒 +VCD
定價350元

9 導引養生形體詩韻 +VCD
定價350元

10 四十九式經絡動功 +VCD
定價350元

輕鬆學武術

1 二十四式太極拳 +VCD
定價250元

2 四十二式太極拳 +VCD
定價250元

3 八式十六式太極拳 +VCD
定價250元

4 三十二式太極劍 +VCD
定價250元

5 四十二式太極劍 +VCD
定價250元

6 二十八式木蘭拳 +VCD
定價250元

7 三十八式木蘭扇 +VCD
定價250元

8 四十八式木蘭劍 +VCD
定價250元

太極跤

1 太極防身術
定價300元

2 擒拿術
定價280元

3 中國式摔角
定價350元

太極武術教學光碟

太極功夫扇
五十二式太極扇
演示：李德印 等
(2VCD)中國

夕陽美太極功夫扇
五十六式太極扇
演示：李德印 等
(2VCD)中國

陳氏太極拳及其技擊法
演示：馬虹(10VCD)中國
陳氏太極拳勁道釋秘
拆拳講勁
演示：馬虹(8DVD)中國
推手技巧及功力訓練
演示：馬虹(4VCD)中國

陳氏太極拳新架一路
演示：陳正雷(1DVD)中國
陳氏太極拳新架二路
演示：陳正雷(1DVD)中國
陳氏太極拳老架一路
演示：陳正雷(1DVD)中國
陳氏太極拳老架二路
演示：陳正雷(1DVD)中國
陳氏太極推手
演示：陳正雷(1DVD)中國
陳氏太極單刀・雙刀
演示：陳正雷(1DVD)中國

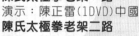

楊氏太極拳
演示：楊振鐸
(6VCD)中國

本公司還有其他武術光碟
歡迎來電詢問或至網站查詢
電話：02-28236031
網址：www.dah-jaan.com.tw

原版教學光碟

歡迎至本公司購買書籍

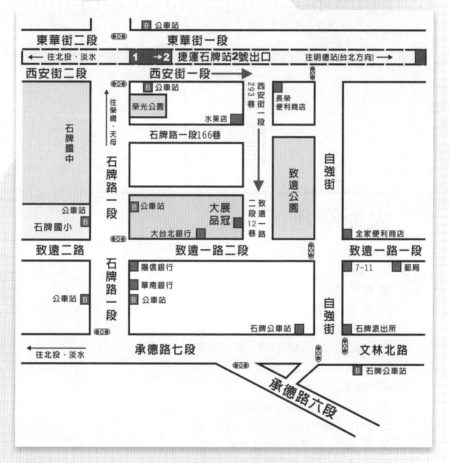

建議路線

1. 搭乘捷運・公車

　　淡水線石牌站下車，由石牌捷運站２號出口出站(出站後靠右邊)，沿著捷運高架往台北方向走(往明德站方向)，其街名為西安街，約走100公尺(勿超過紅綠燈)，由西安街一段293巷進來(巷口有一公車站牌，站名為自強街口)，本公司位於致遠公園對面。搭公車者請於石牌站(石牌派出所)下車，走進自強街，遇致遠路口左轉，右手邊第一條巷子即為本社位置。

2. 自行開車或騎車

　　由承德路接石牌路，看到陽信銀行右轉，此條即為致遠一路二段，在遇到自強街(紅綠燈)前的巷子(致遠公園)左轉，即可看到本公司招牌。

國家圖書館出版品預行編目資料

太極拳理傳真／張義敬　張宏 著
　　──初版──臺北市，大展，2012〔民101.05〕
　　面；21公分──（武術釋典；9）
　　ISBN 978-957-468-876-0　（平裝）
　　1.太極拳
　　528.972　　　　　　　　　　　　101004238

太極拳理傳真

著　　者／張　義　敬　張　宏

責任編輯／張　建　林

發 行 人／蔡　森　明

出 版 者／大展出版社有限公司

社　　址／台北市北投區（石牌）致遠一路2段12巷1號

電　　話／(02) 28236031‧28236033‧28233123

傳　　真／(02) 28272069

郵政劃撥／01669551

網　　址／www.dah-jaan.com.tw

E-mail／service@dah-jaan.com.tw

登 記 證／局版臺業字第2171號

承 印 者／傳興印刷有限公司

裝　　訂／眾友企業公司

排 版 者／千兵企業有限公司

授 權 者／北京人民體育出版社

初版1刷／2012年（民101）5月

初版2刷／2018年（民107）6月　　　　　　　定　價／400元

大展好書　好書大展
品嘗好書　冠群可期

大展好書　好書大展

品嘗好書・　冠群可期